ATRIUM

Marianne Brentzel · Uta Ruscher

»Ich habe mich geirrt.
Was soll's.«

Margherita Sarfatti
Jüdin.
Mäzenin.
Faschistin.

Atrium Verlag · Zürich

Originalausgabe
© by Atrium Verlag AG, Zürich, 2008
Alle Rechte vorbehalten
Umschlaggestaltung: Rothfos & Gabler, Hamburg
Umschlagfoto: © Archivio Gaetani D'Aragona Sarfatti
Satz: hanseatenSatz-bremen, Bremen
Druck und Bindung: Druckerei C. H. Beck, Nördlingen
Printed in Germany
ISBN 978-3-85535-042-1

www.atrium-verlag.com

Inhalt

Soldo

Wir halten Ausschau nach einer Zypresse. Alt und hoch gewachsen. Flammenform. Es muss sie gegeben haben. Finden wir sie, sind wir am richtigen Ort. Unzählige Zypressen gibt es hier. Beschnittene, wildwüchsige, alte, junge, männliche, weibliche. Eine von ihnen kennen wir genau. Vor langer Zeit musste man ihr die Spitze gebrochen haben. Oder der Wind hatte sie einfach weggeknickt. Zwei Wipfel trieb sie danach aus, schwarz ragten sie in den Himmel. Kinder ritzten ihre Namen in die Rinde. Ein R für Roberto, ein A für Amedeo, ein F für Fiammetta. Möglich, dass sie längst gefällt wurde, dass das Rauschen ihrer Wipfel unliebsame Erinnerungen weckte. Vielleicht wurde sie verbrannt, Scheit für Scheit im Kamin des herrschaftlichen Hauses, dort, auf dem vor uns liegenden Hügel. Worte und Bilder, zu Asche zerfallen. Heimliche Liebesbotschaften. Ein umstürzlerischer Plan, der das Land der Savoia über zwei Jahrzehnte in eine verhängnisvolle Entwicklung trieb.

Der Boden hier bietet allem Lebendigen, ob kultiviert oder unerwünscht, was es zum Wachsen braucht. »Sodo« nennen ihn die Einheimischen, »fester Grund«. Das komme von »solido«. So wie »Soldo«, der Name des herrschaftlichen, rotbraun gestrichenen Hauses. Jene alte Zypresse gibt es noch, die Wipfel ineinander verwachsen. Ein Feldweg führt von der Landstraße zum Haus. Neben uns grasen Pferde und Esel, wedeln träge mit den Schwänzen. Sogar das Auto ächzt und schwitzt. Es sind sechsunddreißig Grad im Schatten.

Niemand scheint unsere Ankunft bemerkt zu haben.

Nicht einmal die Hunde. Sie liegen an der Hauswand, die Augen geschlossen.

»Buon giorno!«, rufen wir. »Ehi, di casa!«

Keine Reaktion. Obwohl wir verabredet sind, genau um diese Zeit. Einer der Hunde, ein struppiger grauer, steht endlich auf, schnuppert an unserer Tasche und tapst ins Haus. Seine Krallen picken auf die Fliesen. Er wendet den Kopf. Vielleicht ist es hier üblich, unaufgefordert einzutreten. Besser ist, wir warten. Mit den Eigentümern wollen wir es uns nicht verderben.

»Buon giorno!«, rufen wir noch einmal. Diesmal laut genug. Schritte nähern sich. Eine etwa 65-jährige Frau kommt uns entgegen, lacht und bittet uns ins Haus.

»Sancia«, stellt sie sich vor.

Es ist unsere erste Begegnung mit ihr. Und dennoch haben wir ihr Gesicht schon gesehen, auf unzähligen Fotos, in Büchern oder Ausstellungskatalogen, auf Radierungen, Aquarellen, Ölbildern von Boccioni, Funi, Sironi und anderen. Sancias Haar ist nur leicht gewellt, die Haut nicht so blass, die Nase nicht so spitz. Doch ihr fein geschnittenes Gesicht erinnert uns sofort an das ihrer Großmutter, Margherita Sarfatti, die Frau, derentwegen wir gekommen sind.

In einem Hörspiel hieß es, dass Margherita Sarfatti Mussolinis »Judenmädchen« gewesen sei. Das klingt nach verhätschelter Dirne mit Davidstern. Nach Diffamierung von Juden und Prostituierten. Margherita Sarfatti eine Art »Betthäschen«? Eine mittellose, naive, junge Frau, die nach Einführung der Rassengesetze aus dem Land gejagt wurde? Unsere ersten Nachforschungen ergaben ein anderes Bild.

Während ihrer Liaison mit Mussolini war sie weder besonders jung noch mittellos und alles andere als naiv. Mussolini verdankte ihr viel. Ohne sie wäre er vermutlich der

Fotografie
Margherita Sarfatti
mit einer Widmung
für Arturo Tosi

unbequeme Störenfried aus der Romagna geblieben, ein aufbrausender Redakteur mit Charisma, dessen aufrühre- rische Reden man bald vergessen hätte. Hier im Soldo, wo noch die alten Möbel stehen, so als würde Sancias Groß- mutter jeden Augenblick hereinhumpeln, soll der legen- däre Marsch auf Rom geplant worden sein. Von diesem Haus, so sagt man, ließ Mussolini eine direkte Telefonver- bindung zu sich nach Rom legen. Auf die Beratungen mit seiner »Egeria« mochte er nicht verzichten, so sehr miss- traute er sich selbst und seinen Ministern.

»Soldo« bedeutet auch Sold, Münze. Margherita Sarfatti erwarb das Haus vom Erbe ihres Vaters. Im Sommer, wenn es in Mailand oder Rom unerträglich heiß wurde, packte die Königin der Salons ihre Koffer und zog mit ihrer Fa- milie aufs Land. Maler, Dichter, Politiker, alles, was Rang

9

und Namen hatte, folgte ihrer Einladung und besuchte sie. Da steht noch der schwere Holztisch, die lange Tafel, an deren Stirnseite sie saß und diskutierte. In weißer Pluderhose und im Brokatjäckchen, eine Zigarette im Mund, versuchte sie ihre Gäste von der Notwendigkeit einer neuen italienischen Großmacht zu überzeugen, während Cesare, ihr Mann, draußen mit den Kindern spielte.

Heute schmücken unzählige Wandteller das Haus. Keine Bilder eines Boccioni, Sironi oder Funi, Sarfattis Hoffnungsträger, die der italienischen Malerei zu neuer Bedeutung verhelfen sollten. In Hunderten von Artikeln plädierte sie für die Rückkehr zu Klassizität, Ordnung und Hierarchie, zu transparenter Form und klaren Linien. *Novecento* hieß die Zauberformel. Wer sich Mitglied dieser Malergruppe nennen durfte, wurde ausgestellt, bekam Aufträge. Der Duce ließ sich nicht lumpen. Dass eine eigenständige, faschistische Kunst notwendig sei, hatte ihm Sarfatti mehr als einmal gründlich erklärt.

»Viele der wertvollen Bilder sind leider gestohlen worden«, sagt Sancia. »Der Rest wurde verkauft oder blieb bei der Familie in Rom.«

Sie führt uns in das Arbeitszimmer ihrer Großmutter. Ein kleiner Raum, ein Kämmerchen, gerade Platz genug für einen Tisch, einen Stuhl, einen Bücherschrank. Die Bücher wurden in dünnes, rot-weiß kariertes Papier eingeschlagen. Ihre Rücken sind ausgeblichen. Sarfatti muss hier an ihrem erfolgreichsten Buch geschrieben haben, *Dux*, die berühmte Biografie des Duce. Es wurde in 19 Sprachen übersetzt. Ein Bestseller, der Mussolini zum Nimbus eines Stars verhalf. Ein Schmöker, voll blinder Verherrlichung und sentimentalem Schwulst. Was mochte eine hochgebildete Frau, die achtzehnjährig in die sozialistische Partei eingetreten war, die mit Angelica Balabanoff und

Anna Kuliscioff, den großen Damen des Sozialismus, an einem Tisch saß, dazu bewegt haben? Politisches Kalkül? Liebe? Femininer Ehrgeiz, der ohne männliche Hilfe nicht auskommt? Sancia wagen wir nicht zu fragen. Noch nicht. Ihre Familie hatte an dem faschistischen Erbe Margheritas schwer zu tragen. Grausige Ironie des Schicksals: Indem Sarfatti ihrem Geliebten Benito zur Macht verhilft, legt sie das Fundament für die Deportation ihrer eigenen Schwester und ihres Schwagers.

Und Sancia? Sie und ihre Geschwister wurden zu sizilianischen Freunden gebracht, um sie vor den deutschen Besatzern zu verstecken. Später kamen sie und ihr Bruder in katholische Internate. Verlegen streicht sie sich eine Strähne aus dem Gesicht.

»Abgesehen von denen, die in den Ghettos lebten, waren die Juden hier sehr gut integriert. Auch die, die nur unter sich bleiben, sind im Grunde römisch, mailändisch oder was auch immer. Ich gehöre schon zu der Generation, die sagt, dass die Deutschen wie alle anderen sind.«

Großmutter Margherita sah das anders, tat alles, um eine Allianz zwischen Italien und Deutschland zu verhindern. 1934 traf sie sich mit Präsident Roosevelt im Weißen Haus, versuchte zu retten, was nicht mehr zu retten war. Die Kampagne ihrer Gegner lief schon auf Hochtouren. Der Befehl kam vom Duce höchstpersönlich: Margherita Sarfatti sei von der Presse zu ignorieren, die 16. Auflage von *Dux* zurückzuziehen. Basta!

Das war das Ende, der große Fall. Sie musste sich beugen, flüchtete ins Soldo, wo sie mit ihrem Geliebten glückliche Stunden, vielleicht die glücklichsten ihres Lebens, verbracht hatte. Mussolini hatte sie hier mit seinem roten Alfa Romeo besucht. Mit Mützen und Sonnenbrillen getarnt, hatten sie Ausflüge in die Umgebung unternommen. Eine hügelige Landschaft, grün und satt. »Paradiso« nennen die Einheimischen das Wäldchen, in dem sich beide amüsierten, bewacht von Mussolinis Leibwächtern, die sich diskret hinter Bäumen versteckten.

Würde uns die Kastanie im Hof nicht die Sicht versperren, könnten wir vielleicht das »Paradiso« sehen. Die Fenster im Obergeschoss sind niedrig, aber breit. Auf die Bilder an der gegenüberliegenden Seite fällt helles Licht. Margherita, in glänzendem Trägerkleid, ein Buch in der Hand. Daneben ein eingerahmtes Foto, Gabriele D'Annunzio, der berühmte Dichtergeneral, dem sich Sarfatti nach dem Tod ihres Erstgeborenen anvertraute. Sarfatti sah ihren Sohn Roberto im Januar 1918 zum letzten Mal. Hier, im Soldo, hängt ein Porträt von ihm. Das Bild eines verträumten Jungen, ein Kind in Uniform. Er steht in einem Feld, die Pflanzen reichen ihm bis zum Kinn. Im Hintergrund zwei hohe, schlanke Bäume. Vermutlich Zypressen.

Ob sich Sarfatti schuldig fühlte? Allzu verkrampft, scheint es, suchte sie nach einem Sinn in Robertos Tod. Sie nahm seine Ehrenmedaille stolz in Empfang, sie appellierte an die anderen Mütter, das Opfer der gefallenen Söhne sei Dienst am Vaterland. Sie veröffentlichte sogar Robertos Frontbriefe.

Mit Mussolini, selber Kriegsverletzter, verwirklicht sie das Ideal eines neuen Staates. Sie macht ihren Geliebten salonfähig. Sie gewöhnt ihm die schlechten Manieren ab, gibt ihm Bücher zu lesen, richtet seine Wohnung ein. Mehr als zehn Jahre dauert die Beziehung. Als Mussolini sie nicht mehr braucht, schnipst er sie wie ein lästiges Insekt beiseite. Sarfatti muss von nun an mit allem rechnen. Zum Telefonieren fährt sie in die Schweiz, Benitos Briefe versteckt sie in einem Schweizer Banksafe. Behängt mit ihren

Juwelen, lässt sich die frühere »ungekrönte Königin Italiens« von ihrem Chauffeur nach Pedrinate fahren, einem kleinen Grenzübergang ganz in der Nähe. Nur sieben Jahre später wird Mussolini einige Kilometer nördlich vom Soldo erschossen und in Mailand mit seiner letzten Geliebten an den Füßen aufgehängt.

Margherita Sarfatti las davon in der Zeitung. In Montevideo oder Buenos Aires, wo sie auf Nachrichten von der Tochter wartete. Sie sehnte sich nach Italien, aber konnte sie jetzt, nach all dem, was geschehen war, unbescholten zurückkehren? Eine merkwürdige Lage. Zwitterposition. Geistesgespaltenheit. Als Jüdin verfemt, aber am Leiden und Tod Tausender italienischer Juden mitschuldig. Opfer des italienischen Faschismus, doch bis zu ihrem großen Fall eine der aktivsten Faschistinnen.

Sancia kann sich noch sehr genau an jenen Sommer 1947 erinnern, als ihre Großmutter hier ins Soldo zurückkam, wo sie hoffte, vor den Journalisten sicher zu sein.

»An die 20 Kinder waren wir und stritten und spielten. Dieser Sommer muss für sie ein Alptraum gewesen sein, denn danach sagte sie: ›Ich hab euch wirklich gern, aber ich will euch nicht mehr zusammen hier haben.‹ Sie war keine richtige Großmutter, keine, die sagte: Gehen wir und backen wir einen Kuchen! Meine Großmutter erzählte viel, aber nie über sich oder über die Zeit vor Südamerika.«

Daran sollte sich bis zu Margherita Sarfattis Tod nichts ändern. Die Vergangenheit war wie ausgelöscht. Wir treten in das Gästezimmer, schauen nach unten in den Garten. Dort empfing sie die Journalisten, die damals tagelang vor dem Grundstück lauerten. Vergebliche Mühe. Dabei ging das Gerücht, sie hätte im Exil ein Buch über Mussolini geschrieben, *Mea culpa, Meine Schuld*. Sancia weiß nichts

von einem Buch. Als Kind schämte sie sich für ihre Großmutter. Jetzt fehlt sie ihr.

»Schade, dass ich sie als Erwachsene nicht besser kennengelernt habe. Es gibt vieles, über das ich mit ihr gern noch
gesprochen hätte.«

In ihren Memoiren erwähnt Sarfatti den Faschismus mit
keinem Wort, als hätte er nie existiert. Nur wenigen Menschen gegenüber gibt sie zu verstehen, was sie wirklich
denkt: Zwei Männer habe sie in ihrem Leben geliebt, Cesare, den Vater ihrer Kinder, und Mussolini. So berichtet
es Magalì, Sancias Kusine. Die Enkeltöchter zeichnen
ein vages, widersprüchliches Bild ihrer Großmutter. Eine
von Geheimnissen umwitterte Frau. Fiammetta, Sarfattis
Tochter, wird noch am meisten gewusst haben. Aber die
können wir nicht mehr fragen.

Der Maler Umberto Boccioni malte Fiammetta als kleines
Kind, in blendender Sonne, zwischen den Beeten des
Soldo, in der Hand einen grünen Ball, den sie dem Betrachter entgegenstreckt. Fiammetta, deren »reinen, leuch-
tend roten Lippen die Harmonie der Freude entsprang«,
schrieb Ada Negri in einem ihrer Gedichte. Margherita
Sarfatti war mit der Dichterin jahrelang eng befreundet.
Hier im Soldo verbrachten beide Frauen mit ihren Kindern glückliche Wochen. Negri betrachtete ihre Freundin
als eine »von Gold umgebene Frau von Schönheit, Gesundheit und Fröhlichkeit, die aus jedem Grashalm, jedem Sonnenstrahl Gesang und Lachen« zog.

Also keine herrschsüchtige, rücksichtslose Faschistin, sondern eine sympathische, einnehmende Frau? Was ist dran
an der Sarfatti, die half, Sigmund Freud das Leben zu
retten, die mit Josephine Baker befreundet war und für die
Albert Einstein Geige spielte? Fragen und Widersprüche.
Auch Sancia zuckt mit den Schultern. Egozentrisch sei

sie gewesen, ja, aber es gebe auch sehr herzliche Erinnerungen.

»Sie war ja katholisch geworden, ich erinnere mich, wie sie jeden Sonntag die Messe hörte und dabei Gymnastik machte und vielleicht noch nebenbei telefonierte. Also eine sehr unterhaltsame Person. Ich bin froh, dass ich solch eine Großmutter hatte.«

Wir gehen hinüber zum Schlafzimmer, betrachten noch einmal Margherita Sarfattis Porträt. Eine junge Frau, die dem Betrachter offen und fragend ins Gesicht schaut, mit runden entblößten Schultern, langen nackten Armen, sehr feminin, sehr verletzlich. Lange Zeit war Margherita Sarfatti so gut wie in Vergessenheit geraten. Sie passte nicht in das Bild einer von Männern dominierten Gesellschaft. Der Historiker Renzo de Felice erwähnt sie in seiner mehrbändigen Abhandlung über Mussolini nur als Autorin von *Dux*. In Italiens Nachkriegsgesellschaft galten Schattierungen wenig. Entweder weiß oder schwarz, gut oder böse. Wer sich nicht zuordnen ließ, versank in Bedeutungslosigkeit.

Hier im Soldo verbrachte Margherita Sarfatti ihre letzten Stunden. Ein langes, anregendes Gespräch mit ihrer Freundin Carla – dann verabschiedete sie sich. Das Schlafzimmer ist ein heller Raum, etwa dreißig Quadratmeter groß. Weiß gestrichene Wände, ein paar Bilder, das Bett mit kleinen gedrechselten Säulen. An den Seiten zwei Nachttische, ein Stuhl, ein Tisch, mehr nicht. Die Fenster geben den Blick auf das Dorf Cavallasca frei, auf den Friedhof, wo Margherita Sarfatti begraben liegt. Sie starb allein. Hier in diesem Zimmer.

Wir reichen Sancia die Hand. Sie begleitet uns bis hinunter zum Hof, dort, wo die Rosskastanie mit den welken Blättern steht. Die Hunde wenden müde den Kopf, hecheln

Originalbriefbogen Soldo

uns nach. Schnell flüchtet Sancia zurück ins Haus. »Il sole batte«, sagen die Italiener, »die Sonne schlägt«. Das Soldo verschwindet hinter einer Wolke aus Staub. Schweißüberströmt halten wir an einer Bar, trinken einen »Caffè affogato«, in Espresso »ertrunkenes« Vanilleeis, eine Spezialität dieser Region.

Dann fahren wir Richtung Pedrinate, zeichnen Sarfattis Fluchtweg nach. Linker Hand liegt das Wäldchen »Paradiso«, eine kleine Straße biegt nach rechts ab, führt zu einer Schranke, einem Zollhäuschen im Schatten hoher Bäume. Wir halten an, warten auf die Schweizer Beamten. Keine Bewegung. Kein Geräusch. Nichts. Hinter uns Italien, das Soldo mit seinen geschlossenen Fensterläden. Vor uns die Schweiz und Deutschland, ein Grenzbahnhof und Fragen über Fragen.

1 Kindheit und Jugend

Venedig. Stadt der Sinne, Stadt des Zerfalls. In Architektur gegossene, verfestigte Zeit. Umgeben von Meeresweite, zerschnitten von Kanälen, voller übersättigter Melancholie. Sonne, die die Dächer bleicht. Wasser, das an den Wänden leckt. Eine Stadt, die sich vorrangig auf sich selbst besinnt, zu schmal sind die Gassen, zu dicht die Häuser aneinandergedrängt. Wer tiefer atmen will, flüchtet hinaus aufs Meer. Zum Lido, zu den Inseln. Und kehrt doch bald zurück. Zum Geruch des brackigen Wassers. Zur Behaglichkeit gemütlicher Cafés. Hier bleibt niemand mit sich allein. Erzwungene Nähe, gepaart mit selbstverständlicher Weltoffenheit. Venedig, Stadt der Extreme, tolerant und engherzig zugleich. Hier wurde an einem Frühlingstag des Jahres 1880, dem 8. April, Margherita Grassini als jüngstes von vier Kindern geboren. Schöner, klüger und widerstandsfähiger als ihre Geschwister. Eine Kindheit ohne Sorgen erwartete sie, ohne Mangel, beinahe ohne Schmerz. Nichts, woran es fehlen mochte. Personal, Kleider, Bücher. Sogar ein Garten, gleich neben dem Palast der Familie, Margheritas Paradies, wo sie die Figuren ihrer Märchenbücher lebendig werden ließ:

»Ich glaubte an den Zauber meines Lagunen-Gartens. Ich sah ihn nie wieder, und ich fühle auf den Handballen noch die milde Wärme. Ich atme den salzigen und apfelartigen Atem von Pflanzen und Wasser. Im Schatten des Kirschbaums, in den langen Stunden jener endlosen Tage sah ich [...] die spitze Nase Pinocchios, der zwischen den gläsernen Kirschen erscheint, die Liguster sich um Bagheera verdichten, der Mowgli belehrt, [...] und mir schien es natürlich, dass auf mein unerfahrenes Hacken hin mein Puppengarten, dort, in der Ecke des Gartens, mir einige ausgegrabene Goldstücke mit dem geflügelten Löwen der heiteren Republik Venedig schenken würde. Rundes Münzengold, rundes Margeritengold und Ranunkeln, alles gleich märchenhaft und einfach unter der runden Goldsonne.«[1]

Garten, Haus und Stadt beflügelten Margheritas Fantasie. Da war der alte, dunkle Palast mit Teppichen und Ölgemälden, wo in verborgenen Ecken und Winkeln im matten Schimmer des Kerzenlichts Hexen, wilde Tiere und Drachen lauerten. Vor allem hinter den schweren Vorhängen, dort im großen Saal, den sie durchqueren musste, um zu Tisch oder zu Bett zu gehen. Vergeblich spotteten Nella und Lina, neun und sechs Jahre älter als Margherita, über die kleine Schwester. Wie sollte sie dem Tiger, dem Löwen entkommen? Auf Zehenspitzen langsam vorbeischleichen oder so schnell wie möglich durch den Saal rennen? Beides schien möglich, beides wurde von ihr verworfen. Es half nur eines: »dem Risiko ins Auge zu blicken, […] die Gardinen tollkühn anzuheben. Was für Herzklopfen!«[2]

Auch in der Stadt fürchtete sie sich, in den feuchten Gassen, auf den alten, ächzenden Holzbrücken, im Winter, wenn das schwarze Wasser gurgelte und sie zu verschlingen drohte. Wer wollte ihr garantieren, dass kein Seeräuber, kein Seeungeheuer sich dort unten verbarg? Diese Enge, dieses Gefühl von Eingezwängtsein und Bedrohung – im Garten ihrer Eltern fühlte Margherita sich davon befreit. Hier wuchsen Palmen, Rosmarin, Oliven. Hier blühten Rosen, sprudelte ein Brunnen, wärmte die Sonne. Aber noch schöner, noch sonniger und luftiger waren die Sommer in Conegliano, etwa 50 Kilometer nördlich von Venedig, bei Dolcetta Levi, Margheritas Großmutter.

Conegliano, Geburtsort des Prosecco, liegt inmitten einer sanften Hügellandschaft, umgeben von Weinbergen und Wäldern. Hier konnte Margherita, ein Bündel an Energie und Rastlosigkeit, laufen, so lange sie wollte, die Arme ausgestreckt, bereit, den Wind, der hier ungehindert über die Hügel strich, zu fangen oder mit ihm um die Wette zu rennen. Großmutter Dolcetta ließ sie gewähren. Sie führte ein strenges, aber gerechtes Regiment. Hatte ihr Bruder, ein bekannter Arzt, ihr nicht eingeschärft, dass Gymnastik und frische Luft für die Erhaltung der Gesundheit unentbehrlich seien? Faulheit und Müßiggang? Das wäre eine Sünde vor dem Herrn. Noch vor Sonnenaufgang wurde aufgestanden. Die Diener mussten angeleitet, der Schwiegersohn, Margheritas Vater, bei der Verwaltung ihrer Geschäfte kontrolliert, die umliegenden Felder bestellt werden. War das Tagewerk erledigt, gab es im Haus oder auf dem Feld nichts mehr zu tun, setzte sie sich an den Schreibtisch und las. Das Haus der Levis war voller Bücher. Hier verkehrten Theaterkritiker, Schriftsteller, Universitätsprofessoren. Bildung, das höchste Gut. Ein Muss für jeden anständigen Juden, die Garantie für Unterhalt und Auskommen, Demut vor dem Herrn. Das sollten auch die Enkel wissen. Dolcetta setzte sich zu ihnen in die Studierstube, lernte mit ihnen zusammen Französisch, Deutsch und Englisch, während ihr Mann sich die Zeit bei einer anderen Frau und ihren gemeinsamen Kindern vertrieb. Dolcetta wusste von dieser illegalen Familie, trug dieses Wissen mit Fassung. Würde und Anstand – darauf kam es an! Als eine Rationalistin des 18. Jahrhunderts beschreibt Margherita Sarfatti sie in ihren Lebenserinnerungen. Ohne Sentimentalität. Sie verehrte die Großmutter, liebte sie über alles, ihre Stärke, ihre Unermüdlichkeit, ihre Lebensfreude. Ein Vorbild, dem es nachzueifern galt. Nur in einem Punkt war Dolcetta schwach und nachgiebig: Den Freuden des Gaumens konnte sie nicht widerstehen. Kurz und dick wie ein Ball soll sie gewesen sein. Viel zu kleine Füße für solch ein enormes Gewicht. Aber darüber sah Margherita großzügig hinweg. Zeit ihres Lebens wird sie die Großmutter verehren und sich ihre Philosophie zu eigen machen. Sie war ihr von allen Enkeln am ähnlichsten, trat mit Leichtigkeit der Großmutter Erbe an: Bloß nicht verweilen! Weitergehen, egal, was das Leben an Hindernissen und Kränkungen für sie bereithielt. Die Seitensprünge des Gatten Cesare würde sie tolerieren, sogar die des Liebhabers Mussolini. Ein Leben lang würde sie lernen, neugierig und wach, niemals untätig. Geld und Besitz gut beisammenhalten. Aber auch den Bedürftigen geben, den Bettlern, den Kriegsinvaliden, den Künstlern, die ihre letzten Centesimi lieber für einen Pinsel statt für ein Stück Brot ausgaben.

Dolcettas Tod war der erste wirkliche Schmerz im Leben Margheritas. Sie stürzte sich in ihre Bücher, suchte Trost bei »Mademoiselle«, ihrer Schweizer Gouvernante, die für dieses wilde, lerngierige Kind extra angestellt worden war. Margherita liebte ihre blauen Augen, diese »helvetischen Brunnen«, ihre Stimme, wenn sie, auf ihrer Bettkante sitzend, beruhigend auf sie einsprach. Gemeinsam durchstreiften sie die Stadt, besichtigten Kirchen und Museen. Mit Mademoiselle an der Hand lernte sie die byzantinischen Mosaike lieben, die Fresken, Bilder und Statuen. Reich geschmückte Fassaden, kunstvoll bemalte Steine, die sich in den Kanälen spiegelten, wie in einem Bild von Giorgione oder Tintoretto. Venedig lehrte sie, die Welt als Korrelat von Linie, Farbe und Raum zu sehen. Sie selbst wird später dafür bewundert werden, dass Kleidung und Schmuck in auffälliger Harmonie zu ihrem Körper stehen, passend zu ihren tiefgrauen Augen, ihrem rotblonden Haar, so, als wäre sie einem Gemälde entsprungen, eine Porträt-Imitation des Künstlers Tizian. Gab es etwas Schöneres als dieses reiche, morbide Venedig mit seinen Kunstschätzen, mystischen Bildern, verwinkelten Gassen? Gab es eine höhere Lust, als diese geballte Ästhetik selber zu erforschen oder sogar zu erwerben? Ein echtes Stück Kunst, ein Splitter künstlerischer Erhabenheit im eigenen Zimmer, an einem geeigneten Platz aufgehängt, wo man je nach Licht und Tageszeit immer wieder neue Facetten entdeckt.

In einem Winkel des elterlichen Palastes fand Margherita eine Reihe von Familienporträts, Meisterwerke des von ihr geschätzten Malers Michelangelo Grigoletti. Ganz besonders faszinierte sie die schöne Sarina, die in der Familie häufig Gesprächsthema war. Mit elf Jahren erwarb Margherita ihr erstes Gemälde. Das erste Kunstobjekt einer der wichtigsten privaten Sammlungen Italiens. Ein Porträt der Maria Magdalena, erstanden auf einem der vielen venezianischen Märkte. Keiner der anderen Interessenten mochte ihr dieses Bild streitig machen. Sollte sie es ruhig kaufen, dieses frühreife, kunstbesessene Kind, das seitenlange Gedichte auswendig lernte, selber Reime verfasste und zum allgemeinen Vergnügen vor einem Publikum rezitierte. Unter den Zuhörern saß auch der große Antonio Fogazzaro, Dichter und Familienfreund, beglückt über Klein Margherita, die seine Gedichte mit besonderer Hingabe vortrug. Seine humoristischen Texte, seine Briefe, die Gespräche mit ihm und seinen Anhängern werden Margherita Sarfatti ein Leben lang begleiten.

Aber was war mit den anderen Romanen, denen, die ausschließlich die Mutter las? Emma Grassini liebte die zeitgenössische Literatur, las die Bücher möglichst im Original.

Ihre Kleidung war auserlesen und ungewöhnlich. Neueste Pariser Mode. Sie selbst unterrichtete ihre Kinder in Sprachen und Konversation. Eine Signora elegante, die Personal und Haushalt souverän führte, ohne sich allzu sehr auf das Alltagsgeschehen einzulassen. Lieber las sie in einem der skandalträchtigen Bücher Gabriele D'Annunzios. *Die Lust* – schon der Titel verhieß ein Lesevergnügen ganz besonderer Art. Doch vorerst musste sich Margherita noch gedulden. Unverzeihlich, dass die Mutter ausgerechnet dieses Buch vor ihr verbarg. Später würde sie es sowieso lesen, mochte ihre Mutter auch noch so sehr dagegen wettern, unterstützt vom Vater. Irgendwann würden die Eltern ein Einsehen haben. Einer Grassini konnte man keine Bücher verbieten, nur weil sie gegen konventionelle Sitten verstießen. Auch der Vater gab sich schließlich modern, passte sich seiner Klientel an. Seinetwegen wurde sie aus ihrem paradiesischen Garten vertrieben, musste sie in den repräsentativen Palazzo Bembo ziehen, noch schöner, noch prunkvoller, noch einsamer. Kein Ligusterstrauch, kein Pinocchio, kein Puppengarten. Sie war jetzt 14 Jahre alt. Ein Fräulein, kein Kind mehr. Vorbei die Zeit der Hexen und Ungeheuer, der Tiger, Löwen, Panther. Bald würden die Eltern für eine angemessene Ausbildung ihrer Tochter sorgen. Es sollte ihr an nichts fehlen. Auch die verbotenen Bücher würden sie ihr nicht länger vorenthalten können.

Und dennoch. Da war etwas, was sie bei aller Fürsorge, bei allem Reichtum um sie herum vermisste. Etwas, was sie nicht zu benennen wusste, wofür sie sich schämte und schuldig fühlte, seit sie zurückdenken konnte. Auf einem Foto sieht man sie in einem weißen Kleid sitzen, geschmückt mit einer Schleife, gekrönt von einer gefederten Kappe, die Finger brav ineinandergelegt im Schoß. Die langen Locken fallen sanft über ihre Schultern. Ein

Margherita Sarfatti, 1890

auffallend hübsches Mädchen, ein zehnjähriges Kind, das
aussieht wie eine Erwachsene.

Es sind die Augen, dieser durchdringende, hungrige Blick.
Das Gefühl, etwas vorenthalten zu bekommen. Besaß sie
nicht alles, was ein Mädchen ihres Alters, ihres Intellekts
begehrte? Was fehlte ihr? Und woher kam die Angst, all
das Schöne und Luxuriöse um sie herum irgendwann ent-
behren zu müssen? Mademoiselle musste ihre ganze Über-
zeugungskraft aufbieten, Margherita zu beruhigen, wenn
sie wieder eine von diesen komplizierten Fragen stellte:
»Aber wird mir nichts geschehen in dieser Nacht? Ich bin

so glücklich, so glücklich, dass ich, ich weiß nicht, Angst hab, sterben zu müssen.«[3]

War ihr Glück ein unverdientes? Musste sie nicht beweisen, dass sie, das jüdische Mädchen, dessen würdig war? Sicherheitshalber, beschloss Margherita, würde sie sich eine Dankeshymne ausdenken, die sie im Anschluss an ihre abendlichen Gebete leise vor sich hin sprach: »Mach, o mein Gott, dass ich glücklich zu sein *verstehe* … mach, o Gott, dass ich dir dankbar zu sein *verstehe* für die schönen und guten Dinge, die du mir gegeben hast.«[4]

Alles zu haben – und dennoch nicht zufrieden zu sein. Undankbar? Verwöhnt? Unersättlich? Aber das war es nicht. Es war kein Wunsch nach mehr. Es war das vage Bedürfnis nach weniger. Ein Gefühl, das sie vor allem dann beschlich, wenn sich durch die Gitterstäbe ihres Gartens dünne Ärmchen schoben und um Almosen bettelten. Kinder der Nachbarschaft, mit denen sie niemals spielen durfte. Wenige Meter vom Palast entfernt wohnten schon die Armen, jüdische Bettler, die jeden Samstag, nach Ende des Sabbats, an das Tor des Palastes kamen, um von ihrem Vater die Almosen in Empfang zu nehmen. Kein freiwilliger Akt individueller Großzügigkeit. Die »Zedaka«, die Wohltätigkeit, traditionell eine der bedeutendsten religiösen Pflichten, wird jedem frommen Juden von Gott auferlegt. Margheritas Vater kam dieser Pflicht rechtschaffen nach. Er erfüllte, was man von einem frommen Juden verlangte. Mehr nicht. Aber für Margherita, seine verzärtelte Lieblingstochter, bedeuteten diese Begegnungen weitaus mehr. »Werfen Sie mir eine Rose hinüber für den Altar der Madonna!«, baten die Kinder im Mai, wenn das runde Blumenbeet im Garten ein einziges, dichtes Rosa war.[5] In jenen schmutzigen, mageren Kinderhänden lag etwas, was sie, die reiche Kaufmannstochter, vielleicht als Einziges entbehrte und man ihr immer vorenthalten hatte. Es war die Leere darin, der Mangel. Etwas nicht zu besitzen. Nicht einmal Brot. Ein Zustand, den sie nicht kannte, faszinierend und beunruhigend zugleich.

Und der Vater, der reiche Geschäftsmann und angesehene Bürger, nahm diese Ungerechtigkeit einfach hin. Wollte sogar flüchten, raus aus dem Ghetto, weg von den verarmten Glaubensbrüdern, in den Palazzo Bembo. Ein imposantes Gebäude, benannt nach einem dichtenden Kardinal des 15. Jahrhunderts. John Ruskin, der englische Kunsthistoriker und Margheritas späteres großes Vorbild, berichtet, dass der Palazzo Bembo im Jahre 1894 in einem traurigen Zustand war. Das änderte sich jedoch schnell. Nach aufwändigen Renovierungen wurde er bald ein gern besuchter Treffpunkt für Gäste aus Politik, Kultur, Wirtschaft und Kirche. Genau der richtige Ort für eine aufstrebende Persönlichkeit wie Amedeo Grassini. Hier, in der Nähe der Rialtobrücke, am Canal Grande, ließ es sich leben. Hart genug hatten er und seine Vorfahren dafür gearbeitet, dass das Familienerbe sich vermehrte.

Viel Geld, ein ganzes Boot voll, soll einer der Vorfahren Margherita Sarfattis nach Venedig gebracht und teilweise durch krumme Geschäfte erworben haben. Das finanzielle Fundament für die Karriere seiner Söhne und Enkel. Aus ihnen wurden Juristen, Bankiers, Offiziere, Bürgermeister. Auch Amedeo Grassini hatte in Padua Jura studiert und neben seinen Geschäften das Amt des Bürgermeisters von San Fiore übernommen. Außerdem war er Präsident einer Wohltätigkeitsorganisation und Schutzherr der Talmudschule. Ein ehrenwerter Mann, der sich großer Anerkennung erfreute. 1890 wurde er vom König als Ritter der Krone ausgezeichnet. Die zweite Heirat seines Vaters mit einer Christin ermöglichte ihm ausge-

Palazzo Bembo, Venedig

zeichnete Kontakte zu allen Ebenen der katholischen Kirche, insbesondere zu Sarto, der als Papst Pius X. in die Geschichte einging. Beide waren Seiteneinsteiger: der eine Jude, der andere Spross einer armen Bauernfamilie. Schnell wurden sie Freunde. Als Sarto in der Kirchenhierarchie aufstieg, baute er gern auf Amedeos Rat und finanzielle Hilfe. Reiche, gut ausgebildete Juden waren damals gefragt. Einige machten sogar militärische Karriere, wurden General oder Admiral. Eine Besonderheit unter den europäischen Armeen. Das Ghetto, die räumliche und geistige Abgrenzung, schien der Vergangenheit anzugehören. Davon konnten die Juden in anderen Ländern nur träumen. Luigi Luzzatti sollte sogar als erster Jude Staatspräsident werden. Kein Wort mehr von Repression oder Diskriminierung. Im Ghetto wohnte man aus Gewohnheit, wegen der Nähe zu den Synagogen oder weil man es sich anderswo nicht leisten konnte.

Heute noch sind die Vertiefungen im Marmorboden, in denen einst zu Mitternacht die schweren Torschranken einrasteten, deutlich zu erkennen. Fossile Abdrücke einer untergegangenen Epoche im Stadtteil Cannaregio. Graue, verwohnte Häuser. Der Geruch nach abgestandenem Wasser. Hier sind die Wohnungen klein und niedrig, die Mieten billig, die Geranienkästen so schief, dass sie beim nächsten Sturm herabzufallen drohen. Männer mit hohen schwarzen Hüten eilen durch die Gassen. Wir schließen uns ihnen an, streben der Piazza zu. Hier sitzen hinter Schaufenstern die Hüter des Judentums, in religiöse Schriften vertieft, ungeachtet der wenigen gaffenden Touristen. Unser Ziel ist das Museo della Comunità Ebraica. Ein schmales hohes Gebäude, eine alte Holztür, daneben eine Nummer. Über eine Sprechanlage fragt man nach unseren Wünschen, öffnet uns. Vor uns liegt eine steile Treppe, die zu einem engen Raum führt, vollgestellt mit Computern und Bücherregalen. Wir fragen nach Margherita Sarfatti, nach Dokumenten, Nachlassunterlagen. Eine junge Frau bittet uns zu warten. Sie kommt mit einem alten Mann zurück. Sein Rücken ist gebeugt, seine Brillengläser getönt. Bei dem Namen Sarfatti erstarrt er, die unnatürlich großen Augen verengen sich, der magere Körper beginnt zu beben. »La ragazza di Mussolini! La ragazza!« Die Freundin von Mussolini! Was für eine Unverfrorenheit, nach ihr zu fragen. Ein Skandal, ausgerechnet hier, in einem jüdischen Museum. Vorsichtig entgegnen wir, dass der Vater Amedeo Grassini doch ein ehrbarer jüdischer Bürger gewesen sei. »No, no, no!« Nein, Dokumente gäbe es auf keinen Fall. »La ragazza di Mussolini!«

»Scusi«, sagen wir und sind schon weg, stolpern die Treppe hinunter, hinaus ins Freie. Wir, die Deutschen, die es wagen, nach einer jüdischen Faschistin zu fragen, davongejagt von einem venezianischen Juden, vielleicht ein Überlebender des Holocaust. Schnell überqueren wir die Piazza, steuern auf eine zwischen Läden für Menoras und Gebetsmänteln eingezwängte Bar zu. Wir drücken uns an den äußersten Rand der Theke, bestellen Caffè corretto, Espresso mit Schuss, leise, damit uns nur der Kellner hört.

Das Wort »Ghetto«, im Gedächtnis der Menschheit für immer verankert, hat seinen Ursprung im Venezianischen. Ghetto, der Guss, abgeleitet von der Eisengießerei, die damals in diesem Bezirk lag. Ein kleines abgestecktes Areal, in welchem die Juden von 1516 an gezwungen wurden zu leben. Später musste man das Ghetto erweitern, unwillig nur gab man den jüdischen Eindringlingen vom kostbaren venezianischen Raum. Ihre bis zu neun Stockwerke hohen Häuser nannte man Wolkenkratzer. Zwei Mauern errichtete man um das Areal, von Christen bewacht, von Juden bezahlt. Wer sich nach Mitternacht außerhalb des Ghettos erwischen ließ, wurde zu Geldstrafen und Gefängnis verurteilt. Erst unter den Hammerschlägen der napoleonischen Truppen zerbarsten die schweren Ghetto-Tore.

Marco Grassini ließ sich im Jahre 1870 nahe dem alten Ghetto, im Norden des Canal Grande nieder. Er baute einen prächtigen Palast in gotischem Stil in der Fondamenta della Misericordia, dessen Garten Margherita so liebte. Im Mai 1885, als Margherita fünf Jahre alt war, wurde der Großvater krank und starb. Mit großer Anteilnahme wurde er als ehrenhafter Bürger zu Grabe getragen. Er hatte aktiv gegen die Besatzungsmacht Österreich gekämpft, in der Zeit des »Risorgimento«, der »Wiedererstehung«, Italiens Befreiungs- und Vereinigungsbewegung. Viele folgten damals Mazzini und Garibaldi, die für eine demokratische Republik eintraten. Andere unterstützten den Piemonter König und seinen Premierminister Cavour. Am Ende verbündeten sich beide Lager und schlugen die Österreicher erfolgreich in die Flucht. Auch Frauen kämpften an der Seite ihrer Männer. Eine Besonderheit, die häufig vergessen wird: Die eigentliche Geburtsstunde der italienischen Frauenbewegung ist der Kampf um die Einheit der Nation.[6]

Am 17. März 1861 war es endlich so weit. Vittorio Emanuele II., König von Piemont, proklamierte das Königreich Italien. Fünf Jahre später konnte auch Venedig befreit werden. Alle Bürger sollten von nun an gleiche Rechte haben. Auch die Juden. Zusammen mit ihren christlichen Landsleuten hatten sie gegen die Österreicher gekämpft. Jetzt wurden sie dafür belohnt, durften Immobilien erwerben, Universitäten besuchen und hohe öffentliche Ämter übernehmen. Gegen Ende des 19. Jahrhunderts existierte keine geschlossene Gruppe venezianischer Juden mehr. Der Traum einer vollständigen Integration schien sich – zumindest für die Glaubensbrüder der Oberschicht – endlich zu erfüllen. Allerdings für einen hohen Preis: den Verlust ihrer jüdischen Identität. Viele wurden im Laufe der Zeit unsicher, fragten sich, ob diese so lang ersehnte neue Freiheit nicht zu teuer erkauft worden war. Laut Gesetz galten sie als gleichberechtigte Bürger, wie jeder andere Italiener. Doch unter den Christen herrschten immer noch Angst und Vorurteil. Sosehr sie sich auch ins Zeug legten, rechtschaffene, treue Staatsbürger zu sein – am Ende blieben sie eben doch nur Juden.

Israel Zangwill, der hebräische Dickens, ein gern gesehener Gast im Hause der Grassinis, gibt davon Zeugnis. Er schreibt von den »Kindern des Ghetto«, von den »Träumern«, den Schnorrern und jüdischen Bettlern, den jungen Juden und ihrem vergeblichen Willen, sich vom

Glauben ihrer Väter zu lösen. Die alten Rituale und geistigen Werte – ein Leben lang werden sie davon geprägt. Als Zangwill wieder einmal bei den Grassinis zu Gast gewesen war, verfasste er anschließend eine Novelle mit dem Titel *Chad Gadja (Ein einziges Zicklein)*, die Margherita Sarfatti später ins Italienische übersetzte. Die Novelle spielt auf den Brauch des Pessach-Festes an, beschreibt die starke spirituelle Verbundenheit der Juden – für die junge Generation Fluch und göttliche Gnade zugleich:

»Alle anderen Völker hatten ihre Blütezeit gehabt und waren dahingewelkt: […] die Venezianer hatten wunderbare Dinge gebaut und gemalt, starben dann aus und ließen sie als Schauobjekte für die Touristen zurück. Die Juden hatten nichts geschaffen, was Menschenalter überdauerte […]. Doch hier saßen sie nun fest und stark, eine Schöpfung von Fleisch und Blut, wunderbarer und mehr von Dauer als alles, was in Stein und Bronze geschaffen war. Welches war das Geheimnis dieser Beharrlichkeit und Stärke? Gewiss nur ein geistiges!«[7]

In *Chad Gadja* wird der Konflikt zwischen traditionellen Werten und modernem Leben anhand eines jungen Mannes dargestellt, der sich aus der Geschäftswelt zurückzieht, in eine tiefe Lebenskrise gerät und Selbstmord begeht. Wahrscheinlich ließ sich Zangwill von dem realen Suizidversuch Marco Grassinis inspirieren, dem sechs Jahre älteren Bruder Margheritas. Ähnlich wie er konnte sie der von Zangwill beschworenen jüdischen Tradition nichts mehr abgewinnen. Was sollten die Speisegesetze, die jüdischen Feste, all diese verstaubten Riten? Warum las der Vater in der Thora, hielt mit enervierender Starrheit an den Glaubensregeln fest, gab sich aber nach außen als kompromissbereiter, weltoffener Bürger? Ein Mann voller Widersprüche. Wie konnte man so leben? Und überhaupt, dieses Bilderverbot in der Heiligen Schrift. All ihre geliebten Gemälde und Fresken – laut Bibel der reinste Götzendienst. Sollte sie deshalb auf Bilder verzichten, in ihnen eine Sünde sehen? Niemals!

Die Wörter »Ghetto« oder »Judentum« haben in Margherita Sarfattis Lebenserinnerungen keinen Platz. Das war in ihrer realen Kindheit anders. Fünf historische Synagogen, jede einer bestimmten Glaubensrichtung zugeordnet, gab es in Venedig. Amedeo Grassini fühlte sich der Scuola Grande Tedesca eng verbunden. Ihm muss viel daran gelegen haben, das Erbe der Väter an seine Kinder weiterzugeben. Doch was, fragte sich Margherita, hatte ausgerechnet sie, ein waches, aufgeschlossenes Mädchen, in der Synagoge zu suchen? Die Frauen standen hier abseits, hatten nichts zu sagen. Das Studium der religiösen Schriften blieb den Jungen und Männern vorbehalten. Auf diese Art von Judentum konnte sie verzichten. Kirchen und Museen waren ihr zweites Zuhause. Die christliche Kultur ihr täglich Brot. Italienerin durch und durch, sie, Margherita, Erbin der abendländischen Tradition, des grandiosen Römischen Reiches – das und nichts anderes wollte sie sein. Hatte nicht sogar Giuseppe Mazzini, der geistige Vater des Risorgimento, Partei für die Frauen ergriffen? Frau und Mann, die beiden Noten, ohne die es keinen menschlichen Akkord gibt. Das weibliche Geschlecht, das ebenso wie der Mann einen sicheren und dauerhaften Arbeitsplatz wählen können muss. »Wie können wir es wagen, dieser Erzieherin der jungen Generation die Bürgerrechte vorzuenthalten?«[8]

Der Konflikt Margheritas mit ihrem Elternhaus war vorprogrammiert. Amedeo Grassini legte selbst das Fundament dafür. Täglich lud er interessante, berühmte Persönlichkeiten in sein Haus. Darunter aufgeschlossene, modern denkende Menschen. Er war es, der dafür sorgte, dass seine fünfzehnjährige wissbegierige Tochter von bedeutenden Tutoren unterrichtet wurde. Zwar gab es in Italien damals schon eine Schulpflicht für Mädchen, aber die wurde vom Staat nicht durchgesetzt, kam für seine Tochter nicht infrage. Dolcettas Bruder, der Naturforscher Giuseppe Levi, hatte ihn vor ansteckenden Krankheiten gewarnt (»Oh, die Mikroben!«[9], pflegte er zu sagen). Außerdem verdiente Margherita etwas Besseres als diese gewöhnlichen Lehrmeister öffentlicher Schulen.

Pietro Orsi, Pompeo Molmenti und Antonio Fradeletto, drei Männer, die akademische Karrieren mit öffentlichen Ämtern verknüpften, blieben für die nächsten Jahre als Lehrer und Berater mit Margherita verbunden.

Pietro Orsi, Anfang 30, unterrichtete sie in italienischer Geschichte und vertrat die Auffassung, dass sich historische Abläufe in Politik und Kultur eines Landes widerspiegeln. Pompeo Molmenti war Experte für Venedigs Kulturgeschichte. Antonio Fradeletto, Literatur- und Theaterkritiker, übte auf Margheritas Denken den größten Einfluss aus. In Venedig geboren, schrieb er erfolgreich Komödien, war ein populärer und provozierender Kritiker der Künste, der Literatur und der Musik. Fradeletto unterstützte den Bürgermeister Venedigs beim Aufbau der Biennale. Um so erstaunlicher ist es, dass Amedeo Grassini, der vornehmlich mit der politisch entgegengesetzten Seite Bündnisse schmiedete, ihn als Lehrer seiner Tochter engagierte. Die Idee, den beteiligten Nationen gratis Baugrund zur Verfügung zu stellen, damit sie in Eigenregie ihre Pavillons aufbauten, verhalf der Biennale zum Gelingen. Es entstanden bedeutende Bauwerke, die noch heute in den *Giardini* die Kunstwerke der verschiedenen Nationen beherbergen. Fradeletto blieb als verantwortlicher Sekretär der Biennale über zwanzig Jahre im Amt. Wenn er mit seiner Schülerin über die Ausstellungen sprach, zeichnete sich bereits ab, dass Margherita, sosehr sie ihren Tutor auch schätzte und ihm nacheiferte, ihn bald übertreffen würde. Schon bei der ersten Biennale gab es Streit. Ein Bild von Giacomo Grosso erregte die Gemüter der Ausstellungsbesucher: *Das letzte Stelldichein*, der Leichnam eines schönen Jünglings, Don Juan, aufgebahrt in einer Kirche, umgeben von nackten Frauen in ekstatischer Trauer. Eros und Tod. Was für eine faszinierende Kombination! Margherita gefiel dieses Bild. Aber der Klerus zeigte sich empört. Ausgerechnet Kardinal Sarto, der Freund ihres Vaters. Siegte etwa die Schamhaftigkeit über die ästhetische Schönheit? Was war an diesem Bild so verwerflich? Auch Fradeletto regte sich darüber auf. Aber er mochte sowieso keine moderne Kunst, verachtete die Avantgarde. Darüber konnte sie nur den Kopf schütteln. Gerade die Modernen, die französischen Postimpressionisten, die Art nouveau, die Symbolisten – das war ihre Welt.

Unter Fradelettos Einfluss las Margherita bedeutende Werke der modernen Philosophie, wurde mit Schopenhauer und Nietzsche vertraut. Von ihnen lernte sie, dass es eines starken nationalen Willens bedarf, um alle Italiener zu innerer Einheit und neuer Größe zu führen. Von Demokratie hielt Fradeletto wenig. Nach seiner Meinung lasse sich die unmündige Arbeiterklasse nur von gefühlsmäßigen Appellen leiten. Deshalb liege es in der Verantwortung einer gebildeten Elite, die Massen zu regieren. Ständig forderte er Margherita zum Widerspruch heraus, ermunterte sie, ihm gegenüber kritisch zu sein. Sie sei viel zu klug, seine Auffassungen blind zu übernehmen. Margherita ließ sich das nicht zweimal sagen. Sie liebte es, mit ihm zu streiten, vor allem über provozierende

Bücher und skandalöse Auffassungen des Lebens. Einige seiner Ansichten fand sie einleuchtend, andere abstoßend und falsch. Kein Zweifel, alle große Kunst und Literatur stammte von Gesellschaften, die dem Beispiel des Römischen Reiches gefolgt waren. Später würde sie diese These in zahllosen kunstkritischen Betrachtungen variieren. Bestes Beispiel waren die *Odi barbare* des von ihr verehrten Dichters Giosuè Carducci. Auch ein Carducci ließ sich vom Modell des Römischen Reiches inspirieren.

Ihr wichtigster Lehrmeister in Kunstgeschichte, der, mit dem sie am meisten übereinstimmte, war jedoch John Ruskin. *Die sieben Lampen der Architektur*[10] – was für eine Entdeckung! Kirchen, Paläste und Häuser, heißt es darin, seien wie die Bücher eines Volkes, symbolisierten dessen Nationalcharakter. Die gotische Architektur würde die soziale Vitalität und die zivilen Tugenden des venezianischen Volkes widerspiegeln, der Baustil der Renaissance hingegen, wie sich Venedigs Stadtleben vom Geist des Materialismus und dem Genuss beeinflussen ließe. »Ruskin half mir, Venedig zu verstehen«, schreibt Margherita Sarfatti in ihren Memoiren. »Seine verträumten Plätze, Kanäle und Lagunen, seine Kirchen, Bauwerke und Museen und seine geheimnisvollen Inseln, das alles lehrte mich die Liebe zur Kunst.«[11]

Margherita lernte von Ruskin mehr, als Fradeletto ihr beibringen wollte. Kunst müsse ihrer Ansicht nach Werte vermitteln. Der wichtigste Aspekt eines Bildes oder eines Bauwerks sei der ethische, das, was als soziale Moral des Meisters sichtbar werde. Demnach reflektiere große Kunst die herausragenden Werte der Menschheit, und die Funktion der Kritik bestehe darin zu prüfen, ob diese Verpflichtung erfüllt wurde. Von den Grundauffassungen John Ruskins wird die spätere Kunstkritikerin nie mehr loskommen. Überall, auch in der Literatur, sah sie seine Thesen bestätigt. In Dantes *Göttlicher Komödie* etwa. Eine wunderbare Allegorie, ein literarischer Führer für das gesamte menschliche Leben. Oder in dem 1840 entstandenen Roman *Die Verlobten* des großen Alessandro Manzoni. Ein besseres Beispiel für die moralische Pflicht der Künstler gebe es nicht. Darin liege das Geheimnis seines Erfolgs, dass hier die Liebesidylle der Protagonisten hinter den gesellschaftlichen Abläufen, den politischen und privaten Katastrophen, zurücktrete. Die Raster eines ungerechten Systems aufdecken – darauf komme es Manzoni an. Hier das gewaltsame, tyrannische »Oben«, dort das ausgelieferte »Unten«, Freiwild für jeden, der Reichtum und Macht besaß.

Erzählt werden die Erlebnisse des jungen Seidenspinners Lorenzo, der das Dorfmädchen Lucia heiraten will. Seine Braut wird vom mächtigen Don Rodrigo, einem hochmütigen Repräsentanten der spanischen Besatzungsmacht, begehrt, der mit Gewalt, Erpressung und Morddrohung die Heirat zu verhindern sucht. Das Liebespaar muss fliehen, wird getrennt, und der Leser darf nun den verschlungenen Lebenswegen der Protagonisten folgen. Ein düsteres Sittenbild Oberitaliens im 17. Jahrhundert, geschildert aus der Sicht des einfachen Handwerkers Lorenzo, dem sich die gesellschaftlichen Zusammenhänge nach und nach entschlüsseln. Am Ende kann er seine Lucia heiraten und findet zu einem arbeitsamen Bürgerleben in bescheidenem Wohlstand. Seine Kinder lernen lesen und schreiben, damit »auch sie davon ihren Nutzen haben, da es diese Schelmenkünste nun einmal gebe«. Ein Roman, der Mut und Menschlichkeit anmahnt, der die Kirche kritisiert, sich zu den wahren, christlichen Werten bekennt und dessen Figuren, ob einfacher Bauer oder Fürst, auf überzeugende

Weise ausgeleuchtet werden. Ein Buch, ganz nach Margheritas Geschmack. Mehr als einmal liest sie es von vorne bis hinten durch. Sie kann nicht genug davon bekommen. Dieser schlichte, eindringliche Stil, diese vollkommene Verflechtung von äußeren Ereignissen und inneren Verwandlungen!

Nur in einem Punkt stimmt sie mit Manzoni nicht überein. Ganz entschieden wehrt sich dagegen ihr junger, rebellischer Geist. Es ist Lorenzos resignative Erkenntnis am Schluss des Romans, die sie stört, die sie nicht hinnehmen kann und will: »Ich habe gelernt, mich nicht in Tumulte einzumischen, ich habe gelernt, auf der Straße keine Volksreden zu halten, ich habe gelernt, nicht zu tief ins Glas zu schauen, […] ohne zu bedenken, wozu das führen kann.«[12] War das etwa das Fazit nach fast 800 Seiten packender Belletristik? Die Wirklichkeit mit beißender Schärfe analysiert zu haben, ohne den Ansatz einer praktischen Konsequenz? Nein, damit wollte sie sich auf gar keinen Fall abfinden. Die Welt nicht nur betrachten, sondern etwas tun, anpacken, sie verändern – das war die einzige sinnvolle Schlussfolgerung dieses Romans. Sie wusste nur nicht, wie das vor sich gehen sollte. Fradeletto, Orsi, Molmenti – keiner ihrer Tutoren konnte ihr eine befriedigende Antwort geben. Die kam von ganz anderer Seite. Nicht aus den Räumen ihres ultrabürgerlichen Palastes, wo sie sich eingesperrt und wie eine Drohne fühlte.

Die Antwort fand sie an der Adria, im heißen, die Fußsohlen verbrennenden Sand, in den durchsichtigen, kühlenden Wellen, wenn sie mit ihrem Verehrer, einem Florentiner Professor, am Strand spazieren ging. Dieser Mann eröffnete ihr eine ganz andere Welt als die, die sie bisher kennengelernt hatte. Er sprach von Marx und Engels, schenkte ihr statt Schokolade *Das Kapital*, gab ihr Tschernikow und Kropotkin zu lesen – alles geheim. Dass er sie ernst nahm, schmeichelte ihr. Dieser Verehrer war etwas anderes als Guglielmo Marconi, der Jugendfreund, den sie jedes Jahr in Bagni della Porretta traf, einem Kurort im Apennin, wo der Vater sein Asthma kurierte. Unvergesslich würden ihr die warmen Sommernächte sein, zusammen mit dem sechs Jahre älteren Guglielmo, der über Physik und Mathematik dozierte, ihr den Sternenhimmel erklärte, später an der Erfindung des Radios arbeiten (nach ihm wurde die Marconi-Antenne benannt) und 1909 den Nobelpreis für Physik bekommen würde. Eine lebenslange Freundschaft, unschuldig und so gar nicht zu vergleichen mit der drängenden Leidenschaft ihres sozialistischen Missionars, »Typ San Matteo, […] mit dem Heiligenschein aus karotten- und silberfarbenen Bart und Haaren«. Für Guglielmo war sie ein Mädchen, der Professor hingegen betrachtete sie mit anderen Augen. So alt und vertrocknet, so melancholisch er auch war, seine Avancen und Zudringlichkeiten, die feurige Gier seiner Blicke – das alles war erschreckend und aufregend zugleich. Nicht, dass sie sich verliebte. Aber zum ersten Mal fühlte sie sich ernst genommen, als Frau, als ebenbürtige Partnerin, geachtet, umschmeichelt, begehrt. Vorsichtig, aber bestimmt wehrte sie seine liebevollen Übergriffe ab. Mit Mademoiselles Hilfe empfing die Fünfzehnjährige heimlich seine Briefe, antwortete ihm auch. Sie wollte mehr wissen über Sozialismus, Klassenkampf, die Gleichberechtigung der Frau. Als er ein Foto von ihr verlangte, schickte sie ihm eines von Percy B. Shelley, einem ihrer liebsten Dichter, beseelt von der Sehnsucht nach einer glücklichen Welt, ohne Tyrannei. Darin also lag die einzige sinnvolle Lösung: in der Beseitigung der enormen Klassenunterschiede, wie der Professor ihr erklärte. Erst wenn Arbeiter und Bauern sich befreiten, würde es eine Welt ohne Ausbeutung, ohne Hunger und Armut geben. Das war der rationale Schlüssel. Logisch und nachvollziehbar. Emotional war jedoch noch ein anderes Erlebnis ausschlaggebend. Ein Bauernmädchen, dem sie wenig später begegnete, arm und gelähmt, eine winselnde Kreatur, die Mutter hilflos daneben, grau und resigniert. Der Anblick von so viel Elend war wie ein Schock, löste in Margherita ein Gefühl aus, das sie später »die marxistische Schandempörung« nannte, »die Revolte der Scham gegen das Schlechte, das Leiden und die Ungerechtigkeit«.[13] San Matteo hatte recht. Es war ihre Pflicht, diesen gesellschaftlichen Missständen entgegenzutreten, sie, die Behütete, die Reiche, Glückliche, deren Privilegien nur durch eines gerechtfertigt werden konnten: durch den Einsatz dieser Privilegien für eine bessere Welt.

Schnell setzte sie sich an ihren Schreibtisch, verfasste einen kleinen, glühenden Artikel, »heimlich abgefasst, heimlich und anonym an die sozialistische Zeitung *Avanti!* geschickt und dann mit Indianertricks in Zeitungskiosken gesucht, versteckt, weit von zu Hause entfernt«.[14] Auch dem Professor schickte sie den Artikel. Der reagierte prompt, belobigte sie mit einem Strauß roter Rosen, den sie vor ihren Eltern nicht geheim halten konnte. Der Vater tobte. Wenn sie diese subversiven Handlungen fortsetze, würde er große Probleme bekommen, Palast und Wohlstand verlieren. Als wenn sie das beeindrucken könnte! Das war doch gerade ihr Problem: dieser unverdiente Wohlstand, diese dekadente Üppigkeit, dieser himmelschreiende Unterschied im Vergleich mit jener jammernden Kreatur. Nur bei der Mutter fand sie eine Art geheime Zustimmung und verborgenen Respekt für ihr Tun. Und bei einigen Venezianern. Die Neuigkeit, dass die Tochter eines Reichen in einer sozialistischen Zeitung schrieb, verbreitete sich

Eltern von Margherita Sarfatti, 1885

erstaunlich schnell. Bald wurde sie spöttisch und anerkennend die »rote Jungfrau« genannt.

Um den Vater nicht weiter aufzubringen, handelte sie von nun an sehr diskret, fing jeden Morgen die Post ab, versteckte die Briefe des Professors. Mochte der Vater denken und verlangen, was er wollte, sie würde vom Sozialismus nicht mehr abrücken. Diese Sattheit und Selbstzufriedenheit, diese Anhäufung von Reichtum und Gütern blieben ihr suspekt. Eine eigene Gondel, sogar eine Familienloge im Teatro La Fenice besaßen die Grassinis. Nicht aus Begeisterung für die Musik, allein aus Prestige. Hier, im Opernhaus, erstickte sie fast im süßlichen Parfüm, neben den aufgebauschten Kleidern, während der tödlich langweiligen Gespräche in den mit Samt behangenen Logen, dem einzigen Ort, wo sich Frauen aufhalten durften. »Zu nah säße oder stünde sonst eine Frau bei einem wildfremden Mann.«[15] War das nicht lächerlich? Auch diese Art der Konversation, vom Gesellschaftsklatsch bis zu den Börsengerüchten, ab und zu unterbrochen, um einer schönen Arie zu lauschen oder einen Sänger mit »Via! Via!« von der Bühne zu verscheuchen? Ihre einzige Hoffnung war hier die Gesellschaft interessanter, attraktiver Männer. Nicht die mit dem schwachen, weichen Flaum über den Lippen, die anderen, diejenigen, die schon erfahren, aber noch nicht verbraucht und aufgedunsen waren. Besonders einer hatte es ihr angetan: Cesare Sarfatti, Absolvent der Juristerei, mit kräftigen, schwarzen Haaren und einem imposanten Bart. Eine ungewöhnlich faszinierende Erscheinung, ohne dass sie genau wusste warum. Gut gebaut erschien er ihr, mit dunklen, glänzenden Augen, die häufig lachten. Seine Beredsamkeit, seine angenehm sonore Stimme unterhielten sie, trieben ihr das Blut in die Wangen. Margherita war damals 16, Cesare 30 Jahre alt. Ein Lächeln, ein Blick, ein Handkuss. Plaudern nach der Opernaufführung, gefallen vom ersten Moment an. Sie verabschiedeten sich mit dem Versprechen, einander wiederzusehen.

Cesare Sarfatti, 1866 in Venedig geboren, stammte aus der Familie Zarfatti, Juden mit französischer Herkunft, die im frühen 14. Jahrhundert nach Italien gekommen waren. Die Familie wurde wohlhabend, brachte bedeutende Rabbiner hervor. Cesares Vater war Rechtsanwalt, vertrat eine englische Handelsfirma. Auch seine Mutter kam aus einer bekannten jüdischen Familie. Als Margherita ihn näher kennenlernte, stellte sie begeistert fest, dass auch ihre geistigen Interessen übereinstimmten. Cesare war der geborene Redner. Seine Auffassungen galten als modern. Die Welt aktiv verändern und verbessern, sie mitgestalten – ähnlich dachte auch sie. Anfangs hatte er die fortschrittliche Partei unterstützt, die in Opposition zur Regierung stand. Aber bald rückte er immer mehr nach links, sympathisierte mit den Republikanern, wurde schließlich Sozialist. Margherita beschwor ihn, daran festzuhalten. Niemals würde sie einen Mann heiraten, der sich nicht zum Sozialismus bekannte. Cesare beruhigte sie. Längst hatte er beschlossen, die 1898 von oben aufgelöste sozialistische Partei Venedigs wieder aufzubauen. Einer gemeinsamen Zukunft stand nichts im Weg. Cesare verkörperte eine Vaterfigur, die alles vereinte, wonach sich Margherita sehnte: familiäre Unabhängigkeit und die Garantie, ihre eigenen Interessen in Politik und Beruf zu verfolgen.

Italien war um 1900 ein Land, in dem Frauen keine öffentlich anerkannte Rolle spielten. Ihre teilweise gleichberechtigte Rolle in den Kämpfen des Risorgimento war einem tradierten Alltag der Frauenunterdrückung gewichen. Zwar wurden um 1870 Gesetze verabschiedet, die es Frauen erlaubten, Land zu kaufen, aber die generelle Verwaltung der Reichtümer oblag weiter dem Mann. Männer konnten die Scheidung einreichen, Frauen nicht. Die Konvention erlaubte den Mädchen nur eine formale Bildung und soziale Fähigkeiten. Professionelle Karrieren blieben den Italienerinnen verschlossen, freiwillige Sozialarbeit die einzige geachtete Tätigkeit. Nur die männlichen Italiener über 25 Jahre, die mindestens 40 Lire wöchentlich verdienten, durften wählen und über das Schicksal des

Landes bestimmen. Einer Elite des Portemonnaies, des Geschlechts und des Intellekts war das Land anvertraut – mit zweifelhaftem Ergebnis. Jene Aufbruchstimmung, die die ersten Jahre der italienischen Einheit geprägt hatte, war längst verschwunden. Die Modernisierung kam nur mühsam voran, und ein großer Teil der Bevölkerung lebte in bitterer Armut und ohne Aussicht auf eine bessere Zukunft.

Besonders die Frauen sahen sich mit einer stark patriarchalischen Gesellschaft konfrontiert, gegen die viele vergeblich ankämpften und an der nicht wenige zerbrachen. Margherita hatte viel darüber gelesen. In den Büchern von Balzac, Zola und Henrik Ibsen. Schon der Versuch, ihre Heirat mit Cesare durchzusetzen, hielt ihr erneut die Schranken ihres Geschlechts vor Augen. Amedeo Grassini war strikt dagegen. Er fand seine Tochter zu jung, den Altersunterschied gesellschaftlich völlig inakzeptabel. Über Cesares Geschäfte konnte er nur lächeln. Viel zu bescheiden für eine Grassini. Ganz abgesehen davon, dass dieser Schürzenjäger ein Freund des skandalösen Gabriele D'Annunzio war. Und zu allem Unglück auch noch Sozialist! Der kam ihm nicht mehr ins Haus!

Die Liebenden mussten sich von nun an heimlich treffen, im Haus von Margheritas Schwester Lina. Eine kurze Zeitspanne, die es zu überbrücken galt, bis die Achtzehnjährige laut Gesetz auch ohne Zustimmung des Vaters heiraten durfte. Vater Grassini gab schließlich grollend nach, verlangte, dass sie wenigstens nach jüdischem Brauch heirateten und die Söhne beschnitten würden. Aber darauf hoffte er vergebens. Margherita wollte weder eine Trauung nach jüdischem Ritus, noch konnte sie versprechen, die traditionellen Bräuche der Beschneidung einzuhalten. Mit Cesare wusste sie sich in diesem Punkt einig. In ihren Erinnerungen zieht sie Bilanz: »Mit 13 verliebte ich mich in die Malerei, mit 15 in eine Idee (den Sozialismus), mit 16 in einen Mann. Mit 18 heiratete ich zu gleicher Zeit die Literatur, die Künste, diese Idee und diesen Mann.«[16]

Cesare Sarfatti und Margherita Grassini wurden am 29. Mai 1898 im Palazzo Bembo zivil getraut. Die Hochzeitsreise ging in die Schweiz und nach Frankreich. Margherita, die anstrengendes Klettern liebte, überredete ihren Mann mitzuhalten. Vor allem freute sie sich auf Paris. Dort erklomm sie zu Fuß den Eiffelturm, während Cesare den Aufzug nahm. Begeistert suchte sie die Galerien am Montmartre auf, wo viele junge Künstler lebten. Von der neuen Entwicklung der Kunst, über die sie schon in Zeitschriften gelesen hatte, fasziniert, erwarb sie mehrere Originale. Sie sah Bilder des verehrten Paul Cézanne, den sie für den entscheidenden Maler der Epoche hielt. In dem Geschäft, wo Gertrude Stein ihren ersten Picasso erworben hatte, entdeckte Margherita auch eine Lithografie von Toulouse-Lautrec, der gerade seine Bilder über Prostituierte ausgestellt hatte. Sie war begeistert und kaufte das Kunstwerk.

Zurück in Italien, zogen sie in ein kleines Appartement an der Fondamenta San Lorenzo, einem ruhigen Kanalstück nicht weit von der Basilica di San Marco. Cesare arbeitete in seiner Anwaltskanzlei. Seine rhetorischen und juristischen Fähigkeiten verschafften ihm großen Einfluss. Die Verteidigung des sozialistischen Deputierten Mario Todeschini, der einen Offizier beschuldigt hatte, ein junges Arbeitermädchen vergewaltigt zu haben, brachte ihm große Anerkennung. Margherita feuerte ihn an, ähnliche Verteidigungen zu übernehmen, auch wenn sie kein Geld brachten, sie würden schon genug zum Leben übrig behalten. Ihr Vater hatte ihr eine Mitgift von 200 000 Lire gegeben.

Damals kostete eine Theaterkarte 1 Lira, das durchschnittliche Jahreseinkommen betrug 1000 Lire, Essen war billig, und Diener kosteten wenig. Diese Lage ermöglichte es Cesare, nur die wohlhabendsten Klienten zu vertreten und die Arbeiter unentgeltlich zu verteidigen.

Das alte konventionelle Venedig war jedoch keine Stadt, in der ein junges Paar mit sozialistischen Ambitionen gute Entwicklungschancen hatte. Es gab keine bedeutende Arbeiterschaft, die katholische Kirche spielte eine alles überragende Rolle. Fischer, Dockarbeiter, Träger, Zigarrenmacher, Glasbläser und andere Handwerker ließen sich nur schwer in einer sozialistischen Partei organisieren. Nach und nach reifte bei Cesare und Margherita die Idee, im Zentrum der Kämpfe, fern vom elterlichen Haus, ihr Glück zu suchen: in Mailand.

Die Mailänder Sozialistische Partei, auf Cesare aufmerksam geworden, hatte das Paar eingeladen, in die Metropole zu ziehen. Aktivisten wie ihn und die energische Genossin Margherita konnten sie dort gut gebrauchen. Die junge Venezianerin hatte bereits Beziehungen zu dortigen Frauengruppen gesucht. Frauen arbeiteten in den Fabriken, streikten, wurden von Polizisten brutal behandelt. Es gab vielfältige Aktivitäten von Feministinnen, Organisationen und Zeitungen, die für die Emanzipation eintraten. Darunter die Unione Femminile, eine Gruppe von Sozialistinnen, zu der auch Sarfatti gehören wird und die mit der Poetin Ada Negri seit 1901 eine Zeitschrift herausgab.

Sarfatti begann noch in Venedig als Kritikerin zu arbeiten, schrieb über die vierte Biennale, damals etwas ganz und gar Ungewöhnliches für eine gut verheiratete Frau. Ihre ersten Rezensionen aus dem Jahre 1901 in der Wochenzeitschrift der Sozialistischen Partei Venedigs sind mit M. G. S. unterschrieben. Den ersten Artikel widmete sie einem sozialen Problem, das sie schon seit Langem beschäftigte: dem viel zu hohen Eintrittspreis der Biennale. Auch weniger Bemittelten, forderte sie, müsse die Möglichkeit, sich zu bilden, offenstehen. Ein Jahr darauf kritisiert sie die Abschaffung des freien Eintritts am Sonntag für die Museen Venedigs. Kunst habe schon immer eine populäre Funktion gehabt: »Für alle war die Kirche geöffnet, öffentlich und sozial war die Kunst, bestimmt, die Weisheit des Christentums zu vertiefen.«[17]

Die Sarfattis lebten das aufregende und hoffnungsvolle Dasein junger Radikaler mit der Sicherheit, dass sie zu den Werten der alten Familien zurückkehren konnten, wann immer sie es wünschten. Ihre Freunde kamen aus Cesares Arbeitswelt, der Sozialistischen Partei und den Künstlerkreisen. Gabriele D'Annunzio, den Jugendfreund Cesares, Provokateur bürgerlicher Moralauffassungen und erfolgreicher Dichter, traf Margherita Sarfatti zum ersten Mal um 1900. Er hatte die Sarfattis zu seiner Premiere von *Das Schiff* eingeladen und überreichte ihr anschließend einen großen Strauß Rosen. Sein liebenswürdiges, angenehmes Wesen überraschte sie. Es war der Beginn einer lebenslangen Freundschaft, enger und bindender noch als die zwischen Cesare und dem Dichter.

Mit der Geburt von Roberto im Mai 1900 begann bei den Sarfattis so etwas wie ein Familienleben. Roberto war ein hübsches Kind mit graugrünen Augen und kupferfarbenen Haaren. Der schwarzhaarige Sohn Amedeo (Giovanni Giosuè Percy) wurde zwei Jahre später geboren. Seine Namen stammten vom Vater und Margheritas Lieblingsdichtern, Pascoli, Carducci und Shelley.

Die Mutterschaft beeinträchtigte Sarfattis Aktivitäten nur wenig. Sie schrieb nach wie vor Kunstkritiken und setzte sich für die Entwicklung des Sozialismus und die Sache

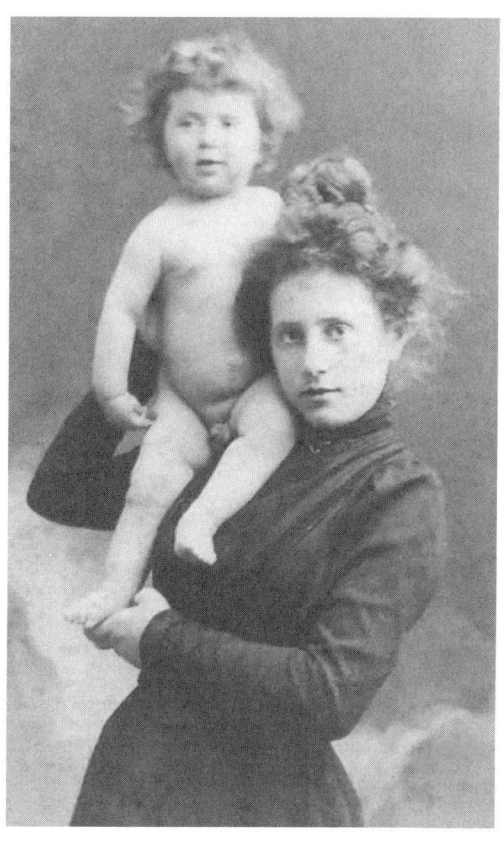

Margherita Sarfatti mit Sohn Amedeo, 1903

der Frauen ein. Ein Beobachter erinnerte sich, dass sie am Markusplatz auf dem Tisch eines Cafés stand und eine Ansprache hielt, während Roberto im Kinderwagen zu ihren Füßen schlief.

Anfang des 20. Jahrhunderts begann für Italien die hoffnungsvollste Zeit seit den Tagen des Risorgimento. Eine Periode ökonomischen Aufschwungs und politischer Neuerungen. Die Aufstände von 1898 hatten zwei Regierungen weggefegt und die Sozialisten stark gemacht. Im Juni 1900 trat der Premier zurück. Einen Monat später wurde König Umberto erschossen. Der Attentäter, ein italienischer Anarchist, war aus New Jersey gekommen, angeblich, um die Opfer von 1898 zu rächen. Thronfolger Vittorio Emanuele III. versuchte, eine liberale Ära einzuleiten und die Bürgerrechte zu gewährleisten. Eine entspannte Phase des sozialen Fortschritts schien zu beginnen. Die Sarfattis blickten erwartungsvoll in die Zukunft. Venedig war ihnen endgültig zu eng geworden. Sie zogen nach Mailand, in das Zentrum der sozialistischen Kämpfe.

Wer in Mailand lebt, wer Mailand liebt, liebt das Durcheinander seiner alten Straßen, in Halbdunkel und Poesie getaucht ...«[1]

Mailand und Venedig um die Jahrhundertwende – verschieden zwar, aber von zwei Gemeinsamkeiten geprägt: dem Kanalsystem und der Taubenplage. Die *Navigli,* weit verzweigte Kanäle, verbanden Mailand mit den Seen und Flüssen des Po und Ticino, wichtige Handelsverbindungen, die später zu teuer und zugeschüttet wurden. Vergeblich setzte sich Margherita Sarfatti in den Dreißigerjahren für die Erhaltung des inneren Wassergürtels ein. Übrig geblieben sind nur zwei Kanäle, Mailands ehemaliger Hafen – und die Tauben.

Auf dem Domplatz bedrängen sie unvorsichtige Touristen, jagen nach belegten Brötchen, Popcorn, gerösteten Esskastanien. Ihr Gefieder ist schmutzig und verklebt, ihre Beine verstümmelt. Hier ist für alle gesorgt, jeden Tag. Marokkaner verkaufen Mais, Japanerinnen posieren für Erinnerungsfotos, umhüllt von flatternden Tauben, die nach den Körnern in ihren Händen picken. Auf dem Dom ließ man stählerne Spitzen befestigen, umsonst, die Tauben bekleckern Giebel und Statuen. Beide Haupteingänge der *Galleria Vittorio Emanuele* sind mit einem engmaschigen Netz bespannt. Die Vögel fliegen einfach darunter durch, an unseren Köpfen vorbei, hin zu McDonald's, zu den Cafés oder Restaurants.

Da ist *La Zucca,* die Geburtsstätte des Campari. Dann das *Biffi,* bekannt geworden durch das Bild *La Galleria di Milano* des Malers Carlo Carrà. Und schließlich das berühmte *Savini*, dem Margherita Sarfatti in ihren Memoiren mehrere Seiten widmet:

»Im Italien des Es-war-einmal stellte das Café ein unvergängliches soziales Zentrum dar, so wie der Dom das spirituelle und das Rathaus das städtische Zentrum waren. Die relative Intimität des privaten Tischchens, das neben den anderen steht, bietet dem mediterranen Genius […] elegante und vielfältige Möglichkeiten.«[2]

Man traf sich fast jeden Tag in den Cafés. Nur hier konnte man den begehrten Espresso trinken, stark und aromatisch, mit einer feinen haselnussbraunen Schaumschicht. Einem Mailänder Ingenieur war es 1901 gelungen, die erste Espressomaschine in Serie zu entwickeln. Che bontà questo caffè! Dieser Kaffee ist ein Gedicht! Man diskutierte eifrig, stritt, versöhnte sich wieder. Man kannte sich – und blieb doch distanziert. Nach Hause lud man nur engste Freunde und Verwandte ein. Das *Savini* war berühmt für sein hervorragendes Risotto, die Sitzbänke aus rotem Samt und seine Intellektuellen. Die Inneneinrichtung soll bis heute erhalten geblieben sein. Leider können wir nichts davon sehen. Türen und Fenster sind verhangen. Das Amt für Ernährungshygiene ließ das Restaurant schließen. An Wänden und Rohren habe man Ruß und Dreck gefunden, in den Kühlschränken Schimmel und seit Monaten verfallene Lebensmittel. Verloren die alte Eleganz, hinweggefegt der gute Ruf.

Früher verkehrten hier Musiker, Maler, Literaten, Philosophen. Alle wohlsituiert, die Preise ließen keine Unterprivilegierten zu. Man polemisierte über Jahier, Bergson und Péguy, über Gabriele D'Annunzio, Medardo Rosso und Benedetto Croce. Zur Unterhaltung gab es Live-Musik auf höchstem Niveau. Arturo Toscanini entdeckte hier den böhmischen Geiger Váša Příhoda, führte ihn in

Sarfattis Salon ein. Sofort wurde ein Hauskonzert organisiert. Auch Mussolini zählte zu den Gästen. Damals war er noch nicht Ministerpräsident, spielte selbst ab und an auf der Violine. Eher mäßig – und trotzdem bat Sarfatti ihn, nach dem Konzert vorzuspielen, mit lauter Stimme, damit es alle hören konnten. Dabei hätte sie wissen müssen, dass sich der zukünftige Duce niemals diese Blöße geben würde. Er errötete, wehrte ab. Doch sie gab nicht nach, insistierte, bettelte. Bis er schließlich aus der Haut fuhr: »Pièntla, piàttula!«, »Hör auf damit, Nervensäge!«[3]

Mailand, kulturelles und industrielles Zentrum Norditaliens, unterlag zu Beginn des 20. Jahrhunderts einem rasanten Wandel. Die ersten Straßenbahnen fuhren durch die Stadt, selbst der Kardinal ersetzte seine Pferdekutsche durch ein Automobil. Man konnte bis nach Paris telefonieren. Alle wichtigen Zeitungsverlage ließen sich in Mailand nieder. Das Verlagswesen expandierte. Immer mehr Menschen verlangten nach Unterhaltungsliteratur. An Feiertagen versammelte sich das Volk auf den Domterrassen zu einem Picknick und genoss die Aussicht auf die Stadt. Circa 500 000 Menschen lebten damals hier, Tendenz steigend. Die Landflucht ließ sich nicht mehr aufhalten. Mehrstöckige Häuser wurden gebaut. Im ersten Stock wohnten die Reichen, im zweiten die Wohlhabenden, im dritten das Kleinbürgertum, darüber die Armen.
Die Sarfattis zogen in die Via Brera, eine belebte, zentral gelegene Straße. Keine ausgesucht repräsentative Wohnung, aber mitten in der anregenden Boheme. Ihre Freundschaften und Kontakte suchten sie in den Kreisen des sozial engagierten Bürgertums, unter Parteigenossen, Feministinnen und Künstlern. Um die Jahrhundertwende war die erste Mailänder Volksuniversität ins Leben ge-

Cesare Sarfatti, 1924

rufen worden, an der auch Cesare Sarfatti für die Arbeiter Kurse gab und die er von 1906 an leitete.

Einer der Gründer war Luigi Majno, dessen Frau Ersilia eine herausragende Rolle in der Frauenbewegung spielte. Sie leitete ein Heim für junge Prostituierte und Opfer sexueller Gewalt, denen man durch Beratung, Lehrprogramme und finanzielle Unterstützung zu helfen versuchte. Vor allem aber war sie wegen ihres Salons berühmt, in dem sich Künstler und Intellektuelle einmal wöchentlich trafen.

Die Mailänder Salonkultur – das war es, was Margherita Sarfatti am meisten interessierte. Sie wollte Schriftstellerin werden, für die großen Zeitungen schreiben, später am liebsten einen eigenen Salon gründen. Daher brauchte sie Kontakte, suchte nach einer realen Chance. Als Frau blieb ihr nur der Weg über die bürgerlichen Feministinnen. Von ihnen war im Jahre 1899 die *Unione*

Femminile gegründet worden, eine Dachorganisation, die sozialistische, demokratische, liberale und katholische Frauenverbände unter sich vereinte. Chefredakteurin der gleichnamigen Zeitschrift war Ersilia Majno. Margherita schrieb ihr im Februar 1901 einen langen Brief, bot sich an, eine neu zu gestaltende Rubrik dieser Zeitschrift zu übernehmen.[4]

Doch die Ideen der ehrgeizigen Margherita überzeugten Ersilia Majno nicht. Sie beauftragte eine andere Journalistin mit der neuen Rubrik. Vielleicht hielt sie die Einundzwanzigjährige für zu jung und unerfahren, vielleicht witterte sie in ihr eine ernst zu nehmende Konkurrentin. Sarfatti musste sich vorerst noch gedulden. Man machte es ihr in den ersten Mailänder Jahren nicht gerade leicht. Den Redakteuren der renommierten Kulturzeitschrift *Marzocco* schickte sie 14 Briefe, bot ihnen immer wieder ihre Mitarbeit an – ohne Erfolg. Sie schrieb und schrieb, jeden Tag. Briefe, Kritiken, Reportagen. Für die venezianische Presse und *La Patria* in Rom konnte sie schreiben, doch in nationalen oder Mailänder Zeitungen durfte sie nur selten veröffentlichen.

Daran änderte auch der dritte Kritikerpreis nichts, der ihr im Jahre 1903 für ihre Artikelserie über die Biennale in Venedig verliehen wurde. Es schien sie eher suspekt zu machen. Eine Frau, die einen Kritikerpreis gewinnt? Mit einer Artikelserie über zeitgenössische Kunst. Das gab es noch nie! Erst wenige Jahre zuvor hatte der Anthropologe Cesare Lombroso nachgewiesen, dass die Frau nichts anderes als ein unvollkommen entwickelter Mann sei, schwach und geistig zurückgeblieben. Sarfatti passte nicht ins Bild. Sie war nicht nur intelligent, schlagfertig und ehrgeizig, sondern auch außerordentlich anziehend, geradezu verführerisch. Ihre Artikel strotzten vor Selbstbewusstsein. Sie vertrat klar umrissene Vorstellungen, an ihnen maß sie die von ihr besprochenen Werke. Kernpunkt ihrer Ästhetik: eine Moderne, die das Gleichgewicht zwischen Gegenwart und Vergangenheit bewahrt. In Italien vermisse sie eine radikale, avantgardistische Kunst. Neue, innovative Bilder gäbe es nicht.

Die junge Venezianerin wusste, wovon sie sprach. Italiens Kultur zehrte vor allem von den Meisterwerken der Vergangenheit. Moderne Kunst passte nicht ins Weltbild der gediegenen Giolitti-Ära. Giovanni Giolitti war 1903 mithilfe der Sozialisten Ministerpräsident geworden. Er hatte eine Art parlamentarische Diktatur geschaffen und für wirtschaftliches Wachstum gesorgt, changierte geschickt zwischen den Interessen des Bürgertums und der Opposition. Dem Wortführer der Reformsozialisten, Filippo Turati, hatte er einen Regierungsposten angeboten. Viele Parteimitglieder warfen Turati deshalb Verrat am Proletariat vor. Italiens Sozialistische Partei war in zwei Lager gespalten. Die Syndikalisten forderten eine Revolution, die Reformsozialisten wollten ins Parlament ziehen und mit friedlichen Mitteln ihre Ziele durchsetzen.

An der Spitze der sozialistischen Parteizeitung *Avanti!* *(Vorwärts!)* stand seit 1903 ein Syndikalist, der in zahlreichen Artikeln Turati und seine Verbündeten attackierte. Es käme darauf an, den Kampfgeist der Arbeiter anzuheizen. Niemals würde er zulassen, dass die Frau des Reformsozialisten Cesare Sarfatti für den *Avanti!* Kunstkritiken schrieb. Aber auch ein Reformsozialist hätte Sarfatti nicht zu Wort kommen lassen, nicht diese exaltierte, überspannte Person, die die französischen Symbolisten bevorzugte und Dichter wie Shelley, Keats und Tennyson liebte. Den Positivismus, das, was sinnlich erfassbar war, hielt dieses junge Ding für überholt. Sie glaubte auch an das

Irrationale, das Unbewusste, das Mystische. Wie ihr väterlicher Freund, dieser Träumer und Zweifler, Antonio Fogazzaro.

Dabei war Sarfatti nicht die Einzige, die so dachte. Längst zeigte sich die intellektuelle und künstlerische Avantgarde Italiens von den Reformisten enttäuscht. Sie suchte nach radikalen Lösungen, die von Frankreich ausgehende positivistische Krise zu überwinden. In Rom, Florenz und Mailand entstanden neue geistige Zentren. Man studierte Henri Bergson und seine Philosophie der Intuition, man diskutierte über Georges Sorel und dessen antidemokratische, Gewalt verherrlichende Schriften. Neue Zeitschriften wurden ins Leben gerufen. In einem nationalistischen Programm hieß es: »Der gesamte Sozialismus ist eine ewige Verschwörung gegen die Freiheit […], repräsentiert das Niedrigste, Vulgärste und Gewalttätigste im Tier Mensch. Dieses Italien ohne eigene einheitliche Sicht, ohne eigenes Aktionsprogramm braucht jemanden, der es rüttelt, damit es wiedererwacht, und der es anspornt, damit es handelt.«[5]

War das der Ruf nach einem Führer, einem Diktator? Einer, der den Italienern Gehorsam beibringt, ihnen vorschreibt, was sie zu tun haben – notfalls mit Gewalt? Zu dem Zeitpunkt führt der Mann, der dem Wunsch nach Ordnung und Autorität entsprechen wird, noch ein Wanderleben. Er ist ein Vagabund, ein ehemaliger Dorfschullehrer, der mit dem Bürgermeister im Clinch liegt und keine Lust verspürt, seinen Wehrdienst zu leisten. Lieber flüchtet er in die Schweiz, schläft dort unter Brücken und bettelt um ein bisschen Brot. Später schleppt er Steine und organisiert einen Maurerstreik in Bern.

Von seiner zukünftigen Rolle ahnt Mussolini noch nichts. Aber er macht schon auf sich aufmerksam, hält deftige

Reden, schreibt hetzerische Artikel. Ein Haudegen, ein Bürgerschreck, dessen »Finger die Krempe seines großen, schwarzen Hutes pausenlos hin- und herdrehen«[6], als er zum ersten Mal der russischen Revolutionärin Angelica Balabanoff gegenübersteht. Sein ungestümes Wesen, seine großen flackernden Augen faszinieren sie, das Unbeholfene, Sanfte, Unsichere hinter diesem aggressiven Gebaren wecken ihr Mitleid, ihre Neugier und ihre Liebe. Sie nimmt ihn zu Vorlesungen und Vorträgen an die Universität Lausanne mit, gibt ihm Bücher zu lesen. Sie, die Bürgerliche und Studierte, er, der Sohn eines Schmieds, ein »heruntergekommenes Individuum«[7], das Nietzsche, Pareto und Sorel liest. Angelica Balabanoff wird sich um ihn kümmern, zwölf Jahre lang, bis Margherita Sarfatti ihre Rolle übernimmt.

Mussolinis zukünftige Geliebte verfolgte inzwischen eifrig die Debatten und Polemiken der Avantgarde. Politisch blieb Sarfatti vorerst den Reformsozialisten verbunden, kulturell schloss sie sich der neuen Künstler- und Intellektuellengeneration an. In der sozialistischen Wochenzeitschrift, autonomer und freier gestaltet als der *Avanti!*, kann sie ihre ästhetischen Ansichten in einigen Artikeln formulieren. Hier kündigt sich bereits an, was sie als Beraterin Mussolinis niemals müde werden wird zu betonen: dass Kultur und Politik untrennbar miteinander verbunden sind. Kunst oder Schönheit vermittelten einen moralischen Wert und hätten damit politisch-bildende Funktion. Bilden sei gleichbedeutend mit Politik machen.

Das wird auch in ihren Artikeln für die *Unione Femminile* deutlich. Darin unterscheidet sie sich von allen anderen Autorinnen. Themen wie Emanzipation oder Frauenwahlrecht interessieren sie immer weniger. Dafür finden sich assoziative Bemerkungen über ein Buch, ein Bild, ein Gedicht. In einem Bericht über die Baumwollarbeiterinnen geht sie auf John Ruskin, »den unermüdlichen Apostel der Schönheit, den Ästheten par excellence«[8], ein. Ihren Artikel über die Reisarbeiterinnen von 1904 beginnt sie mit den Versen eines chinesischen Dichters.

Eine politisch bedeutsame Rolle scheint sie den Arbeiterinnen nicht zuzutrauen. Frauen, deren kranke Kinder sterben mussten, weil sie die Medikamente nicht bezahlen konnten, fordert sie auf, sich weiter ihren täglichen Aufgaben zu widmen. Statt sich aufzulehnen, sollen sie ihre naturgegebene mütterliche Funktion erfüllen. Opferdienst am Gemeinwohl statt Protest oder politisches Engagement.[9] Eine Sichtweise, wie sie Sarfatti noch weiter entwickeln und ideologisch untermauern wird.

Das Wahlrecht spielte in der Frauenbewegung Italiens keine so zentrale Rolle wie in England oder Deutschland. Vier Jahrzehnte sollte es noch dauern, bis die Italienerinnen endlich wählen würden. Die beiden fundamentalen Prinzipien der bürgerlichen Frauenpolitik lauteten: weibliche Identität und Mütterlichkeit. Ihnen wurde alles andere untergeordnet. Man sprach von Gleichwertigkeit, nicht von Gleichheit gegenüber dem Mann. Für die Sozialistinnen hingegen hatte der Klassenkampf oberste Priorität. Zuerst gelte es, die Arbeits- und Lebensbedingungen der Arbeiterinnen und Bäuerinnen zu verbessern, danach könne man sich dem Stimmrecht widmen. Das änderte sich erst im Jahre 1910, als sich die Grande Dame der Sozialisten verstärkt für das allgemeine Wahlrecht einzusetzen begann: Anna Kuliscioff, die graue Eminenz jüdischer Herkunft, über die alle nur mit Ehrfurcht sprachen, einst russische Anarchistin, jahrzehntelang politisch verfolgt, Ärztin der Armen, alleinerziehende Mutter, Lebensgefährtin Filippo Turatis. »In Mailand gibt es nur einen einzigen Mann, und der ist eine Frau, nämlich die Kuliscioff!«[10]

Sarfatti lernte Anna Kuliscioff bald nach ihrem Umzug kennen. Zweimal wöchentlich fanden sich die Sarfattis in ihrem Salon ein. Die Begegnung mit ihr dürfte für die junge Venezianerin äußerst prägend gewesen sein. Signora Anna lebte vor, wie eine Frau in der italienischen Gesellschaft zu Einfluss und Macht gelangen konnte. Filippo Turati traf keine wichtige Entscheidung, ohne sie mit seiner »Tartarin« besprochen zu haben. Eine ideale Lebensgemeinschaft, ein Arbeitsteam: er das Sprachrohr in Rom, sie die Spinne im Netz, die alle Fäden zusammenhielt und von ferne beriet, lobte und mahnte. Zwei sich gegenüberstehende Schreibtische nahmen den Arbeitsraum in der Wohnung am Mailänder Domplatz ein. Hier pflegten sie ihr »gemeinsames Kind«, die *Soziale Kritik*, Organ des italienischen wissenschaftlichen Sozialismus. Seit Turati 1896 das erste Mal ins Parlament gewählt worden war, musste sich Kuliscioff vorrangig allein darum kümmern. Wegen ihrer Knochentuberkulose konnte sie nur selten nach draußen gehen. Fast täglich schrieben sie sich. In einem Brief von 1908, der sich auf einen von *Pro Suffragio* organisierten Frauenkongress bezog, heißt es: »Aber Sarfatti, die mir berichten kommt, sagt, dass es ein Kongress der Hässlichen und Alten sei [...], und vor allem der Mittelmäßigkeit der Trostlosesten. Warum hat man das getan? Offenbar wegen der Verherrlichung der Ersilia Majno.«[11]

Signora Anna verurteilte die Majno und ihren »elitären Feminismus«. Laut einer dem Parlament vorgelegten Petition sollten nach dem Willen der bürgerlichen Feministinnen nur gebildete Damen für das Stimmrecht infrage kommen. Niemals hätte Anna Kuliscioff, die ihren beiden

Haushaltshilfen verbot, das Bad für sie zu putzen, solch eine Petition unterschrieben. In ihrer Mussolini-Biografie beschreibt Sarfatti sie als eine »zarte Frauengestalt, die wie eine Märtyrerin und Asketin wirkte. Einst blond und schön, jetzt durchsichtig und gänzlich verblüht, mit welkem Gesicht und Haaren von verblichenem Gold, strömte sie trotz der Gicht, die ihre Knochen verunstaltet hatte, den magnetischen Zauber und die Kraft eines Herrscherwillens aus.«[12]

Eine Bürgerliche, die ihre Toilette selber schrubbte, in italienischen Gefängnissen gehungert und gefroren hatte, dem Wahnsinn nahe, eine der ersten Frauen Italiens, die das Medizinstudium absolvierten, die nebenbei noch ihr Kind allein versorgt hatte, in wilder Ehe mit Turati lebte – das war keine Frau des Mailänder Salonsozialismus. Auf Margherita Sarfatti muss sie exotisch und faszinierend gewirkt haben, vielleicht sogar befremdlich. Das wachsende Vertrauensverhältnis zwischen ihr und Anna Kuliscioff sollte bald Früchte tragen. Mit der ersten Nummer des Jahres 1908 erschien alle zwei Wochen im *Avanti!* eine neue Rubrik, unterzeichnet mit »El Sereno«, geschrieben von Margherita Sarfatti. Sarfattis größter Wunsch würde sich erfüllen: Endlich konnte sie sich in einer bedeutenden Mailänder Zeitung profilieren.

Den ersten Artikel ihrer neuen Rubrik widmete sie dem Thema Rasse und Antisemitismus. Ein heikles Thema, das ihr seit Langem ein Anliegen war. Antisemitismus, schreibt sie, sei in ihren Augen ein tragischer anthropologischer Irrtum. Beide, Semiten und mediterrane Europäer, stammten von der gleichen ethnischen Familie ab. Die Juden gehörten zur weißen Zivilisation. Daran gab es nicht den leisesten Zweifel.[13]

Sarfatti wird nicht müde, in ihren Artikeln immer wieder

darauf zurückzukommen. Als müsse sie sich und andere ständig daran erinnern. Sie selbst ist blond und grauäugig. Ihre Liebe gilt Italien und seinem kulturellen Vermächtnis, ihr Ehrgeiz einer neuen italienischen Vormachtstellung. Dazu möchte sie, die Jüdin, beitragen. Nur vier Tage später schreibt sie im *Avanti!* von der Überlegenheit der weißen Rasse gegenüber anderen Völkern, insbesondere gegenüber den Schwarzen, denen sie, wie viele Intellektuelle ihrer Zeit, den Rang einer Zivilisation abspricht. Keine Zivilisation ohne die Weißen, kein Fortschritt ohne das Wirken einer mediterranen Elite. Ein neues Bewusstsein sei erforderlich, ein Volk, das sich durch moralische Einheit verbunden fühle. Terza Italia lautete das geflügelte Wort, drittes Italien, Mythos eines neuen Staates. Von der grauen, orientierungslosen Masse zu einer starken Gemeinschaft Einzelner, allen voran die Intellektuellen – das sei das Ziel, und koste es den Preis einer gewalttätigen Auseinandersetzung:

»Nur im Tumult, im Blut ist es möglich, eine Hierarchie durch eine andere zu ersetzen. Die Metaphysiker debattieren darüber, ob der Mensch grundsätzlich schlecht oder gut sei, ob er zur Gewalt oder zum Lächeln des Friedens und zu nachsichtiger Güte berufen. […] Ich glaube nicht, dass diese diversen natürlichen Neigungen eines Tages verschwinden, besiegt und entwaffnet von der Sanftheit eines milderen und gerechteren wirtschaftlichen Lebens.«[14]

Solche Artikel dürften kaum im Sinne der Reformsozialisten gewesen sein, schon gar nicht im Sinne einer Kuliscioff. Aber sie spiegeln das Gedankengut der jungen italienischen Intellektuellen wider. Sarfatti fühlte sich in den Kreisen der rebellischen Avantgarde am wohlsten. Hier fühlte sie sich zu Hause und in ihren eigenen Gedanken bestätigt. Durch die Vermittlung Antonio Fogazzaros traf sie auch mit fortschrittlichen Katholiken zusammen, die sich zu einem erneuerten Katholizismus bekannten. Zu einem Christentum, das Juden und andere Minderheiten nicht verdammt, das sich den menschlichen Leiden widmet, den Armen, den Kranken, den Besitzlosen. »Der Mensch braucht einen Gott«, schreibt Sarfatti, »was immer dieser auch sei.«[15]

Antonio Fogazzaro, Dichter, Aufrührer, Bestsellerautor. Sein Briefwechsel wird in der Handschriftenabteilung der Biblioteca Bartoliana von Vicenza aufbewahrt. In einem hellen klassizistischen Bau, im zweiten Stock, direkt unter dem Dach. Wir stehen vor einem Faltgitter, wie es sie früher in Fahrstühlen gab. Dahinter reihenweise Regale mit Büchern. Es riecht nach Staub und altem Papier. Sinnlos, dass wir klingeln, keiner öffnet. Später hören wir Schritte, eine Frau fragt uns, was wir suchen. Sie führt uns in den Lesesaal, ein geräumiges Zimmer. Vier, fünf Leute sitzen dort, blättern in Folianten, die auf alten Holzpulten stehen. Man bittet uns, Platz zu nehmen, bringt uns Umschläge und Mappen. Briefe der Sarfattis an Fogazzaro, dünnes seidenes Papier, das wir kaum anzufassen wagen, aus Angst, es könnte bei der kleinsten Berührung zerreißen.

Ein Brief fällt besonders auf. Die Handschrift ist flüchtig, nach rechts kippend, unleserlich. Der Briefkopf verweist auf Cesare Sarfatti, Advokat in Mailand. Vielleicht ein wichtiges Dokument. Wir bitten den Bibliothekar, uns beim Lesen zu helfen. Ein älterer Mann mit Hornbrille, klein, schmächtig, dünn. Für ihn als Italiener müsste das ein Leichtes sein. Drei Köpfe sind über Cesare Sarfattis Brief geneigt, drei Augenpaare, die außer ein paar Satzfetzen nichts entziffern können. Da sind die Wörter »gridatori« (Schreihälse) und »difendere« (verteidigen). Und eines, das uns besonders aufmerken lässt: *Il santo*, der Titel eines Fogazzaro-Romans. Wenig später haben wir Gewissheit. Der Bibliothekar entdeckt in einem Verzeichnis, dass Cesares Brief ein Bekennerschreiben sei, voller Bewunderung für den Roman, voll des Zuspruchs und der Ermunterung.

Fogazzaros Roman *Il santo (Der Heilige)* war 1905 erschienen. Es ist die Geschichte eines jungen Benediktiners, der in der Abgeschiedenheit des Klosterlebens seine Idee einer Regenerierung der Kirche entwickelt und weit verbreitet. Trotz Einsamkeit und Askese gelingt es ihm nicht, sich von der Leidenschaft zu seiner früheren Geliebten zu befreien. Glaube und Gefühl geraten in Konflikt, keines siegt über das andere.

Der Roman wurde ein großer Erfolg, ein Bestseller. Aufgeklärte Würdenträger schenkten jungen Priestern das Buch zu ihrer ersten Messe. Für den konservativen Klerus ein Skandal. Dieses aufrührerische Buch zersetze die Moral der Heiligen Kirche. Es sei der modernistische Roman schlechthin. Man ergriff drastische Maßnahmen. 1906 kam *Der Heilige* auf den Index. Fogazzaro reagierte bestürzt, beugte sich aber und zog sich resigniert in seine Villa zurück.

Der Modernismus, die Reformbewegung des Katholizismus um die Jahrhundertwende, fand unter den italienischen Intellektuellen viele Anhänger. Sie suchten nach einer Aussöhnung zwischen den Werten des alten Christentums und den neuen Errungenschaften in Wissenschaft und Kultur. Die Kirche könne sich dem Fortschritt nicht länger verschließen, müsse sich von ihren verkrusteten Denkschemata endlich lösen. In Italien forderte man die Aufhebung des päpstlichen »Non expedit«, das den Katholiken verbot, politisch aktiv zu sein.

Papst Pius X., der Freund Amedeo Grassinis, ging mit ungewohnter Härte gegen die Modernisten vor. 1907 verurteilte er in einem päpstlichen Rundschreiben die katholische Reformbewegung als »Synthese aller Häresien«. Eine regelrechte Hexenjagd begann. Die Modernisten wurden exkommuniziert, mit Lehrverbot belegt. Man verweigerte ihnen die Kirchen, zensierte oder verbot ihre Schriften. Alle Kirchenvertreter mussten den Antimodernisteneid ablegen.

Inspirator und führender Kopf der Reformbewegung war Don Brizio Casciola, Vorlage des *Heiligen* in Fogazzaros Roman. Ein Wanderprediger, Priester der Ärmsten, ständig auf der Flucht vor Repressalien und Exkommunikation. Don Casciola betete in Italienisch. Er organisierte Geldspenden, gründete Waisenhäuser und landwirtschaftliche Kolonien für Straßenkinder, hielt Vorträge über Religion, Ethik und Philosophie.

Bei den Sarfattis war Don Casciola ein hoch geschätzter Gast, gern stellten sie ihm ihre Wohnung zur Verfügung. Seine Vorträge reichten von Lao Tse und Buddha zu Sokrates, vom Judentum bis hin zur Bibelkritik. Ob Jude, Atheist, Protestant oder Katholik – Don Casciola behandelte sie alle gleich. Oft stand er unangemeldet vor der Wohnungstür, mit einem Köfferchen – sein ganzer Besitz –, klein und mager, Flaumbart, ein Asket, der sich nur von Früchten ernährte. Die Sarfatti-Kinder jubelten, wenn er kam. Die Kirche zeigte sich schockiert: konspirative Konferenzen eines katholischen Priesters in der Wohnung von jüdischen Sozialisten – das erforderte strengste Überwachung! Kardinal Ferrari, Erzbischof von Mailand, ließ die Versammlungen bei den Sarfattis regelmäßig bespitzeln:

»Don Casciola kam aus der Brianza im Talar, um 14.15 – genau zur Stunde der Doktrin in den Kirchen – trat er in den Saal im 4. Stock des Hauses Sarfatti (Jude und Freimaurer) und begann seinen Vortrag über die Gefühlswahrnehmung, behandelte das Thema wie ein echter Modernist und Rationalist, wobei er sich auf deutsche Philosophen beruft, von denen er oft Spencer [sic!], Schopenhauer, Hegel, Kant etc ... zitiert. Nachdem der Vortrag beendet ist, folgt eine Art Gespräch mit Fragen des Auditoriums und Antworten Casciolas, der den Zuhörern die Lektüre der von ihm zitierten Autoren nahelegt und über die verschiedenen Ausgaben und die Buchläden, wo man diese kaufen kann, informiert.«[16]

Margherita Sarfatti widmete den Modernisten fünf Artikel in ihrer neuen *Avanti!*-Rubrik. Wie diese trat sie dafür ein, die Bürokraten des Staates durch eine Elite zu ersetzen, die die Ideale des Risorgimento weiterentwickelt und realisiert. Viele der katholischen Intellektuellen werden später als Faschisten an ihrer Seite stehen. Auch mit Don Casciola blieb sie bis zu dessen Tod eng verbunden. Wenn ihre Söhne sich allzu sehr stritten, schickte Margherita ihren Ältesten in eine landwirtschaftliche Kolonie des Priesters, manchmal bis zu einem Monat lang. Es sind vor allem die Gespräche mit diesem Geistlichen, die Margherita Sarfatti später dazu bringen, sich zum katholischen Glauben zu bekennen. Auch ihre Kinder werden sich taufen lassen.

Ganz anders dagegen Cesare. Zeit seines Lebens bekannte er sich zum Judentum, konnte aber weder mit den orthodoxen noch mit den liberalen Juden etwas anfangen. Er schloss sich der Zionistenbewegung an, wurde bald in deren Mailänder Exekutivkomitee gewählt, später sogar zum Präsidenten ernannt. 1906 fuhr er als Delegierter zum internationalen Zionisten-Kongress nach Brüssel, unterstützte die Forderung nach einem eigenen Staat der Juden unter britischer Schirmherrschaft. Seine Frau begleitete ihn. Die Zionistenbewegung interessierte sie wenig, lieber nutzte sie die Zeit für ein Interview mit dem Maler Fernand Khnopff. Später würde sie in der Tageszeitung *Il Tempo* darüber schreiben, dank Cesare, der sich als Mitglied des Verwaltungsrates um den Verkauf der Zeitung kümmerte und dem Direktor in allen wichtigen Fragen zur Seite stand.

Cesare Sarfatti war einer der erfolgreichsten Verteidiger Mailands geworden, sozial engagiert, ehrgeizig. Ein Lebemann, der leidenschaftlich gern Poker spielte und es fertigbrachte, nach Venedig zu fahren, um mit seinen Brüdern und Cousins bis in die späte Nacht hinein Karten zu spielen und dann am frühen Morgen zum Prozess nach Mailand zurückzukehren. Sein Pokerfreund Massimo Bontempelli beschrieb ihn in einer Erzählung als gewichtigen Spieler, »mit der breiten, hinteren Hälfte seines edlen Körpers im Sessel versunken«.[17] Auf einem alten Familienfoto sitzt Cesare Sarfatti hinter seinem großen Schreibtisch, das Haar dunkel und lockig, das Gesicht voll und rund, ein offenherziger, vitaler Mann, kein Kostverächter. Margherita Sarfatti berichtet, wie Anna Kuliscioff ihn dafür kritisierte, »allen Frauen schöne Augen zu machen«[18], schließlich habe er eine so junge, reizende Gattin. Doch die reizende Gattin fand das alles andere als anstößig, im Gegenteil, Signora Anna sei für ihre Bemerkung zu bemitleiden. Das Ehepaar Sarfatti frönte einer freien Liebe, auch Margherita, heißt es, habe andere Männer und auch Frauen nicht verschmäht.

Ihre Ehe stellte sie jedoch niemals infrage. Cesare war ein liebevoller Vater, großzügig, sanftmütig. Nur seine politische Karriere ließ einiges zu wünschen übrig. Durch Turatis Einfluss wurde er zwar Abgeordneter in Mailand, aber alles, was über das Wirkungsfeld eines Kommunalpolitikers hinausging, blieb ihm verwehrt. Ein Grund dafür war die sogenannte Fleischaffäre.

»Im präfaschistischen Italien war der Ehemann der Signora Sarfatti Objekt unzähliger Karikaturen im *Guerin Meschino* und anderen radikalen Zeitungen. Als Abgeordneter von Mailand hatte er für die Steuer auf Fleisch votiert, das von nahe liegenden Provinzen in die Stadt gebracht wurde, wo die Preise niedriger waren. Eines Tages, als Sarfatti in die Stadt kam, wurde er vom Zoll angehalten, und man fand zwischen seinem juristischen Schreibkram einige Kilo Rindfleisch.«[19]

Cesare Sarfatti erhielt von da an den Spitznamen »Onorevole manzo«, »Ehrwürdiges Rind«, abgeleitet von »Onorevole deputato«, »Ehrwürdiger Abgeordneter«. Viel schwerer als die Fleischaffäre wog jedoch der Skandal um den Roman *Mafarka, der Futurist* von Filipo Tommaso Marinetti. Marinetti, ein gut aussehender Mann mit hoher Stirn, Kaiser-Wilhelm-Schnurrbart und katzenartigen Bewegungen[20], veröffentlichte im Januar 1909 sein Gründungsmanifest des Futurismus, das wenige Wochen später auf der ersten Seite des Pariser *Figaro* erschien: »Wir wollen preisen die angriffslustige Bewegung, die fiebrige Schlaflosigkeit, den Laufschritt, den Salto mortale, die Ohrfeige und den Faustschlag.«[21]

Ohrfeige und Faustschlag galten der Vergangenheit und denen, die sie verkörperten: den Museen, Universitäten und Bibliotheken, dem König, dem Papst, allen Künstlern, die sich der Tradition verschrieben. Hoch lebe Technik und Geschwindigkeit, Aggression und Gewalt, Militarismus und Krieg, »diese einzige Hygiene der Welt«.[22] Italien brauche eine Revolution der Kultur. Überall mache sich Provinzialismus breit. Giuseppe Verdi und Giovanni Pascoli ruhten in ihren Katakomben, Fogazzaro und De Amicis sollten bald folgen. Der einzige jüngere Dichter von internationalem Ruf, Gabriele D'Annunzio, ging 1910 nach Paris, diesen Hort von Dekadenz und weiblicher Schwäche. Aber viel bedeutender und zwingender noch sei die Befreiung von allem Deutschen, jenem verbrämten, spätromantischen Geist, der das Italienische vergiftete. Nieder mit Österreich! Triest den Italienern! Ein Italien, das fremde Länder erobert und beherrscht. Helden brauche das Land. Helden wie *Mafarka*, stählern und glänzend. Aus Metall und Leinwand konstruiert er sich seinen Sohn, haucht ihm durch seinen Kuss Leben ein. Ein Gott, der sich selbst regeneriert, ohne Frau, von der er sich angeekelt abwendet, denn alles Weibliche verkörpert Angst, Krankheit und Tod.

Mafarka, der Futurist erschien 1910 in Paris, noch im gleichen Jahr wurde die italienische Übersetzung herausgegeben. Das erste Kapitel, *Die Schändung der Negerinnen*, sorgte für öffentliches Aufsehen. Oktober 1910 musste sich Marinetti wegen Verstoßes gegen die Sittlichkeit vor einem Gericht verantworten. Sein arabischer Held, eben noch ergötzte er sich an den vielen tausend Kadavern seines Schlachtfeldes, wird Zeuge einer Massenvergewaltigung. An einem Teich werden schwarze Frauen zusammengepfercht, Mafarkas Krieger machen sich über sie her, stehen artig Schlange. Einer fällt besonders auf, der Autor zeichnet ihn mit einem Riesenpenis. Er schlägt ein Spiel vor, eine Art Regatta. Die Frau sei das Boot, der Penis das Ruder. Wer sein Boot zuerst im Schlamm versenke, gewinne einen Preis. Er legt sich ordentlich ins Zeug, stößt mit aller Kraft zu, immer wieder, bis das, was da unter ihm röchelt und stöhnt, im Schlamm erstickt und Mafarka, der Held, seine Krieger auseinanderjagt. Nicht, weil er Mord und Vergewaltigung verurteilt, das Unvermögen seiner Krieger, ihre sexuelle Gier zu bezähmen – das ist es, was Mafarka aus tiefster Seele hasst.

»Wenn ich ihnen sagte: ›Verachtet die Frau!‹, warfen sie mir unflätige Beschimpfungen zu [...], ich bestreite nicht den animalischen Wert der Frau, aber die gefühlsbetonte Bedeutung, die man ihr zubilligt [...]. Ich will die Tyrannei der Liebe überwinden, die Obsession von der einzigen Frau«[23], schreibt Marinetti im Vorwort zu seinem Roman. Arroganz, Verblendung und Perversion eines Größenwahnsinnigen? Wer ist dieser Mann, den Cesare Sarfatti seinen Freund nennt und den er so geschickt und erfolgreich verteidigt? Und was denkt seine Frau Margherita über ihn, der Sexualität überaus wichtig ist?

Cesare Sarfattis Plädoyer zeugt von genauer Kenntnis der Literatur und Kunst. In einer brillanten bissigen Rede entpuppt er sich als wahrer Kenner, vermutlich unterstützt durch Margherita. Marinettis Roman befände sich in bester Gesellschaft. Erinnert sei nur an Flauberts *Madame Bovary* oder an Swinburnes erotische Verse. »Zusammenfassend bedeutet Ihre Anklage folgendes: mir gefällt oder mir kann *Mafarka, der Futurist* gefallen. Ich befürworte auch das noble Ziel, aber das Ziel heiligt nicht die Mittel. Da ist die Form, stimmt's?, die Form, die mich beleidigt. Wenn ihr sagt: ›Glied‹, sind wir kollektiv beleidigt; wenn ihr sagt: ›Arsch‹, wird unser Schamgefühl verletzt. Dante Alighieri sagt ›Arsch‹, und Dante Alighieri liest man in der Schule. Wenn ich nicht irre, geht der Vers: ›Und er hatte einen Arsch wie ein Tuthorn‹.«[24]

Cesare Sarfatti erklärte sich in seinem Plädoyer zum Futuristen. Dank seines Einsatzes wurde Marinetti unter tobendem Beifall von der Anklage freigesprochen. Doch ob freigesprochen oder nicht – eines hätte dieser Prozess in jedem Fall bewirkt: die volle Aufmerksamkeit der Medien, das, worauf es Marinetti ankam: auffallen um jeden Preis. Der Futurismus verstand sich als Erneuerungsbewegung, als Aktionskunst. Marinetti wollte provozieren, aber dafür brauchte er ein Publikum, also Skandale und Aufruhr, die Presse, das Theater, die Bühne. Dank seines väterlichen Erbes konnte er Flugblätter drucken lassen, Journalisten bestechen, Säle mieten, Rezitationsabende organisieren. Seine Aktionen hatten großen Erfolg. Viele Künstler und Intellektuelle schlossen sich der Bewegung an.

Und Margherita Sarfatti, die Venezianerin, der bei aller Begeisterung für die Moderne die traditionelle, italienische Kunst so am Herzen lag?

Einerseits schätzte sie Marinetti und die anderen Futuristen. Wie diese sah sie die Notwendigkeit, sich vom Mief der Vergangenheit zu befreien. Selbstverständlich lud sie die Futuristen in ihren Salon ein. Marinetti rezitierte hier seine Verse. Sprache, die in ihre Bestandteile zerlegt wird, ohne Binde- und Beiwörter, Lautmalerei: das Quietschen der Straßenbahn, Motorengedröhn, Kriegslärm. Wohlwollend lauschte Margherita Sarfatti den Wortschöpfungen ihres exzentrischen Gastes – richtig ernst nehmen konnte sie ihn nicht: »Danke, Herr, dass du mich weise, umsichtig und eitel gemacht hast, dass ich kein gemeiner Wurm, kein futuristischer Hanswurst bin.«[25] Marinetti komme es vor allem darauf an, das Publikum zu schockieren, schreibt Sarfatti. Seine Wohnung sei ein traditionalistisches Nest, ein Museum fremder Kulturen: persische Teppiche, türkische Vorhänge, ägyptische Möbel. Ausgerechnet hier trafen sich die Futuristen, bevor sie erst zum *Savini*, dann zu ihren berühmten Soireen ins Teatro Lirico gingen. Marinetti, herausgeputzt, parfümiert, elegant. Später, nach dem Auftritt, ohne Krawatte, ein humpelndes Aschenbrödel, das seinen Lackschuh verloren hat, triefend vor Schweiß und Tomatensoße. Körbe voll Gemüse warf das Publikum nach den Futuristen, unumgänglich für eine perfekte Soiree.

»Am Anfang hatte ganz Italien Gefallen an jenen Rum-

Umberto Boccioni, *Ein futuristischer Abend in Mailand,* 1911

melplätzen, wo die Zuschauer Akteure und Protagonisten wurden. Vor allem Mailand amüsierte sich. Dann begann es wütend zu werden, danach wurde es gleichgültig. Es wiederholten sich die gleichen Nummern, die gleichen Zwischenrufe, die gleichen Unfälle.«[26]

Die Sarfattis wohnten nur wenige Meter von Marinetti entfernt, seit sie vom Mailänder Künstlerviertel in den Corso Venezia gezogen waren, in eine größere repräsentative

Wohnung. Der Corso Venezia ist noch heute eine breite, verkehrsreiche Geschäftsstraße. Wer hier wohnte, musste vermögend sein, gehörte zur bürgerlichen Oberschicht. Das Gehalt eines Advokaten und das Honorar einer Journalistin reichten dafür nicht aus. Erst das väterliche Erbe verschaffte den Sarfattis den nötigen Reichtum.

Innerhalb kürzester Zeit war die Familie Grassini von zwei Schicksalsschlägen getroffen worden. 1907 brachte sich Margheritas Schwester Lina um. Erzählt wird, dass sie sich in ihren Schwiegersohn verliebt hatte und daran verzweifelt war. Linas jüngere Tochter wurde erst von den Sarfattis aufgenommen, später von Linas älterer Tochter zurückgeholt. Angeblich wegen Margheritas Extravaganzen. Sozialistische Ideen und ausgeflippte Kinderkleidung passten nicht in das Erziehungskonzept einer bürgerlichen Italienerin.

Wie ihre Schwester Margherita vertraute sich Lina dem väterlichen Dichterfreund Fogazzaro an. Ihre Briefe zeugen von einem ständigen Ringen um ethische Katharsis. Ihr seelisches Heil suchte sie nicht in Jahwe, sondern im Christentum. Fogazzaro versuchte Trost zu spenden und auf Linas seelische Nöte einzugehen, auf ihren aussichtslosen Kampf gegen sich und ihre Liebe, die sie quälte und in den Suizid trieb. Eine zerbrechliche, selbstkritische Frau, die sich kasteite, gepeinigt von selbst auferlegten Prinzipien.

Margherita war da ganz anders. Nur selten und wenigen Menschen gegenüber gab sie ihre wahren Gefühle preis. Das Ringen mit sich selbst passt nicht zu ihrem Charakter. Von der Richtigkeit ihres Handelns war sie stets überzeugt. Dass sie auch irrte, nahm sie gelassen. Was soll's? Leben – darauf kam es an!

Zwei Schwestern, zwei gegensätzliche Charaktere. Die ältere schreibt akribisch Buchstabe an Buchstabe, fast wie ein Kind. Die andere weit ausholend, schwungvoll, raumgreifend. Ist das Blatt voll, wird einfach im rechten Winkel zur Schrift darübergeschrieben. Was mochte Margherita über Linas Selbstmord gedacht haben? Ein Brief an Fogazzaro lässt ahnen, dass sie um deren seelische Not wusste: »Die Zeit vergeht, und mit ihr der erste gewalttätige Schmerzensausbruch. Aber es gibt Wunden, die diese noch schlimmer zu machen scheint. Und Leeren, die sie nicht füllt, sondern die auf schmerzhafte Weise noch empfindlicher werden. Meine arme Lina! Sie, die aus dem Leben so edle Essenzen der Liebe, der Wärme und der Leidenschaft zu gewinnen wusste.«[27]

Das ist keine Sarfatti, wie man sie aus anderen Briefen oder Artikeln kennt. Wörter wie »Wunde« oder »Leere« kommen nur selten vor, wenn sie sich auf sich selbst besinnt. In ihren Memoiren *(Schnee von gestern)* schließt sie alles, was schmerzhafte Erinnerungen wecken könnte, aus: den Tod ihres siebzehnjährigen Sohnes, Cesares frühes Ableben, Mussolini, der sie verschmäht, nachdem sie älter und uninteressant für ihn geworden ist. Andere werden dafür um so genauer beschrieben. Menschen, die sie traf und für bedeutungsvoll hält: die königliche Familie, den Papst, Künstler, Sozialisten, den amerikanischen Präsidenten. Sarfatti ist stolz darauf, diese Persönlichkeiten gekannt zu haben. Die seelischen Abgründe ihrer Mitmenschen werden mit sentimentalem Vokabular beschrieben. Aber man verliert sich nicht darin, man zerbricht nicht daran.

Nur ein Jahr nach Linas Tod starb Amedeo Grassini. Die Lieblingstochter verlor den Vater. Ein schwerer Verlust, so sehr sie sich auch von ihm unterschied. Sarto, Papst Pius X., sagte von seinem Freund, dass er ein besserer Christ als die Christen gewesen sei. Die drei Geschwister erbten ein beträchtliches Vermögen. Endlich konnte sich Margherita

Sarfatti ihren Traum erfüllen: eine neue, geräumige Wohnung. Hier empfing sie ein ausgesuchtes Publikum: Maler, Bildhauer, Musiker, Dichter, Politiker. Ein Salon, der mit der Zeit in aller Munde war und die anderen in den Schatten stellte. Jeden Mittwochabend traf sich die neue Künstlergeneration. In keinem anderen Salon stand man der Avantgarde so offen und wohlwollend gegenüber. Die Dame des Hauses, nach neuester Mode gekleidet, stolz aufgerichtet, das lockige, widerspenstige Haar nach hinten gebunden, zeigte sich über alles bestens informiert. Geschickt leitete sie die Debatten, Themen, die den Nerv der Zeit trafen. Wer einflussreiche Kontakte suchte, gern diskutierte, mehr über neue Tendenzen in Kunst, Musik oder Literatur wissen wollte, hoffte auf eine Einladung in Sarfattis Salon oder das Glück, eine der Prominenzen begleiten zu dürfen.

Mit dem Geld ihres Vaters erfüllte sich Margherita Sarfatti auch noch einen anderen Traum: ein Landhaus in Cavallasca nahe bei Como, Soldo, der Ort, wo sie sich am liebsten aufhalten wird. Hier unternahm sie lange Spaziergänge in die Umgebung, hierhin flüchtete sie in den Sommermonaten, weg von der stickigen, heißen Stadtluft ins sanft hügelige, erfrischende Grün. Auf ihren Salon mochte sie in dieser Zeit nicht verzichten. Auch Mailands Künstler nicht. Sie nahmen den weiten Weg auf sich, keiner wollte die anregenden Gespräche missen. Die Wände wurden nach und nach mit Bildern von Picasso, Funi, Sironi, Kokoschka und anderen geschmückt, ebenso in der neuen Wohnung in Mailand, dank des väterlichen Erbes. Bilder, die damals noch keiner kaufen mochte, später jedoch enorm an Wert gewannen. Die Kunstkritikerin hatte ein feines Gespür für hochbegabte, junge Maler. Den Blick dafür hat sie sich in Venedigs Kirchen und Museen geschärft. Sie war eine der ersten, die die Bedeutung des Bildhauers Alberto Martini erkannte, den Illustrator Edgar Allen Poes. Bereits 1903 wurde sie bei der Biennale auf ihn aufmerksam. In seinen Werken fand sie die von ihr geforderte Präzision und Klarheit der Linien. Seine *Allegorie des Krieges* lobte sie als eine »Synthese aller verbotenen Leidenschaften, aller tragischen Kräfte, die den Instinkt der Gewalt nähren«[28].

»Synthese« – dieses Wort hatte für Margherita Sarfatti fast magische Bedeutung. Synthese sei die Brücke zwischen Antike und Avantgarde, nur daran könne sich wahre Kunst messen. Dies gelte für alle mediterranen Meister, von den Schöpfern der Sphinx über Paul Cézanne bis hin zur jüngeren Künstlergeneration. Sarfatti glaubte an diese Generation. Sobald sich Gelegenheit fand, besprach sie die Ausstellungen junger, noch unbekannter Maler. Einen von ihnen hielt sie für besonders begabt. Von ihm erhoffte sie sich wesentliche Impulse für die Entwicklung der italienischen Malerei. 1909 lernte sie ihn in einer Mailänder Ausstellung kennen. Schon im Foyer fällt er ihr auf, inmitten einer Gruppe von jungen, eifrig diskutierenden Leuten, hochgewachsen, langhaarig, in schwarzem Pullover. Sie betrachtet die ausgestellten Bilder und Skulpturen. Schlampig ausgeführte Arbeiten. Nur eines zieht sie an. Eine Radierung, liebevoll und sorgfältig graviert, von rührender Volkstümlichkeit. Das kann nur das Werk dieses hochaufgeschossenen Hitzkopfs sein. Genau die gleiche entschlossene und feste Zeichnung des Gesichts. Sie tritt näher, entziffert die Unterschrift. Umberto Boccioni. Plötzlich schrickt sie zurück. Hinter ihr steht jemand. »Gefällt sie Ihnen, Fräulein?«[29]

So verschieden Boccioni und Sarfatti äußerlich erscheinen, sofort entsteht eine geheime bindende Kraft zwischen ihnen, ein gefährlicher Sog. Maler und Kunstkritikerin fühlen sich unwiderstehlich voneinander angezogen. Eine langjährige Beziehung beginnt. Mal mehr, mal weniger intensiv. Freundschaft, Liebe, bei Boccioni zuweilen auch Hass. Man munkelte, dass er sich als Liebhaber zurückgestoßen fühlte. »Er liebte die sexuelle, gewalttätige, Besitz ergreifende Liebe«[30], schreibt Sarfatti. Seine Eitelkeit trieb ihn später zu gehässigen Bemerkungen über Margherita. Als Kunstkritikerin nahm sie kein Blatt vor den Mund. Was ihr nicht gefiel, wurde öffentlich kritisiert. Auch wenn sie mit dem Schöpfer der missbilligten Werke kurz zuvor ein Stelldichein gehabt hatte.

Umberto Boccioni neben seinem Gipsmodell
Synthese des menschlichen Dynamismus, 1913

Im April 1909 äußerte sie sich jedoch überwiegend positiv: »Es freut mich, diese kurzen Anmerkungen mit dem Lob über einen anderen jungen [Maler] zu schließen: Umberto Boccioni. Seine *Signora Virginia* ist trotz bestimmter

Mängel der Perspektive und technischer Unzulänglichkeiten tatsächlich ein großes Stück Malerei in der schönen Aufrichtigkeit der kühlen und klaren Farbe. […] Hier ist einmal mehr ein junger Mann, der sich vor einem einfachen Stück Fensterglas postiert, in dem einfachen und großen Bestreben, das Dahinterliegende gemäß seines Gefühls und seiner Überzeugung wiederzugeben. Genau das ist es, was ein junger Mann tun kann, um auf den richtigen Weg zu kommen.«[31]

Es scheint, als würde hier eine ältere, erfahrene Kritikerin über einen blutjungen Maler schreiben. Dabei war Sarfatti genauso jung wie Boccioni, siebenundzwanzig Jahre. Im Gegensatz zu ihm allerdings längst familiär gebunden. Wenige Monate zuvor, im Januar 1909, war ihr drittes Kind geboren worden, eine Tochter, Fiammetta (kleine Flamme), mit der sie bis zu ihrem Tod ein sehr inniges, herzliches Verhältnis haben wird. Fiammetta erhielt noch die Vornamen Emma und Chiara, wie ihre Großmütter, sowie Anna, als Hommage an Anna Kuliscioff. Ihre Brüder waren bei der Geburt neun und sieben Jahre alt.

Der Bildhauer Libero Andreotti hatte ein Jahr zuvor ein Relief der beiden Brüder geschaffen. Zwei zarte Knaben mit Halstuch und Kniehosen, der kleinere, Amedeo, mit durchgedrückten Knien und einem Stöckchen, der größere, Roberto, mit einem Reifen, auf dem lässig seine Hand ruht. Man kann förmlich hören, wie der damals Achtjährige die überlieferten Worte sagte, das Leben sei zurzeit nichts anderes als ein langweiliger Spaziergang, hin zu bequemen Straßen. Ada Negri, die engste Freundin der Familie, beschrieb Roberto als gesünder, robuster und herrischer im Vergleich zu seinen Altersgenossen, ein schwieriges, eigensinniges Kind, das mehr als einmal die Schule wechselte, so, als würde es vor Langeweile und

Sicherheit hin zu Ungewissheit und neuen Herausforderungen flüchten wollen.

Wie ihre Brüder wurde Fiammetta von einem Kindermädchen und anderem Dienstpersonal rund um die Uhr versorgt. Ihre Mutter wollte sich stärker denn je als Journa-

Margherita Sarfatti und Tochter Fiammetta, 1915

listin etablieren, sich der italienischen Kultur und ihrem Salon widmen. Im Jahre 1909 begann ihre produktivste Phase als Kunstkritikerin. Sie machte sich einen Namen, setzte sich für junge Künstler ein. Von ihren Kritiken, ihrem Einfluss bei Galeristen und Kunsthändlern hing nicht wenig ab. Für Boccioni verfasste sie ein Empfehlungsschreiben an ihren alten Lehrer Fradeletto, hoffte vergeblich, dass dieser den Künstler zur Biennale einladen würde. Boccionis Bilder, so die Begründung, seien zu radikal. Merkwürdige Ansicht über einen Maler, der Frauenporträts und Landschaften in traditionellem Stil bevorzugte, während sich in Paris bereits der Kubismus etablierte.

Boccioni lebte seit 1907 in Mailand, wo er sich einer Gruppe von jungen Malern und Bildhauern anschloss, die sich an der sogenannten zweiten *Scapigliatura* orientierte, einer Künstlerbewegung, die gegen Heuchelei und Lügen des Bürgertums protestierte und nach einer provokanten, entweihenden Sprache suchte, die das Hässliche und Deformierte, die Trostlosigkeit, das Makabre und Düstere darstellt. Umberto Boccioni und seine Freunde Luigi Russolo und Carlo Carrà übernahmen für ihre Malerei die Technik des Divisionismus, bei der reine, unvermischte Farben in parallelen Strichen nebeneinandergesetzt werden. Sie lasen Nietzsche, Marx und Bakunin, illustrierten für Zeitschriften und Verlage, besuchten die futuristischen Soireen im Teatro Lirico.

Ohne Zweifel profitierte Boccioni von den Anregungen und Gesprächen in Sarfattis Salon. Sie kaufte auch Bilder von ihm, »Werke von komplexem und gewalttätigem psychologischen Realismus«[32], lud ihn ins Soldo ein, wo er die Sommermonate von 1910 und 1911 verbrachte. Hier schuf er ein Porträt seiner Gönnerin und Förderin, das er, unzufrieden mit dem Ergebnis, mit dem Spatel wieder zu vernichten suchte. Margherita Sarfatti konnte es gerade noch vor der völligen Zerstörung retten. Die Spuren sind geblieben. Ein Gesicht, von Kerben zerschnitten.

Boccioni malte noch zwei weitere Gemälde im Soldo, den *Strohhaufen in der Sonne* und das *Porträt von Fiammetta*, beide in kräftigen Farben, Pinselstrich neben Pinselstrich. Von Fiammetta gibt es auch noch eine Bleistiftzeichnung aus dem Jahre 1910. Inmitten von Stofftieren und Puppen sitzt da ein staunendes, pausbäckiges Kind, die Haare kraus, den Blick fragend auf den Betrachter gerichtet.

Umberto Boccioni, *Mädchen zwischen Puppen*, 1910

Sarfatti schätzte diese Bilder sehr. Es seien eindrucksvolle Beispiele für eine Kunst, die an die Malerei des 19. Jahrhunderts anknüpfe. Nur würden sie leider nicht halten, was Boccionis Schriften versprachen. Nichts von dem, was er, Russolo und Carrà im *Manifest der futuristischen*

Maler so überschwänglich forderten, gegen akademischen Formalismus, gegen Nachahmung. Dabei habe Boccioni durchaus recht: Italien sei ein Land der Toten, ein riesiges Pompeji. Aber es genüge eben nicht, neue Themen in alter Manier zu malen. Von einem Stilbruch in seinen Bildern könne keine Rede sein.

Auch Ardengo Soffici, Maler und Kunstkritiker, schrieb in *La Voce (Die Stimme)*: »Umberto Boccioni, der Brandstifter, der Anarchist, der ultramoderne Boccioni ist ein ganz braves Malerchen, […] der nichts riskiert, im gewohnten Gleise bleibt und malt, wie man es in Belgien vor dreißig oder vierzig Jahren tat.«[33]

Harte Kritik, an der Boccioni mühsam zu kauen hatte. Schlimmer konnte man ihn nicht treffen. Verbissen stürzte er sich in seine Arbeit. Er arbeitete hart, malte, verwarf, begann von Neuem. Dezember 1910 stellte Boccioni sein Gemälde *Schlägerei in der Mailänder Galerie* aus. Hier erfüllte sich endlich, was die futuristischen Maler in ihrem Technischen Manifest gefordert hatten: »fest gehaltene, dynamische Empfindung«, Menschen, die von allen Seiten zum Schauplatz der Schlägerei eilen, ins Zentrum des Bildes, vor die Eingangstür eines Cafés. Es ist dieses Strömen der Figuren, die sich dem Ereignis nicht entziehen können, von dem sich der Betrachter unweigerlich mitgerissen fühlt.

Aber Boccioni ging noch weiter. Wenige Monate später verkündete er in einem Vortrag: »Wir wollen gewissermaßen die Ewigkeit der Sinnesempfindung erreichen. […] Das menschliche Auge wird die Farbe als Gefühl wahrnehmen. Die sich vervielfältigenden Farben werden keiner Form bedürfen, um wahrgenommen und begriffen zu werden.«[34]

Margherita Sarfatti zeigte sich irritiert. Das konnte nicht Boccionis Ernst sein. Eine Ästhetik, die die Form negierte?

Wo sollte das hinführen? Modern, ja, unbedingt, aber bitte im konstruktiven Sinne. Man konnte nur hoffen, dass Boccionis Bild *Das Lachen* keine Nachahmer fand. Eine Frau in einem Café, die sich schüttelt vor Lachen, ein ansteckendes Gelächter, so heftig, dass ihr Körper und ihre Umgebung, die anderen Gäste, die Tische, Stühle, Flaschen und Gläser, buchstäblich auseinandergeschüttelt werden.

Für Sarfatti der Beginn einer fatalen Entwicklung. Die italienische Avantgarde, mahnte sie, müsse sich an den Malern der Scapigliatura orientieren, an Previati, an Cremona und Ranzoni. Nur so könne die italienische Kunst bestehen, indem sie sich der Größe ihrer eigenen Meister bewusst sei. Das gelte auch für die Kritiker. Die Interaktion zwischen Kultur und Politik, die ästhetische Bildung jedes Einzelnen – darauf komme es an:

»Mit welchem Recht könnten wir die Leute verurteilen, kleinkariert und ignorant zu sein, wenn […] wir nichts unternommen haben, ihr Auge zu bilden und ihren visuellen Horizont zu erweitern? Nur wenn wir diesem Publikum die Möglichkeit zu entdecken geben, wird es sich langsam und allmählich entwickeln, verändern und verfeinern, denn auch in Sachen Kunst folgt die Menge im Schneckentempo dem Impuls, der ihr von einer auserwählten Minderheit der Avantgarde gegeben wird.«[35]

Was sich in *Das Lachen* angekündigt hatte, wurde von Boccioni fortgesetzt. Unter dem Titel *Seelenzustände* malte er eine ganze Serie von Bildern, denen insbesondere eines gemeinsam ist: die Auflösung der Form. Boccioni ließ sich von einer Sarfatti nicht daran hindern, an seinem Weg festzuhalten. Dennoch wurmte es ihn sehr, dass sie seine Bilder kritisierte:

»Signora Sarfatti schreibt mir wieder, dermaßen freundlich, dass es mich irritiert. Fast alle Briefe, die ich aus

Italien erhielt, haben mich irritiert. Es ist merkwürdig, wie die Signora Sarfatti sich im Leben wie im Schreiben gezwungen sieht, auszurutschen und zu humpeln. Ein Glück, dass die Stürze auf den Treppenstufen weniger schlimm sind als jene, die sie macht, wenn sie gegen Abstraktionen protestiert ... daran würde sie sich das Genick brechen.«[36]

Boccioni spielt hier auf Sarfattis Knieverletzung an. Im Jahre 1912 war sie zweimal unglücklich gefallen. Sie musste operiert werden, konnte monatelang nicht richtig laufen. Das war eher ein Grund, sie zu bedauern als sich über sie lustig zu machen. Offenbar fühlte er sich tief verletzt. Er legte großen Wert auf Sarfattis Urteil, ahnte, dass ihre Kritik nicht ganz unberechtigt war. Auch Ardengo Soffici zog über seine neuen Bilder her, verwies auf die Pariser Avantgarde. Ausgerechnet in *La Voce*, der wichtigsten Zeitschrift der jungen italienischen Intellektuellen.

Schmähungen dieser Art konnte man nicht auf sich sitzen lassen. Boccioni und seine Malerfreunde machten sich auf nach Florenz, verteilten futuristische Ohrfeigen. Es kam zu einer großen Rauferei mit den Vocianern. Am Ende versöhnte man sich und tauschte Visitenkarten aus. Das Eis war gebrochen. Marinetti konnte dazu überredet werden, den futuristischen Malern eine Reise nach Paris zu spendieren. Hier, in der Auseinandersetzung mit dem Kubismus Pablo Picassos und Georges Braques, konnten die Futuristen endlich ihr Formproblem lösen. Gegenstände und Figuren wurden schematisiert und zerlegt. Die simultane Darstellung von mehreren, aufeinanderfolgenden Bewegungsphasen eines Pferdes, Fahrradfahrers oder Fußballspielers ermöglichte nun die für die futuristischen Bilder so typische Dynamik.

Umberto Boccioni, *Dynamismus eines Fahrradfahrers*, 1913

Boccioni war mit sich zufrieden. Er überarbeitete noch einmal seine *Seelenzustände* und schuf eine Reihe von anderen Werken. Zusammen mit seinen Futuristen-Freunden plante er eine Ausstellung in Paris. Jetzt würden sie beweisen können, dass sich Italiens Moderne mit der französischen Avantgarde ohne Weiteres messen ließ.

Die Ausstellung musste jedoch verschoben werden. Marinetti, unentbehrlich für Werbung, Propaganda und Organisation, hatte Wichtigeres zu tun. Er arbeitete als Berichterstatter in Libyen. Eine andere dringende Forderung der Futuristen hatte sich erfüllt. Endlich gab es Krieg, »die einzige Hygiene der Welt«. Kurz zuvor war der Erzfeind Österreich in Bosnien und Herzegowina einmarschiert. Jetzt lag es an Italien, der Türkei den Krieg zu erklären und sich ein Stück Afrika einzuverleiben.

»Wir Futuristen [...] sind glücklich, diese große futuristische Stunde Italiens zu erleben, während das schmutzige Gesindel der Pazifisten, das sich nunmehr in die tiefen

Keller seines lächerlichen Palastes im Haag verkrochen hat, im Sterben liegt.«[37]

Zu dem »Gesindel« gehörten auch die Sarfattis. Sie waren Mitglieder der Sozialistischen Partei – und die hatte sich, wenn auch nur zögerlich, gegen den Krieg ausgesprochen. Im *Avanti!* bekannte man sich zur absoluten, unversöhnlichen Opposition. Giolitti, der ursprünglich gegen den Libyenfeldzug war, wusste, dass Italiens Mehrheit keinen Krieg wollte. Der Druck kam von den Bankiers, die vom angeblichen Rohstoffreichtum Libyens (die Ölvorkommen wurden erst später entdeckt) sprachen und damit drohten, ihre Minenkonzessionen an deutsche oder österreichische Banken zu verkaufen. Libyen, das Wüstenland, verkündeten die Nationalisten, könne außerdem italienische Umsiedler aufnehmen.

Ein großer Irrtum, wie sich später herausstellte. Der Krieg zog sich unerwartet lange hin, verursachte hohe Kosten und steigende Inflation. Keine Rohstoffe, keine gewinnträchtige Kolonie, keine italienische Großmacht! Stattdessen ein menschliches, politisches und ökonomisches Desaster. Überall gab es Kundgebungen und Proteste. Die Gewerkschaften riefen zu Streiks auf. Die Frauen legten sich auf die Schienen, um Soldatentransporte zu verhindern. Einer unter den Sozialisten machte besonders auf sich aufmerksam, ein junger, fanatischer Rebell, der aufrührerische Reden hielt, Betriebe schließen, Straßensperren errichten und Eisenbahnschienen demontieren ließ: Benito Mussolini, Parteisekretär der Sozialisten in der Provinz Forli und Gründer der Zeitung *Klassenkampf.* Sein Vagabundenleben hatte er inzwischen aufgegeben. Nach einer Amnestie war Mussolini 1904 nach Italien zurückgekehrt und hatte seinen Militärdienst geleistet. Danach arbeitete er als Volksschullehrer, faulenzte ein paar Monate, holte sich die Syphilis, wurde als Privatlehrer eingestellt, schrieb provozierende Artikel gegen die Kirche. Wo er auch hinkam – überall legte er sich mit den Behörden an. Sein Ruf verschaffte ihm ab 1909 die Stelle des sozialistischen Parteisekretärs im damals noch österreichischen Trient. Hier war er auch Chefredakteur der offiziellen Parteizeitung, die ihn hoffnungsvoll als einen erfahrenen Genossen und leidenschaftlichen Gegner des Klerus angekündigt hatte.

Mussolini übertraf alle Erwartungen. In seinen Artikeln beschimpfte er die Kirche, hetzte gegen Priester und Kardinäle. Der Vatikan sei eine Räuberbande, die österreichischen Geistlichen tollwütige Hunde. Nur sechs Monate nach seiner Einstellung wiesen ihn die österreichischen Behörden aus. Mussolini konnte zufrieden sein. Man feierte ihn als Märtyrer der Revolution. Das Aufsehen in der Presse verschaffte ihm die Aufmerksamkeit, die er für seine weitere politische Karriere brauchte. Nach seiner Rückkehr wurde er Parteisekretär in Forli. Hier lebte er zusammen mit seiner Lebensgefährtin Rachele. Ohne Trauschein, heiraten widersprach ihrer beider Überzeugung. Rachele war einigermaßen hübsch, ihrem Mann ergeben, sie wusch und kochte, pflegte die Kinder. Den intellektuellen Part mussten andere Frauen übernehmen. Eine Angelica Balabanoff zum Beispiel, auf deren Hilfe und Unterstützung Mussolini nach wie vor angewiesen war. Beide lehnten den friedlichen Kurs der Reformsozialisten ab. Nur mithilfe der Gewalt könne man die Gesellschaft ändern, schrieb Mussolini in *Klassenkampf*. Turati und die anderen seien feige. Nieder mit dem Parlamentarismus!

So wie Mussolini dachten inzwischen viele. Die Zahl der radikalen Sozialisten wurde immer größer, ihr Einfluss nahm stetig zu. Aber im Gegensatz zu anderen Sozialistenführern galt Mussolini nicht als Intellektueller. »Ungefähr seit dem Jahre 1910«, schreibt Sarfatti, »war die Bezeichnung ›Intellektueller‹ in den sozialistischen Zusammenkünften zur gefürchtetsten Brandmarkung geworden.«[38] Mussolini war der Sohn eines Schmieds, kein Studierter, der bloß große Reden schwang. Einer, der nicht nur wetterte, sondern selber mit anpackte, der sich die Hände schmutzig machte, egal, ob er dafür ins Gefängnis kam oder nicht. Für seine Aktionen gegen den Libyenkrieg wurde er zu fünf Monaten Haftstrafe verurteilt, was er gleichmütig hinnahm. In einer mitreißenden Verteidigungsrede verkündete er: »Zwischen uns Sozialisten und den Nationalisten ist folgender Unterschied: Jene wollen ein großes Italien, ich will ein Italien, das gut bebaut, reich und frei ist.«[39]

Nach seiner Entlassung gab man ihm zu Ehren ein Festessen. Zum ersten Mal fiel das Wort »Duce«. Mussolini, der Held, potenzieller Propagandist eines neuen Italien, das zu seiner alten Größe findet. Doch so weit wagte Mussolini damals noch nicht zu denken. Noch wusste er nicht genau, wohin er mit seiner Hauptsache-gegen-den Staat-Mentalität eigentlich strebte.

Margherita Sarfatti hörte den Namen Mussolini zum ersten Mal während der Unruhen des Libyenkrieges. Von da an konnte sie gar nicht anders, als seinen politischen Werdegang zu verfolgen. Mussolini war kein unbeschriebenes Blatt mehr. Sogar mit *La Voce* arbeitete er zusammen, der Zeitung, für die sie selbst gern geschrieben hätte. Seit ihrer Gründung im Jahre 1908 bot sie dem Herausgeber und Chefredakteur Giuseppe Prezzolini unentwegt ihre Mitarbeit an, schrieb Postkarten, schmeichelte, lobte die Zeitschrift.

Aber Sarfatti gehörte immer noch zu den Reformsozialisten. Und die hatten in den Augen der Vocianer kläglich versagt. Von einem Turati oder einer Kuliscioff seien keine neuen Impulse zu erwarten. Voller Hoffnung schauten die Vocianer daher auf die revolutionären Sozialisten und Benito Mussolini. Seit 1909 stand Mussolini in Kontakt mit Prezzolini, las regelmäßig dessen Zeitschrift, schrieb wohlwollende Artikel über sie. Den italienischen Intellektuellen mangele es an Mut, ein neues Italien aufzubauen, bestätigte er. Kein Italien der Päpste, der Imperatoren, sondern ein Italien der Denker, ein Italien, das bis dahin nicht existiert habe.

Margherita Sarfatti lernte Prezzolini vermutlich über Don Casciola kennen. Auch sie teilte die Auffassung, dass eine ethische Erneuerung des Landes unumgänglich sei. In den Vocianern sah Margherita Sarfatti die zukünftige Elite Italiens. Zu ihnen wollte sie unbedingt gehören. Fast schüchtern bot sie sich als Kunstkritikerin an – und wurde lange nicht erhört. Erst 1910 durfte sie einen Artikel in *La Voce* veröffentlichen. Allerdings nicht über Kunst, sondern über ein Frauenthema. Anlass war eine Tagung über sexuelle Aufklärung in Florenz. An der Organisation dieser Tagung war Sarfatti maßgeblich beteiligt gewesen. Sie plädierte für einen unkomplizierten Umgang mit dem Thema. Kinder, schrieb Sarfatti, spürten sofort, wenn man ihnen ausweiche oder ihnen Lügen erzähle. Sie hätten ein Recht auf sexuelle Aufklärung, damit sich Körper und Geist gesund entwickelten.

»So wie die Schule über die Befruchtung der Hühner und den Hochzeitsflug der Bienen lehrt, möge sie auch über den Prozess der Befruchtung im Schoß des Säugetieres lehren. Da der Mensch ein Säugetier ist, das sich seiner selbst bewusst ist, möge sie auch in aller Klarheit vermitteln, was der Liebesakt an verhängnisvollen Konsequenzen und großer Verantwortung mit sich bringt, all die ethischen Aspekte, die unser Geist der reinen, einfachen Physiologie hinzugefügt hat.«[40]

Sarfatti hatte einen für damalige Verhältnisse unerhört progressiven Artikel geschrieben. Ganz im Sinne von *La Voce*. Dennoch musste sie zwei weitere Jahre warten, ehe Prezzolini wieder etwas von ihr veröffentlichen würde. Noch hatte sie sich vom Reformsozialismus nicht lösen können, noch hielt sie zu ihrem großen Vorbild Anna Kulischoff. Der Grande Dame des italienischen Sozialismus war es beim Parteikongress in Modena (1911) endlich gelungen, die Frage des Frauenstimmrechts auf die Tagesordnung zu setzen. Das war auch dringend notwendig geworden. Das allgemeine Wahlrecht für Männer wurde im Parlament längst debattiert und sollte Juni 1912 umgesetzt werden. Jetzt galt es, auch für die Frauen aktiv zu werden.

Zum ersten Mal stellte die Sozialistische Partei Mittel und Gelder für eine Frauenzeitschrift zur Verfügung. Im Januar 1912 erschien die erste Ausgabe von *Die Verteidigung der Arbeiterinnen*. Gründerin und Direktorin war Anna Kulischoff. Sarfattis Treue zu ihr zahlte sich aus. Sie wurde Mitglied der Redaktion, verfolgte aber nach wie vor ihren eigenen – im Vergleich mit den anderen Redaktionsmitgliedern – neokonservativen Stil. Statt die Frauen in ihrem Kampf um Unabhängigkeit und Gleichberechtigung zu unterstützen, appellierte Sarfatti an deren Weiblichkeit, an ihre Rolle als Mutter. Die Frau sei kein schwaches, willenloses Opfer, sondern ein starkes, würdevolles Geschöpf – vorausgesetzt, sie erfülle ihre Funktion als Hüterin der Rasse und widme sich ihren häuslichen Pflichten. Daher brauche sie auch kein Stimmrecht, im Gegenteil, »den Frauen das Stimmrecht zu geben, würde bedeuten, das Haus, die Familie, die heilige Gesundheit des Herdes gegenwärtig und zukünftig zu zerstören. […] Mütter! Die Zukunft der Rasse liegt in euch!«[41]

Solche Appelle konnten nicht ungerügt verhallen. Anna Kulisioff war außer sich, der Bruch unausweichlich. Bereits wenige Monate zuvor hatte ein anderer Sarfatti-Artikel ihr Missfallen erregt. Darin berichtete Sarfatti über die sogenannten *Guitti*, Nomaden, die von Oktober bis Juni in die Nähe von Rom nach Agro zogen, um für einen Hungerlohn auf den Feldern zu arbeiten, ohne Häuser, ohne Rechte. Eine Handvoll Intellektueller machte sich damals auf den Weg und gründete dort Schulen, unterrichtete Erwachsene und Kinder, baute, malte, half – alles ehrenamtlich.

»Ist das nicht wunderbar«, schrieb Sarfatti, »ist das nicht großartig und bewegend, dieses Beispiel für Vertrauen und Solidarität und Brüderlichkeit zwischen einem Künstler, den Lehrern, einem Poeten und einer Gruppe von Bauern? […] Dies ist der erste Stein, der erste Anfang: Es ist der Glockenklang der Heimat, die erste ›Stimme der Zukünftigen Stadt‹.«[42]

Was Sarfatti die »Zukünftige Stadt« nannte, bezeichneten andere als »Terza Italia«, eine Utopie, Symbol einer neuen Ordnung. Sie widmete diesem Ideal eine ganze Rubrik in *Die Verteidigung der Arbeiterinnen*. Anna Kulisioff tobte. Es sei das Volk selbst, das Italien den Sozialismus bringen würde, nicht irgendwelche selbst ernannten intellektuellen Spinner. Das war das Ende. Sarfatti trat aus der Redaktion aus. Lange genug hatte sie zur Kulisioff und deren Reformsozialismus gehalten. Jetzt schien sie leichtfertig darauf verzichten zu können, so als gäbe es bessere, interessantere Möglichkeiten.

In der Tat musste sich Sarfatti um ihre journalistische Zukunft nicht sorgen. An der Spitze der Parteizeitung

Avanti! stand jetzt Benito Mussolini. Zuerst war sie unsicher gewesen. Eine Reformsozialistin in seiner Redaktion würde Mussolini mit Sicherheit nicht dulden. Früher
oder später würde es bestimmt Ärger geben. Besser war
es, dem zuvorzukommen. Sie bot ihm ihre Kündigung
an. An dieses entscheidende Gespräch wird sie sich Jahrzehnte später noch sehr genau erinnern. Es sollte über ihr
weiteres Leben bestimmen, über Mussolinis Karriere, vielleicht sogar über das Schicksal einer ganzen Nation:
»Der brandneue Direktor antwortete mir, dass die Kunst
nichts mit jenen parteipolitischen Schattierungen zu tun
hätte, und außerdem machte er mir auf indirekte Weise,
die wir Frauen nur allzu direkt verstehen, klar, dass ich als
blonde Frau sein Typ sei. Mich beeindruckten seine großen
gelben und leuchtenden Augen, die sich so schnell in
seinen Augenhöhlen bewegten, sein fester und irgendwie
grausamer Mund, seine Nietzsche-Zitate und seine Energie. Er wollte mich mit dem Ausspruch empören: Wenn
du zum Weibe gehst, vergiss die Peitsche nicht! Und ich
antwortete ihm unbeeindruckt, dass Nietzsche ebenfalls
gesagt habe: Die Macht der schönen Frauen wird dadurch
gestärkt, dass sie sich ihrer physischen Perfektion bewusst
sind.«[43]
In der darauffolgenden Nacht träumt Margherita Sarfatti
von Mussolini. Während sie einem Konzert lauscht, fühlt
sie sich von zwei brennenden Augen beobachtet, die an
ihrem Körper haften. Sie wird ihn zeit ihres Lebens nicht
mehr los, diesen beunruhigenden Blick, diesen grausamen
Mund. Das ist kein Bürgerlicher, kein Künstler, keiner von
den Sozialisten, mit denen sie sonst verkehrt. Sein schlam-
piges Aussehen ist bedauernswert, sein ungehobeltes
Benehmen unmöglich, aber das, was da in seinen Augen
flackert, macht alles wieder wett. Eine fiebrige, impulsive

Leidenschaft, ungekünstelt, ohne Kompromiss. Er begehrt sie, findet sie unwiderstehlich, also muss er sie verführen – basta! Da ist sein Charme, seine sinnlich-erotische Ausstrahlung, sein widersprüchliches Wesen – mal skrupellos und brutal, dann wieder weich, hilflos und ängstlich wie ein Kind. Die Liste seiner Eroberungen ist lang, die Zahl der von ihm gezeugten Kinder liegt im Dunkeln.

Es fiel Sarfatti nicht schwer, sich für den revolutionären Sozialismus Mussolinis zu entscheiden. Der Bruch mit Turati und seinen Verbündeten hatte sich längst angekündigt. Sie machte keinen Hehl daraus, was sie von deren Politik hielt. Bis dahin hatte sie das Paradox gelebt, in diversen sich oft widersprechenden Gruppen und Projekten engagiert zu sein. Einerseits bürgerlich, konventionell, an die klassische Kunst gemahnende Kritikerin und Befürworterin der traditionellen Geschlechterrollen, andererseits modernistisch, sozialistisch, Förderin der Avantgarde, Redakteurin einer feministischen Zeitschrift.

Politisch gesehen sollte der Parteitag in Reggio Emilia der entscheidende Wendepunkt werden. Kurz zuvor war der italienische König nur knapp einem Attentat entgangen, was die Abgeordneten des Parlamentes dazu veranlasst hatte, eine Glückwunschbotschaft an den Monarchen zu senden. Mitunterzeichner dieser Botschaft war der Reformsozialist Leonida Bissolati, seit Langem unbeliebt bei den Radikalen. Mussolini ließ sich diese Gelegenheit nicht entgehen. In zerbeulten Manchesterhosen und schmuddeliger Jacke, die Taschen vollgestopft mit Zeitungen, stellte er sich vor seine Genossen und zog in einer leidenschaftlichen Rede über Bissolati und die anderen »Verräter« her. Es sei eine Schande, dass sich ganz Italien vor dem Thron erniedrige. »Was ist denn schon ein König? Wir brauchen keinen! Es gibt Völker, die ihre Könige davongejagt haben, andere haben sie vorsichtshalber auf die Guillotine geschickt. Und diese Nationen stehen heute an der Spitze des Fortschritts!«[44]

Die meisten Parteimitglieder gaben ihm recht. Auf seinen Antrag hin wurden Bissolati und andere aus der Partei ausgeschlossen. Der Chefredakteur des *Avanti!* trat zurück. Vergebens versuchte Turati zu vermitteln. Machtlos mussten er und Anna Kuliscioff in den folgenden Jahren mit ansehen, wie ihr Lebenswerk unter ihren Fingern zerrann. Sarfatti dagegen gehörte zur jungen Generation. Sie würde aus den Fehlern der Alten lernen. Der Parlamentarismus war offenbar zum Scheitern verurteilt. Auf dem Parteikongress wurde Mussolini mit großer Mehrheit ins Exekutivkomitee gewählt. Wenige Wochen später übertrug man ihm auch die Chefredaktion des *Avanti!*. Er wusste, dass es jetzt darauf ankam, schuftete Tag und Nacht. Der Erfolg ließ nicht lange auf sich warten, bald stieg die Auflage des *Avanti!* von 20 000 auf 100 000.

»Die Schreibart des neuen Mannes Mussolini war unwiderstehlich«, schreibt Sarfatti, »sie triefte vor Leidenschaft und wimmelte von Tatsachen; das war nicht mehr Wort und Schrift, sondern geradezu Tat, das war eine wirkliche Besitzergreifung der Gemüter mit der Zange der Tatsachen und der ungeschminkten Nacktheit des Wortes.«[45]

Für Sarfatti wurde immer deutlicher, dass Mussolini einer großen politischen Karriere entgegensah. Leute wie ihn brauchte die Partei. Ein Mann des Volkes, intelligent, charismatisch, ehrgeizig, skrupellos. Er war ihre Chance. Nicht nur, dass er sie körperlich begehrte. Auch geistig könnte sie ihm unschätzbare Dienste leisten. Seine Stellvertreterin Balabanoff und er kamen längst nicht mehr so gut miteinander aus. Er brauchte die Balabanoff, mehr als ihm lieb war – und verachtete sie dafür. Was er geistig nicht bieten konnte, suchte er körperlich und seelisch auszugleichen. Die Geliebte war ihm nicht nur aufreizendes Geschöpf, das erobert werden musste, sondern auch mütterliche Begleiterin, bei der er Schutz, Rat und Trost suchte. Sarfatti wird auch diese Rolle übernehmen, in seinen schwierigsten Momenten als Ministerpräsident wird sie an seiner Seite stehen, ihm Trösterin und treue Ratgeberin sein.

Doch vorerst ist ihr Verhältnis eines von vielen. Eine Affäre, eine Liebelei – mehr nicht. Sie finden sich attraktiv, sind voneinander fasziniert. Aber da sind auch Mussolinis andere Seitensprünge, seine negativen Äußerungen über Frauen – und da ist Sarfattis Geiz. Sie würde immer auf ihre Freiexemplare bestehen, schimpfte Mussolini, obwohl sie so reich sei und direkt vor ihrer Haustür einen Zeitungskiosk habe. Eifersüchtige Szenen soll es gegeben haben. Ob von ihm, der Margherita für sich allein beanspruchte, oder von ihr, deren Gefühl möglicherweise stärker war, als sie sich eingestehen wollte – wir wissen es nicht. Auffällig ist jedoch, dass Margherita Sarfatti im Frühjahr 1913 eine längere Reise unternahm. Als habe sie eine Pause gebraucht, um über sich, Mussolini und ihre politische Zukunft nachzudenken.

Zuerst fuhr sie nach England, wo sie die Suffragetten persönlich kennenlernen wollte, sich mit Israel Zangwill und George Bernhard Shaw traf, beide Sympathisanten der Kämpferinnen. Die englische Frauenrechtsbewegung steckte damals in einer Krise. Da ihre friedlichen Versuche, das Wahlrecht einzufordern, nicht erhört oder sogar mit Gefängnis bestraft worden waren, begannen viele Frauen, sich zu radikalisieren. Sie warfen Fensterscheiben ein, zerschnitten Stromleitungen, setzten Briefkästen in Brand. Es kam zu Tumulten und Verhaftungen. In den Gefängnissen wurden die Frauen wie Schwerverbrecher behandelt. Aus Protest traten sie in Hungerstreik, wurden zwangsernährt. Dadurch erlitten viele von ihnen Verletzungen, einige starben daran.

Die italienische Presse verurteilte die Suffragetten. Auch *La Voce* äußerte sich negativ. Margherita Sarfatti vertrat eine andere Meinung, aufgerüttelt von dem, was sie in England erlebte. Hier geschah etwas, wovon die italienischen Feministinnen nur träumen konnten: Die englische Frauenrechtsbewegung hatte die Massen erreicht. Hausfrauen, Arbeiterinnen, Lehrerinnen – alle waren von dem Wunsch beseelt, endlich die gleichen Rechte wie die Männer zu erlangen, bereit, dafür zu kämpfen und sich notfalls zu opfern. Sarfatti, die sonst nicht müde wurde, an die traditionelle Rolle der Frauen zu appellieren, schrieb einen Artikel, in dem sie die englischen Suffragetten verteidigte und zu Heldinnen erklärte. Mehr als einmal bot sie Prezzolini diesen Artikel an. »Ich hoffe, dass Sie ihn sofort veröffentlichen, denn die Art und Weise, wie die anderen Zeitungen diese heldenhaften Frauen behandeln, ist wirklich ekelhaft.«[46]

Ihr Wunsch wurde am 2. Oktober 1913 erfüllt. Es ist einer der wenigen Artikel Sarfattis, in dem sie kompromisslos und radikal für die Rechte der Frauen eintritt. Allerdings scheinen für die Engländerinnen in ihren Augen andere Regeln zu gelten als für die Italienerinnen: »Sicher, das alles erscheint uns Italienern mühsam und – vielleicht sogar – ein bisschen komisch. Wir können uns nicht enthalten, in all dieser Aufregung ein Missverhältnis, eine fundamentale Unausgewogenheit zwischen […] dem zu erreichenden Ziel und den erforderlichen Mitteln zu sehen. So viel Lärm um die Wahl? […] Diese Haltung von mentalem und spirituellem Skeptizismus ist so natürlich, so essentiell – lasst es mich sagen – italienisch, dass sich selbst die kultiviertesten und seriösesten Geister nur äußerst schwer davon befreien können.«[47] Das klingt fast wie Selbstkritik, wie eine Rechtfertigung dafür, dass sie selbst nicht an das Ideal der Gleichberechtigung glaubt. Sosehr Sarfatti auch die Angst der Italienerinnen vor politischem Engagement beklagt, sie selbst sieht die Berufung ihrer Geschlechtsgenossinnen vorrangig im sozialen Bereich, in der Fürsorge für andere, in der Familie. Nur anderthalb Monate später wird sie sich in *Die Verteidigung der Arbeiterinnen* gegen das Frauenstimmrecht aussprechen und damit den Bruch mit Anna Kulischoff endgültig machen.

Ihre Abkehr vom Reformsozialismus wird auch durch die Begegnung mit dem französischen Schriftsteller Charles Pierre Péguy vorangetrieben. Nachdem sie einige Wochen in England verbracht hatte, reiste sie nach Paris, wo sie ihn persönlich kennen- und schätzen lernte. Péguy kämpfte gegen den Antisemitismus, war ein Verteidiger des jüdischen Hauptmanns Alfred Dreyfus gewesen, den man unberechtigterweise des Landesverrats angeklagt hatte. Für viele italienische Intellektuellen war Péguy ein Idol. Wie er betrachteten sie die Verbindung von Kultur und Gewalt als einziges Mittel gegen den liberalen Staat und die Dekadenz der Parteienpolitik.

Als Sarfatti nach Italien zurückkehrte, zeigte sie sich fest entschlossen, Mussolini kompromisslos zu unterstützen. Mit ihrem ganz persönlichen Engagement, ihrem Wissen, ihrem Geld. Am 22. November 1913 erschien die erste Ausgabe der *Utopia*, Organ des revolutionären Sozialismus, gegründet von Mussolini und Sarfatti. Der einleitende Artikel ist zwar mit dem Namen Mussolini unterzeichnet, trägt aber eindeutig die Handschrift Margherita Sarfattis. Eine revolutionäre Revision des Sozialismus, heißt es darin, halte man für dringend notwendig, da der Reformismus und die positivistische Philosophie scheitern mussten. Sarfatti wurde die Macherin des Blattes. Ihre Aufgabe lag vorrangig im redaktionellen Bereich und in der Beratung Mussolinis. Sie gewann Intellektuelle verschiedenster Richtungen für die Zusammenarbeit mit der *Utopia*, organisierte und redigierte. In der Zeitschrift vereinte sich, was zuvor getrennt erschien, Vocianer, Syndikalisten, Futuristen und Modernisten. Ihr gemeinsames Ziel war ein geistig erneuertes Italien, das dafür unentbehrliche Mittel in den Augen der meisten Intellektuellen die Revolution. In den Jahren 1913 und 1914 drohte Italien im Chaos zu versinken. Die Gefahr eines Bürgerkrieges war größer denn je, der Ruf nach einer neuen Ordnung lauter geworden.

Bei allem Interesse für die Politik, widmete sich Sarfatti jedoch nach wie vor ihrem Lieblingsthema, der Kunstkritik. Im Juni 1914 veröffentlichte sie im *Avanti!* einen Artikel über die Ausstellung der kurz zuvor gegründeten Künstlergruppe *Neue Richtungen*, eine Handvoll gemäßigter Futuristen, die sich als Gegenpol zur Boccioni-Bewegung verstand. In ihnen sah Sarfatti die Erneuerer der italienischen Kunst. Zwar löste sich die Gruppe nach kurzer Zeit wieder auf, doch zwei von ihnen, Achille Funi und Leonardo Dudreville, werden später zu den Mitgliedern des *Novecento* gehören, der von Sarfatti gegründeten und vom faschistischen Staat geförderten Künstlergruppe.

Bis dahin war allerdings noch ein langer Weg zurückzulegen. Sarfatti und Mussolini hatten gerade erst begonnen. Noch waren sie Mitglieder der Sozialistischen Partei, wenn auch mit einer eigenen Zeitschrift, deren Verbreitung und Erfolg in ihren Händen lag. Mussolini brauchte Sarfattis Kompetenz, ihre Fürsprache, ihre Kontakte, ihren Salon. Sie schätzte seine Energie, sein Charisma, seine Entschlossenheit. Aus dem Aufstand der Arbeiter vom Juni 1914, der »Roten Woche« in Oberitalien, ging er gestärkt hervor. Dem erfolglosen Generalstreik, versprach er, werde eine erfolgreichere Revolution folgen.

Margherita Sarfatti war sich sicher, dass sie sich in Mussolini nicht täuschte. Sein zukünftiger Erfolg würde ihrem Ehrgeiz und ihrem Engagement recht geben. Mussolini stand eine große Zukunft bevor. An seiner Seite würde sie Italiens Geschicke mitgestalten.

M ord in Sarajewo! Thronfolger Franz Ferdinand erschossen! Mord in Sarajewo!«
Die Sarfattis saßen gerade beim Abendessen in einem Restaurant am Mailänder Dom, als die Zeitungsjungen die Neuigkeit ausriefen. Sie kauften einige Zeitungen, überflogen die Schlagzeilen. Margherita nahm die Nachricht mit Genugtuung auf: »Wenn Franz Joseph jetzt stirbt, fällt Österreich auseinander.«[1] Sie und ihr Mann spekulierten darüber, wie ihre Partei reagieren würde. Mehr als eine Million Italiener lebte unter der Herrschaft des österreichischen Kaisers. Jede Schwächung des Erzfeindes war willkommen.

Wie die meisten Europäer konnte Margherita Sarfatti sich an diesem Abend nicht vorstellen, dass der Anschlag in Sarajewo zu einem Krieg, sogar zu einem Weltbrand, zum Urschock des 20. Jahrhunderts führen könnte. Das Ultimatum Österreichs an Serbien, von dem die Zeitungen in den nächsten Tagen berichteten, nahm sie nicht ernst. Unbekümmert fuhr sie mit ihrer Familie nach Venedig und verbrachte wie gewohnt einige Urlaubstage am Lido. Mussolini rief inzwischen die Arbeiter dazu auf, die Regierung mit allen Mitteln vom Kriegseintritt abzubringen. Sogar einen Generalstreik hielt er für möglich. Obwohl er fest daran glaubte, dass ein Krieg unumgänglich für eine Revolution sei, plädierte er für Neutralität. Vielleicht wartete er den richtigen Moment ab, in dem sich neue Möglichkeiten für ihn eröffnen würden.

Margherita sprach von Venedig aus einige Male mit ihm. Mussolini gab sich angriffslustig und guter Laune. Die Entwicklung auf dem Balkan machte ihm keine Sorgen. In Venedigs sommerlicher Hochsaison fühlte auch sie sich weit entfernt vom aktuellen politischen Geschehen. Erst als am 29. Juli das Ultimatum auslief, wurde sie unruhig. Sie stand in einem Tanzsaal des Hotels Excelsior und sah den Tangotänzern zu. Die ganze Zivilisation schien in Hochspannung. »Mene Tekel Upharsin – diese feurigen Worte kamen mir nicht aus dem Sinn.«[2] Im Laufe des Abends telefonierte sie mehrere Male mit Mussolini, fragte nach Neuigkeiten. Nichts! Erst am nächsten Tag erklärte Österreich-Ungarn Serbien den Krieg.

Sie eilte zurück nach Mailand, fand die Stadt in Aufruhr. Gerüchte. Wahrheiten. Neue Meldungen. Stündliche Extraausgaben der Zeitungen. Erregt und begeistert trafen sich die Künstler des Futurismus am Corso Venezia in der Wohnung der Sarfattis. Endlich passierte etwas! Die lang ersehnte »Blutdusche«, ein richtiger Krieg!

Am 1. August erklärte Deutschland Russland den Krieg, schickte die Ultimaten nach Belgien und Frankreich. Vanderfelde, der Führer der belgischen Sozialisten, rief die Partei zum Widerstand gegen die Deutschen auf. Die Entscheidung erregte bei den Sozialisten aller Länder großes Aufsehen. Auch die Sarfattis, mit Vanderfelde gut befreundet, staunten. War der Pazifismus, dem sie noch im Libyenkrieg gefolgt waren, obsolet geworden? In wenigen Tagen sah man auch die anderen sozialistischen Parteien Europas an der Seite ihrer Regierungen stehen, den einstigen Schwur verratend. Die Zweite Internationale mit ihrem Bekenntnis zum Frieden ging in wenigen Tagen im Kriegsgeschrei unter.

Sogar Anna Kuliscioff, das »denkende Herz« der sozialistischen Bewegung, sah es als unvermeidlich an, dass Italien früher oder später gegen die Zentralmächte in den Krieg eintrat. Ihr Lebenspartner Turati hoffte immer noch, dass sich dies vermeiden ließ. Selbstverständlich wollte die Kuliscioff keinen Krieg. Aber sie sah, dass Italien sich auf Dauer nicht entziehen konnte, da es sonst isoliert wäre. In ihren Erinnerungen schrieb sie: »Es kam die Sarfatti, um zu hören, ob man oder ob man nicht in den Krieg zieht. Ich sagte, dass es mir unmöglich erscheint, dass Italien nicht interveniert, mit den Stiefmütterchen wird auch der Krieg kommen.«[3] Trotz tief greifender Differenzen schätzte Margherita Sarfatti nach wie vor die politische Weitsicht der Signora Anna. Wenn eine die richtige Entscheidung träfe, dann sie! Aber noch hatten die Sozialisten Zeit, ihre Position zu finden. Die italienische Regierung hielt sich vorerst zurück. Es war höchst unwahrscheinlich, dass Österreich im Falle einer Waffenbrüderschaft Gebietskompensationen garantierte. Einen Krieg für das verhasste Österreich führen? Niemals! Italien erklärte seine Neutralität. Doch rund um Italien überstürzten sich die Ereignisse.

In Frankreich ermordete ein Ultranationalist den Sozialistenführer Jaurès – wie von Péguy gefordert. Ausgerechnet Péguy, mit dem Sarfatti in Paris so angeregt diskutiert hatte und dessen antidemokratische Haltung sie teilte. Ihre Irritation wuchs. Noch war sie als Reformsozialistin bekannt. Cesare erinnerte an Jaurès als einen großen Sozialisten, selbst Mussolini zeigte öffentlich Trauer.

Doch der Tod eines Einzelnen zählte nicht mehr viel. Das Massensterben hatte begonnen. Belgien litt entsetzlich unter der deutschen Armee, in Ostpreußen tobten die Kämpfe gegen Russland. In den deutschen Zeitungen lasen die Sarfattis von einem gerechten Verteidigungskrieg. Die Juden wurden von der deutsch-jüdischen Presse sogar ermuntert, Seite an Seite mit den Christen in den

Kampf zu ziehen und den Kaiser, der nun »keine Parteien, sondern nur noch Deutsche kannte«, nach Kräften zu unterstützen. Der Feind war der verhasste Zar, Verursacher der antisemitischen Pogrome. Da durften die Juden nicht abseits stehen.

Margherita fragte sich, ob es ratsam wäre, in diesem Sommer mit der Familie in den Urlaub zu fahren. Italien würde vorerst neutral bleiben. Aber wie lange noch? Und was würde mit ihren Landsleuten in Triest, im Trentino und in Südtirol geschehen? Sie beschloss, einige Wochen im Soldo zu verbringen. Doch sogar hier war es unmöglich, an etwas anderes als an Krieg zu denken. Aus Deutschland kamen die ersten Flüchtlinge über die nahe gelegene Grenzstadt Chiasso, krank, verwundet, hungrig und verzweifelt. Zusammen mit einem Arbeiterkomitee organisierten die Sarfattis Hilfe für die zurückkehrenden Italiener. Das Ehepaar arbeitete hart, linderte nach besten Kräften die Not, organisierte Spendenaktionen. Doch bald trieben die Ereignisse sie zurück nach Mailand.

Noch war die Mehrheit der Italiener für Neutralität. Aber das Ja oder Nein zum Kriegseintritt begann die Nation zu spalten. Erstmals sollten die Zeitungen eine bedeutende Rolle für die Meinungsbildung des Landes spielen. Italiens Demokraten befürworteten den Kriegseintritt, da Frankreich bedroht war. Der *Corriere della Sera* warnte, dass Neutralität gleichbedeutend mit Isolation sei. Nur die Sozialisten hielten sich zurück. Im Libyenkrieg hatte Margherita Sarfatti noch in Übereinstimmung mit der pazifistischen Position ihrer Partei über den Schmerz und das Leid der Mütter gesprochen. Jetzt schienen die Genossen mit der neuen Situation überfordert.

Ganz anders die Futuristen. Sie spielten in Margherita Sarfattis Salon bereits Krieg. Giacomo Balla erfand den

»antineutralen Anzug« in den Farben der italienischen Trikolore, Carlo Carrà schuf aus Eisenbahnbillets die Collage *Manifest der Intervention*. Im Mailänder Teatro del Verme inszenierten Marinetti und Boccioni eine Performance, bei der österreichische Flaggen verbrannt wurden und das Publikum begeistert »Nieder mit Österreich!« rief. Die Männer wurden verhaftet und als Märtyrer des neuen Italien gefeiert. Auch die Maler Papini und Soffici drängten auf Kriegseintritt, »um ein für allemal den hässlichen Deutsch-Österreicher zu zerquetschen und zu ersticken, jene zwei widerlichen Völker, die immer Barbarei, Dummheit und Hässlichkeit repräsentiert haben[4]«. Aufgeregt warteten die Futuristen auf ihren Einsatz.

Doch vorerst mussten sie sich noch in Geduld üben. Am 26. Juli hatte Mussolini im *Avanti!* geschrieben: »Wenn Italien sich nicht ins äußerste Verderben bringen will, dann darf es nur eine Stellung einnehmen: absolute Neutralität. Entweder nimmt die Regierung diese Notwendigkeit auf sich, oder das Proletariat wird sie mit allen Mitteln dazu zwingen.«[5]

Der Artikel trug die Überschrift *Nieder mit dem Krieg* und richtete sich gegen die Forderung einiger Nationalistenkreise, die für eine Intervention Italiens eintraten. Der Dreibund, ein geheimes Verteidigungsbündnis, 1882 zwischen Österreich-Ungarn, Deutschland und Italien geschlossen und 1912 erneuert, verpflichtete möglicherweise zum Eingreifen auf der Seite der Partner. Doch die italienische Regierung machte geltend, dass sie bezüglich des Kriegsfalls nicht konsultiert worden war. Mussolini drohte: »Das Proletariat ist jetzt auf der Hut. Wenn Italien die Neutralität bricht, um die Zentralmächte zu unterstützen, so gibt es für das italienische Proletariat – wir sagen es von jetzt an laut – nur eine einzige Pflicht: zu revolutionieren! Italiens Neutralität muss eine absolute sein, wir dürfen weder Gevatter noch Helfershelfer Österreichs oder Deutschlands sein.«[6]

Die Sarfattis zeigten sich vorerst mit diesem Neutralitätsgebot einverstanden. Margherita ließen die kriegslüsternen Töne der Futuristen in ihrem Salon kalt. Das alles waren künstlerische Übertreibungen, keine soliden politischen Stellungnahmen. Nur ihr Sohn Roberto, gerade erst 15 Jahre alt, lauschte fasziniert den Kriegsreden der jungen Männer, konnte gar nicht genug davon bekommen.

Auch die Vocianer, die von der Mutter über alles geschätzte intellektuelle Avantgarde, brannten darauf, in den Krieg zu ziehen. Sie reagierten auf Mussolinis Aufruf verstimmt. »Ich kann mir keinen Mussolini vorstellen, der darauf verzichtet, gegen Österreich zu kämpfen«, schrieb Prezzolini, »und ich glaube, dass, sobald die letzte Kundgebung für die Neutralität vorbei ist, sämtliche Sozialisten ihre Pflicht tun werden.«[7]

Mussolini und Prezzolini standen sich in der Kriegsfrage näher, als es zunächst schien. In den ersten Augusttagen 1914 bemerkte Angelica Balabanoff, stellvertretende Leiterin des *Avanti!*, an gewissen kleinen Anzeichen, dass Mussolini dabei war, seine angeblich neutrale Position zu revidieren. Man munkelte, dass die Sozialistische Partei wie viele andere bald für einen Kriegseintritt plädieren würde. Die aktuelle Frontlage sprach dafür. An der Marne war das deutsche Heer zum Stehen gebracht worden. Deutschland schien nicht unbesiegbar zu sein. Da lag es nahe, Frankreich aktive Unterstützung zu gewähren.

Am 13. Oktober 1914 wandte sich Prezzolini in *La Voce* direkt an Mussolini: »Mussolini hat gesagt, würde er zu den Waffen gerufen, wird er sich nicht verweigern. […]

Nun, Mussolini, nur Mut! […] Ich kenne Ihre Hand, ich kenne Ihre Augen, ich weiß, wer Sie sind. Ich weiß, dass Sie keine Angst haben werden, erschossen zu werden.

Wenn Sie gehen, dann, weil Sie wissen, dass Sie gehen müssen, dass es gut ist zu gehen, dass der Krieg gegen Österreich, in diesem Moment, für einen in Italien geborenen Mann, eine gute und heilige Sache ist. Ich bin sicher, dass Sie ihn im Grunde mit Sympathie betrachten. Also haben Sie den Mut der Ehrlichkeit, der totalen Ehrlichkeit! Ich verstehe sehr gut, dass kein Sozialist oder die Italienische Sozialistische Partei die Kriegsbewegung anführen kann. Aber Sie müssen ihn nicht behindern. […] Morgen werden Sie, und mit Ihnen die Besten der PSI, in den Krieg ziehen und ihre Pflicht ausüben, vielleicht besser als viele Kriegsbetreiber.«[8]

Prezzolini wusste, wie er mit seinem Schützling umzugehen hatte. Niemals würde sich Mussolini vom Gründer der Zeitschrift *La Voce* Feigheit oder Angst vorwerfen lassen. Wie Prezzolini sah er in der Kriegsbeteiligung die große moralische Chance der italienischen Nation. Seine Abkehr von der Sozialistischen Partei war nur noch eine Frage der Zeit und der Alternative. Längst hatte er für die Zukunft vorgesorgt und erste wichtige Kontakte geknüpft. Bereits wenige Tage später, am 18. Oktober, veröffentlichte er im *Avanti!* einen Artikel, in dem er die absolute Neutralität, die er bisher so lautstark vertreten hatte, »eine Fessel für die Sozialisten« nennt. Die italienische Arbeiterklasse dürfe nicht abseits stehen, wenn in der Welt Tiefgreifendes passiere. Angesichts der deutschen Aggression sei der Patriotismus von Belgiern und Franzosen gerechtfertigt. Mussolini nannte den bisherigen (eigenen) Standpunkt blind und dogmatisch. »Wir wollen keine hilflosen Beobachter, wir wollen lieber selbst die Protagonisten sein.«[9]

Der Chefredakteur des *Avanti!* hatte niemanden von seinem Wandel unterrichtet und selbstherrlich eine unwiderrufliche Entscheidung getroffen. Selbst Angelica Balabanoff war nicht informiert worden. Sie reagierte mit aller Schärfe: »Wer einen solchen Artikel veröffentlicht, gehört ins Irrenhaus oder an die Front, in der PSI kann und darf er nicht bleiben.«[10] Das Parteikomitee trat in Mussolinis Anwesenheit in Bologna zusammen. Einschließlich der Balabanoff verurteilten fast alle seine Haltung. Als Angelica Balabanoff sich dafür einsetzte, Mussolini ein Übergangsgehalt zu zahlen, lehnte er empört ab. Kalt sahen die einst Befreundeten sich an. Kein Wort fiel mehr zwischen ihnen. Sie waren zu Gegnern geworden.[11]

Margherita Sarfatti nahm zu diesem Zeitpunkt an einer Sitzung des Mailänder Stadtrates teil. Nachdem sie das Elend der italienischen Flüchtlinge im Grenzgebiet kennengelernt hatte, mobilisierte sie eine Gruppe von Landwirtschaftsexperten und Sozialarbeitern, damit die Arbeitslosen auf ungenutztem Land Gemüse anbauen konnten. Sarfatti bat den Rat, Ländereien zur Verfügung zu stellen. Das wurde genehmigt und die Signora Sarfatti beauftragt, die Sache in die Hand zu nehmen. Während des Treffens bekam der Bürgermeister ein Telegramm, das er ihr wortlos zuschob. Darin stand: »Unwiderruflichen Rücktritt von der *Avanti!*-Direktion erklärt. Endlich frei. Grüße, Mussolini.«[12]

Beunruhigt verließ Margherita Sarfatti die Sitzung. Auch sie war von Mussolinis Schritt überrascht worden. Nur kurze Zeit vorher hatten sie und Cesare sich auf Mussolinis Seite gegen Turati gestellt. Jetzt aber versuchte Mussolini nicht einmal mehr, seine Freunde von seinem neuen Standpunkt zu überzeugen. Er schien das Ende seiner po-

litischen Karriere innerhalb der Sozialistischen Partei ein-
kalkuliert zu haben.

Mussolini ging in die Offensive. In wenigen Wochen
stampfte er eine neue Zeitung aus dem Boden, *Il Popolo
d'Italia (Das Volk Italiens)*. Der Leitartikel der ersten
Nummer trug den Titel *Kühnheit* und rief die jungen
Männer des Landes zum Kriegsdienst auf.[13] Die Partei
sah sich gezwungen, eine schnelle Entscheidung zu fällen.
Zwar lautete der Untertitel des *Popolo* »Sozialistische Tageszeitung«, aber die PSI war fest überzeugt, dass sie mit
französischem Gold und den Zuwendungen der Rüstungs-
industrie Italiens finanziert wurde. Am 25. November
kam es bei einer Versammlung zu stürmischen Protesten.
Mussolini habe gegen die Grundsätze der Partei verstoßen
und sei sofort auszuschließen. Als Mussolini sprechen
wollte, schrie man ihm »Verräter! Verräter!« entgegen.
Bleich und mit zitternder Stimme erklärte er: »Wenn ihr
glaubt, ihr wärt mich los, dann irrt ihr. Ihr hasst mich,
weil ihr mich eigentlich liebt! Ich werde immer Sozialist
bleiben! Aber ich werde kein Mitleid mit denen haben, die
Heuchler und Verleumder sind. Lang lebe die Revolution!
Lang lebe der Sozialismus!«[14]
Damit verließ er den Raum. Ein junger Sozialist, der an
der Tür stand, hörte noch, wie er zu sich selbst in romagnolischem Dialekt sagte: »Am la pagari. Das werdet ihr
mir bezahlen.«[15]

Und Sarfatti? Sie blieb »der sozialistischen Versammlung,
in welcher Mussolini, das Idol von gestern, nicht nur verurteilt und verdammt, sondern auch hingerichtet und
gelyncht wurde«[16], fern. Feigheit oder Freundschaft? Für
oder gegen Mussolini? Was war dran an Margheritas Be-
hauptung, jene »Schlachtfeste« der Männlichkeit zu ver-

abscheuen? Sicher ist, dass sie sich vorerst bedeckt hielt. Noch war sie nicht willens, ihren eigenen Parteiausschluss zu riskieren.

Doch Anna Kuliscioffs Prophezeiung, dass mit den Stiefmütterchen auch der Krieg kommen werde, ging ihr nicht mehr aus dem Kopf. Das Mailänder Bürgertum traf bereits Vorbereitungen für den Kriegsfall. Da wurden Bürgerkomitees zur Unterstützung der zukünftigen Soldaten gegründet, Spenden für Not leidende Kämpfer gesammelt, obwohl die Rekrutierungsbüros noch gar nicht geöffnet hatten. Beeinflusst durch den belgischen Sozialisten Vanderfelde und die französischen Sozialisten, hielten auch die Sarfattis Ende 1914 einen Kriegseintritt Italiens für möglich. Im *Avanti!* veröffentlichte Margherita Sarfatti einen ausführlichen Artikel über *Proletariat und Vaterland*. Darin nannte sie die Neutralität, die sie anstrebte, »fattiva« und »operosa«, also tatkräftig und mühevoll, während Mussolini von »attiva« und »operante«, tätig und wirksam, gesprochen hatte. Es waren faktisch Synonyme, aber Sarfatti hütete sich, die gleichen Begriffe wie Mussolini zu benutzen, um die Partei nicht zu sehr zu reizen. Ihre Möglichkeit, für ein so wichtiges Blatt wie den *Avanti!* zu schreiben, wollte sie nicht leichtfertig aus der Hand geben.

In ihrem Artikel beschrieb sie ihr neues Gefühl des Nationalismus und versuchte es in Einklang mit ihrer sozialistischen Überzeugung zu bringen. Wie könnte man als Sozialist sein Vaterland lieben? Alle Regierungen hätten bisher die Arbeiter unterdrückt und ausgebeutet. Aber vielleicht würde das Vaterland in Kriegszeiten dem sozialistischen Ideal der universellen Brüderlichkeit ähnlicher werden. Die italienische Mittelklasse setzte sich zwar stärker für den Erhalt der Nation ein als die Arbeiterklasse und die

PSI, aber alle Italiener vereinte das grundlegende, gemeinsame Interesse, Fremdherrschaft nicht zuzulassen. »Ich bin«, so endete sie ihre Darlegung, »kein Freund der Intervention. Aber ich bin für eine aktive Position der Neutralität. Neutralität hat niemals bedeutet, dass wir nicht unsere eigenen Interessen verteidigen werden.«[17]

Der Artikel zeigte ihre stark idealistisch gefärbte Vorstellung vom Staat, die Vision von einer nationalen Kultur als Schubkraft für die moderne Gesellschaft. Der Versuch einer neuen Einheit zwischen Nationalismus und Sozialismus. Ein erster Ansatz zukünftiger (faschistischer) Ideologie. In der Partei reagierte man skeptisch und erstaunt. Nationalismus als entscheidende Triebkraft des politischen Handelns? Margherita hatte mit der Veröffentlichung ihrer Position nicht wenig riskiert. *Proletariat und Vaterland* sollte ihr letzter Artikel im *Avanti!* sein.

Aber Mussolini ging er längst nicht weit genug. Sarfattis Text sei eine Übung in intellektueller Selbstdarstellung, wetterte er, eine akademische Turnübung mit Worten, wie sie ihm schon immer zuwider gewesen sei. Durch seinen Ausschluss gekränkt und isoliert, hatte er auf ihre bedingungslose Zustimmung gehofft. Er brauchte dringend Freunde, keine halbherzigen Sympathiebekundungen. Insgeheim rechnete er weiterhin mit den Sarfattis. Auf sie konnte er sich in der Regel verlassen. Cesare Sarfatti bewies ihm seine Freundschaft, indem er ihm für seine Zeitung eine Menge Geld gab. Dass Cesare auch in der Kommission der Partei war, die den Auftrag hatte zu klären, woher das Geld für den *Popolo* stammte, verzieh Mussolini ihm. Jetzt kam es darauf an, den *Popolo* salonfähig zu machen. Im November bat Mussolini den Chefredakteur von *La Voce*, für ihn als Korrespondent und Redakteur nach Rom zu gehen. Prezzolini sagte zu. Einem neuen Italien wollte er unbedingt dienen. Das Volk musste auf den Krieg und die Zeit danach vorbereitet werden. Dank Prezzolini genoss der *Popolo* bald in intellektuellen Kreisen große Beachtung. Auch andere Redakteure aus dem Kreis der Vocianer waren zur Mitarbeit bereit.

Da lag es nahe, dass Margherita Sarfatti immer mehr ins Schwanken geriet und darüber nachdachte, ob sie den Kontakt mit Mussolini intensivieren sollte. Auch sie könnte für den *Popolo* arbeiten. Aber wollte sie das überhaupt? Womit konnte Mussolini sie entschädigen, wenn sie für ihn ihre Karriere in der Partei riskierte? Sie entschloss sich zu einem Besuch im neuen Redaktionsbüro. Dort fand sie aber nur einen alten Mitkämpfer Mussolinis, der sie eilig herumführte, ihr die schlichte Ausstattung der Räume zeigte. Beweis genug, dass das Gerücht von dem französischen Gold Unsinn war. Sie, Margherita, solle unbedingt mitarbeiten, aber nur, wenn sie den Krieg mit Überzeugung befürworte. Das war leichter gesagt als getan. Margherita blieb unschlüssig. So lange hatte sie für ihre Position in der Partei kämpfen müssen. Eine positive Antwort konnte sie zu diesem Zeitpunkt noch nicht geben.

Die Frage der Finanzierung des *Popolo d'Italia* schlug noch lange Zeit hohe Wellen und konnte erst Mitte der Zwanzigerjahre bei einem Prozess in Frankreich anhand von Dokumenten und Zeugenaussagen geklärt werden. Danach ist bewiesen, dass französische Regierungskreise das Zeitungsprojekt finanziell unterstützt haben. Mussolini erhielt zunächst 15 000 Francs als Startkapital und später 10 000 Francs monatlich. Kirkpatrick kommt in seiner Mussolini-Biografie zu dem Schluss: »Fest steht, dass Mussolini seine Zeitung nicht ohne fremde Hilfe

auf die Beine stellen konnte. Man darf deshalb nicht annehmen, dass er sich einfach verkauft habe. Habgierig war
er nie. So trieb ihn auch nicht Gewinnsucht dazu, eine Zeitung zu gründen, sondern ein unwiderstehlicher Drang
nach Selbstständigkeit.«[18]

Mussolini genoss trotz aller Kränkungen seine neue
Unabhängigkeit. Unterstützt von Filippo Corridonis Gewerkschaften, von den Anarchisten und sogar von Bissolati, den er einst aus der Partei geworfen hatte, machte
er für den Kriegseintritt Stimmung. Der Stil des *Popolo
d'Italia* entsprach dem Zeitgeist, ganz im Gegensatz zum
soliden und seriösen *Avanti!*. Mussolinis Zeitung war
besser »gemacht«. Jeden Tag eine Schlagzeile in dicken
Balkenlettern und mitreißende Parolen an die Massen.[19]
Mit Corridoni gründete er die *Fasci di Azione Rivolu-
zionaria* (Bund der revolutionären Aktion). Fasci war
damals das gebräuchliche Wort für politische Organisation. Erst später behauptete Mussolini, dass mit »Fasci«
die Liktorenbündel der alten Römer gemeint seien und
er die ruhmreiche antike Geschichte in die Gegenwart
zurückgeholt habe. Der *Popolo* verherrlichte täglich die
Tapferkeit der Fasci. Sie hatten vorläufig nur ein Ziel:
den sofortigen Kriegseintritt. Doch ihr Anführer hoffte
auf mehr. »Der Krieg ist ein Schmelztiegel, in dem sich
die neue revolutionäre Aristokratie bildet. An uns liegt
es, für eine umstürzlerische, revolutionäre, antikonsti-
tutionelle Intervention einzutreten und nicht für eine
Intervention der Gemäßigten, der Nationalisten, der Im-
perialisten. Nur eine Kugel ins Gehirn vermag mich zum
Schweigen zu bringen.«[20] Diese Sätze zitierte Margherita
Sarfatti später in ihrer Mussolini-Biografie, die sie in
den Zwanzigerjahren mit dem Einverständnis des Duce
schrieb. Vorerst vermied sie es, Mussolini öffentlich zu

unterstützen. Sie musste erst Klarheit über die Frage der Intervention gewinnen. Am besten war es, den Krieg vor Ort zu besichtigen.

Im Januar 1915 fuhr sie nach Paris. Die französische Hauptstadt stand unter Belagerung. Die Front war weniger als 70 Kilometer entfernt. Truppen und Militärkonvois fuhren durch die Straßen, Ambulanzwagen brachten in nicht endendem Strom verwundete Soldaten. Selbst die Nachtbars wurden zu Lazaretten umfunktioniert. Margherita zeigte sich tief bewegt von dem Geist des Widerstandes und Durchhaltewillens der Franzosen.

Auch ihre Freundin, die Schriftstellerin Colette, »die einzigartige, reizende, unvergleichliche Colette«, beteiligte sich aktiv an der medizinischen Versorgung der Soldaten. Zwei Monate lang fuhr Sarfatti kreuz und quer durch Frankreich, interviewte Lehrerinnen, Krankenschwestern und Pflegerinnen, überzeugte sich von der Organisationsfähigkeit und dem Mut der Frauen. »Eine weibliche Armee steht neben der kriegerischen«, schrieb sie, »eine Armee des Lebens neben der des Todes.«[21]

Kleidung und Lebensmittel wurden gesammelt, Suppenküchen entstanden, ganze Schlösser verwandelten sich in Lazarette. Eine Zeitlang war sie zu Gast bei der Künstlerin Louise Cruppi in einem Krankenhaus, das diese für Flüchtlinge aus den Kriegsgebieten eingerichtet hatte. Hier sah sie junge Männer, für immer entstellt, mit stinkenden Wunden in den Fluren geduldig auf die Behandlung warten. Doch die wahren Heldinnen, so Sarfatti, seien die Krankenschwestern, insbesondere die, die dicht an der Front arbeiteten. Nicht wenige wurden von den Deutschen getötet oder gefangen genommen. Es gab grausame Berichte über systematische Vergewaltigungen. Als Margherita sich gerade in einem Hospital bei Dünkirchen aufhielt, wurde es von einer deutschen Bombe getroffen. Sie kam gerade noch mit dem Schrecken davon.

Noch ganz im Bann ihrer Eindrücke und Erfahrungen, schrieb sie nach ihrer Rückkehr einen Kampftext für Italiens Kriegseintritt: *Die weibliche Armee in Frankreich*. Darin schildert sie die Leiden der Menschen und fragt: »Der moderne Krieg – der Krieg der *zivilen* Völker! – oder gab es jemals eine blutigere Ironie?«[22] In einem Interview kurz nach ihrer Parisreise machte sie deutlich, dass sie von nun an für die Intervention eintreten würde. Krieg sei der »periodische Suizid der Humanität« und nur dann gerechtfertigt, wenn er nicht als fanatischer Rachefeldzug, sondern zur Verteidigung der Nation und ihrer Kultur geführt werde. Nicht alle Völker seien gleichwertig. Das französische solle man imitieren.

Die weibliche Armee in Frankreich erschien im Sommer 1915. »Dieses Buch ist den italienischen Frauen als Glaubensbekenntnis gewidmet«[23], heißt es darin. Sarfatti wollte die Opferbereitschaft der Frauen als quasi religiösen Akt verstanden wissen. Das Titelbild war einer Lithografie von Toulouse-Lautrec nachgebildet. Eine rothaarige Frau in einem roten, weit ausgeschnittenen Kleid greift einem verletzten Soldaten unter die Arme und stützt ihn. Ohne sie würde er stürzen. Eine Glorifizierung des Kampfes der Französinnen, deren Heroismus sich die Italienerinnen zum Vorbild nehmen sollten, die vollständige Abkehr von Sarfattis bisherigem Feminismus. Mit diesem Buch prägte sie die »Frau des neuen Italien (Terza Italia)«, schuf eine Antithese zur kämpfenden Fabrikarbeiterin, einen Archetyp Frau, dessen Vorgängerinnen die schmerzensreiche Jungfrau und die klassische Antigone waren. Antigone, schreibt Sarfatti, sei Opfer und Aktivistin zugleich.

Die Männer um sie herum setzten Gewalt und Rache fort, Antigone hingegen suche danach, menschlich zu sein. »Ich wurde nicht dazu geboren, am Hass teilzuhaben, ich wurde dazu geboren, an der Liebe teilzuhaben.«[24] Nie war bis dahin ein Krieg so gewaltsam, ein Blutbad dermaßen ausufernd, nie waren andererseits das Mitleid und die humane Hilfe so groß gewesen – und das sei das Verdienst der Frauen. Bei allen Grausamkeiten blieben den Französinnen dennoch Glaube, Liebe und Hoffnung. Selbst einfache Charaktere würden fühlen, dass es Momente gäbe, in denen es besser und aufrichtiger sei zu sterben, als zu leben. Manchmal sei es sogar notwendig, das Leben der eigenen Kinder zu opfern.

Sarfattis Sätze klingen wie eine grausige Prophezeiung, wie ein vorweggenommener, vergeblicher Trost. Fürchtete sie damals schon, dass auch ihr Sohn sterben könnte, dass auch sie dem Krieg »Opfer« bringen müsse? Fast hat es den Anschein, als beschwöre sie eine Zukunft herauf, vor der sie selbst erschauderte.

Die weibliche Armee in Frankreich ist ein antifeministischer Text. Die Frau der Nation, ausgestattet mit individuellem Voluntarismus, Kraft und sozialer Präsenz, zeigt sich bereit, die Führung der öffentlichen Sache Männern zu überlassen. Eigenschaften wie Unabhängigkeit und Selbstständigkeit stehen im Widerspruch zur neuen Weiblichkeit. Es ist aber auch ein antideutsches Buch, in dem der militärische Angriff als Attacke auf die Kunst und Kultur verstanden wird. Deutschland könne nur mit wenigen Jahrhunderten Zivilisation aufwarten, es sei ein Land von Barbaren, Vergewaltigern und Plünderern.

Das Buch machte Sarfatti weit über die intellektuellen Kreise hinaus bekannt. Sie wurde eine bedeutende Person des öffentlichen Lebens. Viele, unter ihnen auch Zangwill, der Dichter und Freund der Familie, lobten sie für ihr Engagement.

Nur einer gab sich immer noch nicht zufrieden: Mussolini. Im *Popolo d'Italia* machte er beide Sarfattis zur Zielscheibe seines Spottes: »Das Ehepaar Sarfatti hat ein ernsthaftes Problem: Es stellt sich nämlich abwechselnd die Frage: Sind wir nun Neutralisten oder nicht? Sind wir Interventionisten oder nicht? Keiner von beiden will in den Apfel der Wahrheit beißen; Adam und Eva Sarfatti schauen sich melancholisch ins Gesicht und zucken mit den Achseln.«[25] Mussolinis Artikel fand in ganz Mailand amüsierte Leser.

Am 1. April 1915 antwortete Margherita Sarfatti auf ihre Weise auf diesen Angriff. Vor einer großen Versammlung in Mailand hielt sie eine Rede über »Frauen und Krieg«. Mit eindrücklichen Worten beschrieb sie den Mut der französischen und belgischen Krankenschwestern, die gegen die deutschen Barbaren kämpften. Ihre einstündige Rede endete mit der Schilderung von Vergewaltigungen und erzwungenen Schwangerschaften. Sie soll – so der *Popolo* am nächsten Tag anerkennend – die Zuhörerinnen zu Tränen gerührt haben. Pathos war bisher nicht ihre Sache gewesen. Sie galt als nüchterne und intelligente Schreiberin zu Fragen der Kunst und Kultur. Jetzt griff sie immer häufiger zu diesem Stilmittel. Es galt, alle Bedenken gegen einen Kriegseintritt Italiens beiseitezuschieben. In der Konfrontation mit dem Krieg verschärften sich auch ihre Auffassungen von Staat und Gesellschaft. Immer dringender erschien ihr die Notwendigkeit einer elitären führenden Klasse. Futuristen, Interventionisten und Frontfreiwillige würden nach dem Krieg für eine klassische und heroische Kultur sorgen und den neuen Nationalstaat aus der Taufe heben.

In Italien sprach man inzwischen vom baldigen Kriegseintritt wie von einer unausweichlichen Größe. Geschickt operierte die italienische Regierung Salandra zwischen geheimen Verhandlungen und plebiszitärem Druck. Die Entente (Frankreich, Großbritannien, Russland) sicherte Italien im Falle eines Kriegseintritts Abtretungen der von Österreich besetzten Gebiete zu, so dass die Kriegserklärung an die Mittelmächte nur noch eine Frage von wenigen Tagen war.

Bürgerkriegsatmosphäre machte sich in den Städten breit, geeignet, die Vertreter der traditionellen Legalität einzuschüchtern. Auf den Straßen Roms gaben nationalistische Gruppen den Ton an. D'Annunzio, der Dichtergeneral und Philosoph, führte sein Leben wie eine Projektion des Nietzsche-Übermenschen. Von bibliophiler Gelehrsamkeit, unersättlich in mehrfachen Ehen und ungezählten Liebesbeziehungen, besaß D'Annunzio nach wie vor eine unermessliche Schaffenskraft, Vitalität und seltene Gabe der Selbstinszenierung. Ihm folgten die Massen in diesen Tagen wie hypnotisiert. Wenn er dazu aufrief, den früheren Ministerpräsidenten Giolitti zu erschlagen, jubelte das Straßenvolk, trunken vor Begeisterung. Noch war er dem Aufwiegler von Mailand an Einfluss weit voraus. Benito Mussolini mobilisierte seine Anhänger mit rollenden Augen und aufpeitschenden Reden, forderte eine Revolution gegen das faule Pack in der Regierung. Beide Agitatoren beherrschten die neuen Elemente von Massenenthusiasmus und -manipulation und machten den legalen Kräften in der Regierung Druck. In Kammer und Senat wurden Salandra die Vollmachten im Kriegsfall ohne Debatte gewährt. Man war froh, es endlich hinter sich zu haben. Nur Turati hielt noch eine mutige Rede gegen den Krieg. Doch selbst Anna Kuliscioff war fast erleichtert über die Entscheidung. Am 23. Mai 1915 wurde die Kriegserklärung in Wien überbracht. Die Interventionisten hatten gesiegt. Ob Italien Chancen hatte, siegreich aus diesem Krieg hervorzugehen, stand auf einem anderen Blatt. Wirtschaftlich, technisch und organisatorisch waren weder das Land noch die Armee darauf vorbereitet.

Die italienischen Sozialisten versuchten nach wie vor gegen die Kriegsanstrengungen zu agieren. Weder unterstützen noch sabotieren war ihre neue Parole. Margherita Sarfatti würde sich nun entscheiden müssen. Warum zögerte sie noch? Mussolini behauptete stolz, der Kriegseintritt Italiens ginge auf sein Votum zurück. Er fühlte sich als Sieger. Cesare Sarfatti hatte sich ihm angeschlossen. Turati sympathisierte mit Belgien und Frankreich, fürchtete die Konsequenzen eines deutschen Sieges. Nur Margherita hielt sich zurück, stürzte sich in ihre Arbeit. Den ganzen Sommer über setzte sie ihren Feldzug für die Kämpferinnen in Frankreich fort. In zahllosen Versammlungen von Frauenverbänden erklärte sie, dass die Liebe der Französinnen zu ihrem Vaterland sie zu den eigentlichen Heldinnen machen würde. Aber trotzdem wagte sie immer noch nicht, mit der Partei zu brechen und den Kriegseintritt offen zu unterstützen. Für dieses Zögern musste es einen wichtigen Grund geben. Margherita hatte ein Problem. Und dieses Problem hieß Roberto.

Am Morgen des 23. Mai 1915 schrieb der Fünfzehnjährige seinem Vater einen Brief. Die Nachricht über die durch den König angeordnete Mobilisierung hatte ihn nicht schlafen lassen.

»Lieber Papa, was für ein Moment! Was für eine Freude! Was für ein Feuer des Patriotismus in unserem Italien.«[26] Der Junge bat um die Erlaubnis, sofort freiwillig in den Krieg zu ziehen. »Wenn nicht, fühle ich, dass ich es zu meinem großen Bedauern ohne [Erlaubnis] machen werde.«[27] Die Eltern schrieben Roberto, dass sie ihn gut verstehen könnten, aber dass er warten müsse, bis er 18 Jahre alt sei und damit das richtige Alter habe.

Seine Bitte kam nicht ganz überraschend. Roberto liebte schon immer das Abenteuer und die dunklen Seiten des Lebens, war rastlos und voller destruktiver Energie. Von klein auf hatte er gegen alle Formen von Autorität rebelliert und jede Disziplinierung als Misshandlung betrachtet. Wie auch die beiden Jüngeren, Amedeo und Fiammetta, lernte Roberto neben der italienischen Muttersprache fließend Deutsch und Französisch, lebte in engem Kontakt mit den Künstlerfreunden der Familie. Sein scharfer Verstand erlaubte es ihm, Informationen schnell und ohne Mühe aufzunehmen. Als er neun Jahre alt war, kam Roberto in das Collegio Rava, eine private Schule in Venedig. Die Eltern hofften, dort würde man ihm etwas Disziplin beibringen, aber die Situation heizte seinen rebellischen Geist nur weiter an. Einmal weigerte sich Roberto, etwas über den Geburtstag des Königs zu schreiben. Als er bestraft wurde, trat er in Hungerstreik, bis seine Mutter ihn heimbrachte. In den nächsten Jahren durchlief Roberto verschiedene Schulen. Er lehnte die Sozialisten ab und kritisierte vehement die Weigerung seiner Eltern, den Kriegseintritt zu fördern. Fasziniert hatte er im Salon seiner Mutter den Reden der Futuristen über die »notwendige Blutdusche« gelauscht. Die Idee zu kämpfen beherrschte ihn völlig. Er wollte nicht über den Krieg diskutieren, er wollte mittendrin sein.

In ihrer Sorge veröffentlichte Margherita Sarfatti in *Die Verteidigung der Arbeiterinnen* den *Brief an einen italienischen Jungen*:

»Du hast mir heute geschrieben, mein lieber Junge:

Roberto Sarfatti. ca. 1915

›Mama, hol mich aus der Schule raus. Jetzt ist es unmöglich, dass ich lerne. Allzu großartige Dinge ereignen sich in der Welt. Ich kann nicht lernen. Wie denn! Meine Aufmerksamkeit auf die Arithmetik richten, während ein Krieg die heutige Welt erschüttert, zwei Schritte von uns entfernt. […] Zugunsten wessen, Mama, all das?‹
Mein liebes Söhnchen! […] Mein lieber, italienischer Junge, großzügig und undiszipliniert zugleich. Hiermit lade ich dich ein, mit mir zusammen zu lesen […] und darüber nachzudenken; Reims, […] die starke Stadt, unbeugsam, Löwin von Frankreich, Reims hat die Schulen nicht geschlossen. Diese funktionieren immer noch, haben immer funktioniert, nur dass sie von oben nach unten, unter die Erde gebracht wurden. […] Verstehst du den Wert dieses kleinen Beispiels, feuriger und hitziger Italiener? Ich komme gerade, wie du weißt, aus Frankreich. […] Wer zu

den Soldaten gerufen wird, beugt sich und kämpft. Wer kein Soldat ist, von den kleinen Kindern der Grundschulen bis zu deren Müttern, Schwestern und Lehrerinnen, bis zu ihren Großeltern und Geschwistern [...], fühlt, dass es auch für ihn oder sie eine Pflicht gibt in der bevorstehenden tragischen Stunde. Die Pflicht zur Ordnung, zur Ruhe, zur Disziplin. Die Pflicht, die eigene Funktion, die eigene soziale Aufgabe zu erfüllen, seinem Alter, seinem Beruf, seiner Stellung gemäß. Die Pflicht zu agieren, die Pflicht der Energie, die Pflicht der Arbeit, immer, für alle.«[28]

Doch der Sohn reagierte auf die Ermahnungen seiner Mutter nicht mehr. Letzter Anstoß zu handeln war ein Tag im Juli 1915. Roberto, in den Ferien zu Hause, stand auf dem Balkon und sah hinunter auf die Straße. Gerade marschierte eine Parade Soldaten vorbei, auf dem Weg in die Alpen. Eine jubelnde Menschenmenge begleitete sie. Alle riefen: »Es lebe Italien!« Roberto, außer sich vor Begeisterung, konnte nicht länger warten. Heimlich suchte er Mussolini auf und bat ihn um Hilfe. Dieser schrieb später: »Er war fast noch ein Kind, sprach wenig, er wollte einfach nur in den Krieg ziehen. Es war mehr als ein Traum, es war eine unverrückbare Entscheidung!«[29] Die Möglichkeit, dass der Krieg zu Ende wäre, bevor er 18 würde, ließ Roberto keine Ruhe. Mussolini konnte ihm nicht helfen, zeigte aber Verständnis und verwies ihn an Filippo Corridoni, der gemeinsam mit Mussolini die patriotischen Demonstrationen in Mailand organisierte. Dieser beschaffte ihm eine ärztliche Bescheinigung. Nun war Roberto 18 Jahre alt und trug den Namen Alfonso Allasia.

Roberto lief von zu Hause weg, direkt in das Rekrutierungsbüro der Armee. Man akzeptierte ihn problemlos und schickte ihn sofort in ein Ausbildungslager für Rekruten. Jeder Freiwillige wurde in diesen Tagen euphorisch aufgenommen. Das gefiel ihm. Den Eltern schrieb er, dass er unter falschem Namen eingezogen wäre und ihnen diesen Namen nur nennen würde, wenn sie ihn nicht verrieten. Sie erklärten sich einverstanden, und Cesare besuchte ihn heimlich. Zu seinem Vater gab es eine tiefe, innige Verbindung. Ihm schrieb er, wenn ihm Socken oder Lebensmittel fehlten, an ihn richteten sich seine alltäglichen Wünsche.

Monate später wurde Roberto identifiziert, und dem Kommandeur blieb nichts weiter übrig, als ihn zu entlassen. Man verabschiedete ihn mit großem Lob für seinen Patriotismus. Cesare fuhr nach Bologna, ihn abzuholen, und versprach, dass er sich sofort zurückmelden dürfte, wenn er das Alter erreicht hätte. Roberto erklärte sich bereit, in Venedig Hochseehandel zu lernen, und die Eltern hofften, dass sein Durst auf militärische Abenteuer erst einmal gestillt war. Als er zu Hause war, schenkte er seinem Vater ein Bild, auf dem er in Uniform zu sehen ist. Darunter stand: »Für Papa – in Erinnerung an den misslungenen ersten Versuch, der hoffentlich beim zweiten Mal gelingt. Roberto.«[30]

Auch Mussolini drängte es, am Krieg teilzunehmen. Verächtlich tat er die Warnungen über die zu erwartenden Opfer ab und behauptete, die italienische Armee würde bald in Wien einmarschieren. Er hoffte auf einen kurzen und siegreichen Krieg und sehnte sich danach, am Triumph teilzuhaben. Mit seinen fast 32 Jahren war er schon ein bisschen zu alt. Seine Abenteuerlust, sein Sinn für persönliche Ehre und seine Rolle als Leiter der interventionistischen Fraktion zwangen ihn jedoch mitzukämpfen. Andere Gleichgesinnte hatten sich auch schon gemeldet. An vorderster Stelle die Futuristen. Marinetti, Boccioni und ihre Freunde kamen in ein Radfahrerbataillon, das in der Nähe von Mailand trainierte. Ab und zu schickten sie Margherita witzige Karten. Noch waren die Künstler fernab der Front und guter Laune.

Nur Mussolini hatte immer noch das Nachsehen. Im Juli fragte die sozialistische und neutrale Presse spöttisch, warum der Vorkämpfer für den Kriegseintritt immer noch in seinem Büro in Mailand säße. Aber das lag nicht an Mussolini. Seine politische Haltung war dem Kriegsministerium bestens bekannt, man akzeptierte ihn nicht in einem Freiwilligenbataillon. Zähneknirschend musste er warten, bis er als Reservist eingezogen werden würde. In seiner Wut machte Mussolini die verrücktesten Pläne: Sollte er sich zur Fremdenlegion melden? Aber das wäre Desertion von der italienischen Armee gewesen. Ein Mitglied des Parlaments setzte sich schließlich für ihn ein, und Mussolini wurde an die vorderste Front versetzt.

Nun konnte er die unzureichende Ausstattung der italienischen Armee am eigenen Leibe spüren. Ein Angebot, als Presseoffizier zu arbeiten, lehnte er jedoch ab. Er sei nicht hergekommen, um zu schreiben, sondern um zu kämpfen. In Wahrheit machte Mussolini immer beides. Er begann ein Kriegstagebuch, das fortlaufend im *Popolo* veröffentlicht wurde. Darin bemühte er sich, Optimismus und Siegeszuversicht zu verbreiten. Ständig lebten die Soldaten unter Todesangst vor den Raketen und Schnellfeuerwaffen des Gegners, litten Hunger, Kälte und Schlafmangel, mussten sich der gefräßigen Ratten erwehren. Viele Soldaten hassten die Kriegsbefürworter. Sie kamen vom Land, hatten den Krieg nicht gewollt und mussten ihn jetzt mit allen Entbehrungen durchstehen. Allein 1916 gab es in Italien 28 000 Deserteure, 4000 Todesurteile wurden ausgesprochen, ungefähr 750 davon vollstreckt. »Über weite

Mussolini als Bersagliere,
(Scharfschütze der italienischen Infanterie), 1915

Strecken wird der Krieg somit an zwei Fronten, gegen den
Feind, aber auch gegen die eigenen Soldaten geführt.«[31]
Mussolini wollte mit seinem Kriegstagebuch die Men-
schen davon überzeugen, dass ihr Opfer sinnvoll sei. Die
Langeweile und das Gefühl der Gefangenschaft unter
ständigem Feuer der Gegner verstörten auch seine Moral.
Manchmal wäre er am liebsten geflohen.
Zu allem Unglück gab es auch noch Probleme mit seinen
Liebschaften, ausgerechnet dann, als er mit Paratyphus

im Lazarett lag. Im September 1915 hatte Rachele ihm einen Sohn geboren. Es war ihr zweites Kind, Vittorio Alessandro. Auch seine Geliebte Ida Dalser bekam einen Sohn und nannte ihn Benito Albino. Jetzt hatte Mussolini drei Kinder von zwei Frauen. Er musste sich entscheiden. Als Soldat konnte er sich seinen familiären Verpflichtungen nicht entziehen. In seiner Not beriet er sich mit einer alten Freundin, mit Margherita Sarfatti. Sie überzeugte ihn, Rachele zu heiraten. Anders als Ida Dalser, die attraktiv und erotisch anziehend war, stellte diese keine Bedrohung für Margherita dar. Mussolini gab nach und stimmte der Heirat widerwillig zu. Eine Ziviltrauung. Rachele stand an seinem Bett, während er mit klarer Stimme sein Jawort gab. Zwei Tage später kam Ida Dalser mit dem kleinen Benito. Als sie zufällig von der Heirat erfuhr, machte sie ihm eine große Szene und setzte schließlich durch, dass Mussolini ihren Sohn Benito formell anerkannte. In Zukunft würde er für Mutter und Sohn zahlen müssen. Wahrscheinlich kam das Geld von den Sarfattis, denn Mussolini war immer noch ein armer Mann.

Nach seiner Entlassung aus dem Hospital arbeitete Mussolini aktiv für den *Popolo*. Margherita besuchte ihn nun öfter in der Redaktion. Der Vorfall um Ida Dalser hatte die beiden einander wieder nähergebracht. Bevor Mussolini zurück an die Front musste, würde Margherita ihm noch ein besonderes Zeichen ihrer Zuneigung und politischen Übereinstimmung geben: ein öffentliches Bekenntnis zum Krieg. Die Gelegenheit ergab sich Ende Dezember 1915. Edith Cavell, eine englische Krankenschwester, war als Spionin von den Deutschen in Brüssel erschossen worden. Man beschuldigte sie der Zusammenarbeit mit feindlichen Soldaten. Während ihrer Verhaftung und der Verhandlung wurde Cavell ein international bedeutsamer Fall. Ihre Hinrichtung machte sie zur Märtyrerin der Alliierten.

Über ihre Erschießung kursierten noch jahrelang Gerüchte. Sie sei nicht gleich tot gewesen, habe sich furchtbar quälen müssen, bis der verantwortliche Offizier ihr einen Fangschuss gegeben habe. Die Wahrheit wurde erst 1928 durch einen Artikel von Dr. Gottfried Benn enthüllt. Benn war 1915 als Militärarzt in Brüssel stationiert und beauftragt, bei der Erschießung von Spionen anwesend zu sein. Der Dichter hatte dreizehn Jahre lang keinen Anlass gesehen, den Gerüchten um den Tod von Edith Cavell entgegenzutreten. Erst anlässlich des britischen Films *Dawn* über das Schicksal der Krankenschwester sah er sich genötigt, als einziger lebender Zeitzeuge endlich Stellung zu nehmen.[32] »Ich erinnere mich ihrer, um es gleich zu sagen, als einer Handelnden, die für ihre Taten büßte, als der kühnen Tochter eines großen Volks, das sich mit uns im Krieg befand.« Präzise schildert er, wie Edith Cavell, zusammen mit einem evangelischen Pfarrer, aus dem Auto stieg und ohne Zaudern zu den Hinrichtungspfählen ging. Sie sterbe gern für England, waren ihre letzten Worte. Andere Frauen opferten Männer, Brüder, Söhne. Sie gebe nur ihr eigenes Leben. Benn bezeugt, dass Edith Cavell nach dem Kommando: »Feuer« sofort tot war.[33]

Die Gerüchte um ihren Tod boten der italienischen Presse einen willkommenen Anlass, die kriegsmüden Italiener aufzuhetzen und anzustacheln. Den ganzen Winter 1915/16 wurden anrührende Geschichten über die Leiden der Krankenschwester gedruckt. Patriotische Frauenvereine veranstalteten Rundfahrten zu ihrem Gedächtnis. Auch die Stadtregierung Mailands organisierte eine Gedenkveranstaltung und bat Margherita Sarfatti, die Trauerrede zu halten. Seit ihrer Frankreichreise war sie als glühende Verehrerin der weiblichen Opferbereitschaft bekannt und nun außer sich vor Empörung über den Tod der Engländerin. Am Abend des 29. Dezember 1915 sprach Margherita Sarfatti im vollen Saal des Mailänder Konservatoriums. Nationalisten und Frauengruppen, offizielle Stadtvertreter, Offiziere und Diplomaten waren anwesend. Ein überlebensgroßes Porträt von Edith Cavell hing quer über die Bühne gespannt, geschmückt mit den Fahnen des Roten Kreuzes und der alliierten Nationen. Sarfatti nutzte ihre ganze Redekunst, um die Vorfälle auszuschmücken, entwarf ein erschütterndes Bild der zarten Frau, die von den deutschen Soldaten brutal vergewaltigt worden war. Sie nannte sie Opfer der Niedertracht und erinnerte an ihr Leben als Helfende, die bis zuletzt hoffte, ihr Recht zu bekommen und freigelassen zu werden.

»In dem Krieg, den die Deutschen angestiftet haben, in dieser entsetzlichen Tragödie, die ohne einzelne Helden ist, erstrahlt die Figur der Edith Cavell in eigenem Licht. Ihr Blut sei das heilige Öl, welches das Gefängnis in Erinnerung an das Martyrium benetze. Wir müssen Fräulein Cavell nicht bemitleiden, wir müssen sie beneiden. In diesem Krieg, den wir nicht gewollt haben, aber den wir jetzt bis zum letzten Mann ausfechten müssen, ist sie das reinste und strahlendste Beispiel eines Märtyrers. Die Geschichte wird den Hohenzollern niemals vergeben können.«[34]

Als sie geendet hatte, pflückte Signora Sarfatti einige Blumen von den Sträußen, die auf der Bühne standen, und legte sie unter das Porträt der Cavell. Einen Augenblick herrschte Totenstille. Dann brach das Auditorium in lang andauernden Applaus aus. Am nächsten Tag lobte Mussolini ihre Rede im *Popolo* in höchsten Tönen. Margherita Sarfatti hatte ihre persönliche Kriegserklärung formuliert. Die Sozialisten verstanden den symbolischen Gehalt der Aktion und schlossen sie wenige Tage später aus der Partei aus. Wenn sie gefragt wurde, warum sie mit der Partei gebrochen habe, antwortete sie kokett: »Sie haben mit mir gebrochen.«

In Wahrheit hatte sich Sarfatti in den letzten Jahren von den sozialistischen und feministischen Ideen immer weiter entfernt. Sie entwickelte Schritt für Schritt eine Ideologie der nationalen Hingabe, in der die neue heldenmütige Frau ihren Dienst leistet, ohne auf Einfluss und Teilhabe an der Macht zu pochen. Während des Krieges pendelte Sarfatti zwischen ihren Aktivitäten in den Komitees der zivilen Mobilisierung und ihrer Tätigkeit als Journalistin. Sie selbst lebte die engste Verbindung zwischen Politik und Kunst. Auf Einfluss und Macht mochte sie persönlich nicht verzichten.

Mussolini war während der nächsten Monate ununterbrochen an der Front. Wegen seines aufopfernden Dienstes wurde er zum Korporal befördert. Er erwärmte sich mit Nietzsche-Zitaten und legte seine Überzeugungen dar, wo immer er Zuhörer fand. In einem Buch von Mazzini fand er neuen Stoff für sein Denken, so wie er es zeitlebens verstand, einzelne Sätze und Abschnitte aus Büchern seiner Lebensphilosophie einzuverleiben. Mazzini, der Vordenker des Risorgimento, lehrte ihn, dass das Geheimnis der Macht der Wille zur Macht sei. Vielen Männern fehle der Glaube und die Bereitschaft zum eigenen Opfer. Wer aber auf sein Banner schriebe »Sieg oder Untergang« und sein Versprechen hielte, der werde ein wahrer Führer sein. Diese Erkenntnis sollte Mussolini nie vergessen, sie wurde Teil seiner persönlichen geistigen Grundausstattung.

Margherita Sarfatti lernte in den kommenden Monaten

die düstere Seite des Krieges kennen. Die Futuristen, die sich so begeistert zum Kriegsdienst gemeldet hatten, waren von seiner Wirklichkeit tief erschüttert. Auch ihr engster Freund und zeitweiliger Liebhaber Umberto Boccioni. Als er von der Front zurückkehrte, konnte er nicht mehr malen. Die grausamen Eindrücke bewirkten eine völlige Blockade seines künstlerischen Schaffens. Erst als er an den Lago Maggiore fuhr, brach alles aus ihm heraus. Er malte Tag und Nacht, konnte nicht mehr aufhören. Unter anderem ein Porträt des Komponisten Ferruccio Busoni, dessen Gast er in dieser Zeit war. An Margherita schrieb er, das Bild sei gut geworden, aber »ich bin nicht sicher, ob man die neuen Dinge auch wirklich sieht … Ich möchte mit der Landschaft experimentieren, das Licht und Atmosphäre entwickeln. Es ist schwer. Wir werden sehen.«[35]

Als Sarfatti, zusammen mit Sironi und Russolo das Mailänder Studio von Boccioni besuchte, sah sie das fertige Porträt. Alles war erfüllt von einer konzentrierten Energie, suggestiv wie bei Cézanne. Eine neue Dichte der Malerei, der Farbgebung. Margherita war begeistert. Später wird sie über Boccioni schreiben: »Obwohl er ein klassisches Temperament war, träumte Boccioni davon, dieses erlesene Element der Schönheit der Welt – die Geschwindigkeit – mit all den Vibrationen einer neuen Sensibilität, die von dieser ausströmen, in das Reich der Synthese und der Ordnung zu führen.«[36]

Gino Severini nannte diesen neuen Stil: »vorgestellter Realismus«. Die Umkehr von der Abstraktion zu klassischen Formen und einer traditionellen Sprache war Teil einer gewaltigen Veränderung in der Sichtweise der Avantgarde. Sarfatti verstand, dass der Krieg dabei eine bedeutende Rolle spielte. Die ungeschminkte Wahrheit der Kriegsgeschehnisse hatte Italiens Künstler traumatisiert. Auge in Auge sahen sie sich mit dem Schrecken konfrontiert, den sie einst aus sicherem Abstand gefeiert hatten. Der moderne Krieg konnte nur auf neue, andere Weise gemalt werden, wie der französische Maler Fernand Léger sagte: »Dieser Krieg ist das perfekte Zusammenspiel aller alten und modernen Tötungsmittel. Durchdacht bis ins Detail, aber auch langweilig, weil nichts mehr unvorhersehbar ist. [...] Alles ist geradlinig und trocken wie eine Geometrieaufgabe. Soundso viele Geschosse in der und der Zeit auf einer bestimmten Fläche, soundso viele Soldaten auf einem Meter und zur festgelegten Zeit in Reih und Glied. Alles geschieht automatisch. Das ist reine Abstraktion, reiner als die kubistische Malerei selbst.«[37] Die Zeit des heroischen Realismus und der patriotischen Allegorien war vorbei. Die Fotografie wurde zum Meister der Erinnerung. Der totale Krieg konnte nicht einfach nachgeahmt, musste transponiert werden. Gebrochene Linien, grelle Farben waren notwendig, nicht etwa, um Details der Schlacht darzustellen, sondern um ihre unmenschliche Gewalt zum Ausdruck zu bringen.

Aufgrund der bedrängten Situation für Italiens Armee mussten die futuristischen Maler sehr bald wieder einrücken, unter ihnen Boccioni, Russolo und Sironi. Es fiel ihnen schwer, sich wieder an das Leben an der Front, die Disziplin, den Drill, das schlechte Essen und die ungebildeten Bauern um sie herum zu gewöhnen. Boccioni war deprimiert, dass die Malerei dem Kriegsdienst so entgegenstand. »Aus diesem Leben werde ich mit der Verachtung für alles, was nicht Kunst ist, scheiden. Es gibt nichts Größeres als die Kunst. Alles, was ich heute zu sehen bekomme, ist gegenüber einem gut ausgeführten Pinselstrich, einem harmonischen Vers, einem gelungenen musikalischen Akkord nur Scherz, nur Spiel. […] Es gibt nur die Kunst.«[38]

An dem Tag, an dem er diese Zeilen seiner Freundin Margherita schrieb, erlitt Boccioni einen Unfall. Sein Pferd warf ihn ab. Dabei stieß er mit dem Kopf an einen Felsen und kam unter das Pferd. Schwerverletzt wurde er in ein Lazarett gebracht. Am nächsten Tag starb er. Das Gerücht, ein Künstler sei bei der Ausübung seiner militärischen Pflichten gestorben, verbreitete sich schnell. Erst Jahre später sagte Margherita die Wahrheit: Er war auf dem Weg zu einer Frau, als er verunglückte.

Für Margherita Sarfatti war der Tod des Freundes eine Katastrophe. Sie hatte seine Persönlichkeit, seine mutige Bescheidenheit, seine Kreativität als Maler und Bildhauer geschätzt, hatte ihn als Mann geliebt. Sein Tod hinterließ eine Leere in ihrem Leben. Als Kunstkritikerin erkannte sie, dass sein Tod über das Persönliche hinaus eine Möglichkeit und Richtung der italienischen Malerei beendete, die gerade erst begonnen hatte.

Doch bei diesem Verlust blieb es nicht. Antonio Sant'Elia, der vielseitige Künstler, starb wenig später an der Front. In einem Gedicht würdigte Margherita seinen sprühenden Geist und seinen scharfen Verstand. Sant'Elia und Boccioni hatten den Futurismus weit über Marinettis Vorstellungen hinaus vorangetrieben. In seinen Architekturzeichnungen hatte Sant'Elia eine konkrete Vision vorgestellt, wie auf der Grundlage von Technik und Maschinen eine Ästhetik der Zukunft entwickelt werden könnte. »Zyklopische Konstruktionen«, nannte Sarfatti seine Arbeiten. Sie zeigten die Hochhäuser nicht nur in ihrer Funktion, sondern auch in ihrer Schönheit. Margherita verglich ihn mit dem Nachkommen des biblischen Noah, dem Städtebauer Nimrod, der einst große Türme als Zeichen der Aufsässigkeit Gott gegenüber entwarf. Von einer Superstadt für Supermenschen, die keine Ruhe brauchten, hatte er geträumt. Nun würde der junge Künstler niemals seine Werke verwirklicht sehen. Sarfatti konnte nur noch die Zeichnungen, die er ihr geschenkt hatte, gut aufbewahren. Mit Marinettis Hilfe organisierte sie noch während des Krieges eine Ausstellung mit Werken der gefallenen Künstler.

Antonio Sant'Elia, *Die neue Stadt*, 1914

Der Krieg ging mit hohen Verlusten weiter. Italiens Armee hatte zwar den Mittelmächten die gefürchtete dritte Front aufgezwungen, wurde aber nie entscheidend für Sieg oder Niederlage der Entente. Die Historiker sagen, die Front in Oberitalien sei die sinnloseste des ganzen Weltkriegs gewesen.[39] Einzig wegen der sogenannten »unerlösten« Gebiete, die man auch auf dem Verhandlungswege hätte fordern können, wurden Hunderttausende in die Verstümmelung und den Tod geschickt.

Mussolini, der vorerst nach Mailand zurückkehren konnte, veröffentlichte im *Popolo* heftige Angriffe gegen die militärische Führung, die Sozialisten, den Papst und die defätistische Kriegsstimmung. Regierung und Generäle hielt er für interesselos und inkompetent. Niemand sei in der Lage, dem Volk die Ziele des Krieges zu erklären, das doch am meisten unter den Folgen zu leiden habe. Die Lebensmittelpreise stiegen dramatisch, die staatliche Kriegsindustrie bemächtigte sich aller Ressourcen, sei korrupt und unfähig. In den Rüstungsfabriken arbeiteten immer mehr Frauen, und doch könnten sie ihre Kinder kaum ernähren. In Mussolini festigte sich die Überzeugung, Italien könne nur noch durch eine Revolution gerettet werden.

Im Oktober gelang den Österreichern mit Unterstützung der deutschen Truppen ein Durchbruch bei Caporetto (Karfreit). Das führte in wenigen Tagen zur Besetzung von Julisch-Venetien. Ganze italienische Truppenteile lösten sich auf, an die 10 000 Gefallene blieben auf dem Schlachtfeld, Hunderttausende gerieten in Gefangenschaft. Die Niederlage wirkte auf Italien wie ein Schock. Der Ministerpräsident musste zurücktreten. Innenminister Orlando trat die Nachfolge an. Die Katastrophe von Caporetto bewegte das ganze Land und rief einen unerwarteten Widerstandswillen hervor. Im kollektiven

Bewusstsein des Landes ging es nach Caporetto um Sein oder Nichtsein.

Von dieser Stimmung ließ sich auch der junge Roberto Sarfatti leiten, überzeugt, dass er nun sofort einrücken müsse, um das Vaterland zu retten. Er war inzwischen alt genug und meldete sich zu den *Alpini*. Diese Elitetruppe war berühmt für ihre Heldentaten, zeichnete sich durch auffällige Uniformen und engen Zusammenhalt aus. Roberto absolvierte ein Trainingslager und sollte bald zu seinem ersten Kampfeinsatz abkommandiert werden. Margherita Sarfatti, voller Sorge um das Leben ihres Sohnes, wollte ihn noch einmal sehen. Sie trafen sich am Gardasee und genossen die kurze Zeit miteinander. Er war inzwischen weit über sie hinaus gewachsen. Das gefiel ihr. Sie bummelten am See entlang, gingen essen und plauderten. In den warmen Nächten saßen sie am Ufer und sahen zum Sternenhimmel hinauf. Die Mutter ermahnte ihren Sohn, seinen rebellischen Geist zu zügeln und ein nützlicher Soldat zu sein. »Nützlich?«, fragte Roberto zurück. »Ich tue nichts für Italien, ich tue es vor allem für mich selber. Für meine Pflicht, für mein Gewissen. Für die Ehre zu sterben.«[40] Es gäbe auch eine Ehre des Lebens, entgegnete sie, wusste aber nicht, ob er ihr in solchen Momenten überhaupt zuhörte. Nach einigen Wochen Kampfeinsatz als Infanterist meldete er sich zu den *Arditi*, den »Furchtlosen«. Diese Eliteeinheit war nach der Niederlage von Caporetto als Kampftruppe gegründet worden, begriff sich als nationale Avantgarde, die Italien zum Sieg führen würde. Hier fühlte Roberto sich wohl und anerkannt. Seiner geliebten »Tante« Ada Negri schrieb er von seiner tiefen Überzeugung, absolut unbesiegbar zu sein. Seine Mutter bat er um handfeste Erleichterung seines harten Alltags, bekam aber vor allem ermahnende Worte. Am 19. Dezember 1917 schrieb er ihr: »So wie du mir das Buch geschickt hast, könntest du mir auch Sachen zum Wechseln schicken, besonders Socken.«[41]

Anfang 1918 kam Roberto auf Heimaturlaub. Sein wildes

Roberto als Soldat, 1917

Aussehen schockierte die Familie. Er war verschmutzt und unrasiert, hatte Verwundungen im Gesicht. Was er vom Horror des Kriegsalltags erzählte, unterschied sich von dem, was in den Zeitungen stand. Bevor er wieder an die Front musste, besuchte er mit seiner Mutter zusammen Mussolini. Der wollte wissen, wie die Stimmung der Soldaten sei. Die beiden plauderten wie Veteranen und stimmten darin überein, dass es für den Sieg vor allem auf die innere Haltung der Truppe ankäme.

Als Roberto wieder einrücken musste, begleitete ihn die ganze Familie zum Zug. Dichter Nebel lag über Mailand. In der Menge der Soldaten kam die Familie sich ganz verloren vor. Fiammetta begann zu schluchzen, und Margherita tröstete sie. Ende Dezember hatte der Bruder seinen letzten Brief an die Schwester geschrieben.

»Meine liebe Fiammetta,

mich erreichte dein lieber, lieber kleiner Brief. Ich liebe dich sehr, mein kleiner Schatz. Du tust gut, nicht über die Kälte zu stöhnen, liebes kleines Kind, die beste Kleine von Italien. Ein Kuss von Roberto.«[42]

Roberto wurde unmittelbar nach seiner Rückkehr an die Front von einer Granate getötet. Seine Einheit beerdigte ihn an den Hängen vom Col D'Echele. Die Nachricht von seinem Tod erhielten die Sarfattis zusammen mit einer Haarlocke, die die Kameraden ihm noch abgeschnitten hatten. Margherita und Cesare waren verzweifelt. Für Fiammetta hatten sie keinen Trost. Die Eltern zogen sich in getrennten Räumen stumm zurück. Erst Tage später waren sie in der Lage, die ersten Trauergäste zu empfangen. Mussolini und einige wenige seines Stabes kamen, den Sarfattis ihre Anteilnahme auszusprechen. Im *Popolo* erschien ein langer Artikel über Roberto, eine Hymne auf den Jungen, auf seine heldenhafte Gesinnung, seinen Mut und seine Leidenschaft, für das Vaterland zu sterben.

»Ich denke«, schrieb Mussolini, »für die jungen Leute ist der Krieg Religion und Dichtung zusammen. Ein Dreißigjähriger ›gibt weniger‹, er hat schon gelebt. Ein Knabe wie Roberto gibt alles: seine Gegenwart und seine Zukunft. [...] Das Vaterland ist für Jungen wie Roberto eine Liebe, die nicht berechnet, nicht misst. Die Liebe, die sagt: nicht einen Tropfen, aber das ganze Blut, nicht ein bisschen Leben, aber das ganze Leben, damit Italien befreit ist.«[43]

Viele kondolierten den Sarfattis. Antonio Fradeletto, Margheritas alter Lehrer, kam extra nach Mailand, auch Anna Kuliscioff trauerte mit ihnen. Verzweifelt klammerte sich Margherita an das Heldentum ihres Sohnes und schickte Mussolini Robertos Kriegsauszeichnungen und dessen Ersparnisse. Ein Geschenk für sein Bataillon. »Sorge dafür, dass sein Opfer gute Früchte bringt.«[44]

Trost brachte das alles nicht. In einem Dankschreiben bat Margherita Gabriele D'Annunzio, sie so oft wie möglich zu besuchen. »Wenn Ihr ein wenig Zeit hättet, mir zu helfen, gegen meine Trauer zu kämpfen, dieses Untier, das gegen etwas anderes ausgetauscht werden muss, einen größeren Plan.«[45] Der Briefwechsel aus dieser Zeit begründete eine lebenslange Freundschaft. Mit Cesare sprach sie kaum. Ihr Ehemann, inzwischen 52 Jahre alt, behäbig und aufgedunsen, war beruflich weiterhin erfolgreich. Doch zu Hause hielt ihn nicht mehr viel. Er fuhr noch häufiger als früher nach Venedig, um mit seinen Kumpanen zu spielen. Wenn das Ehepaar sich begegnete, verharrten beide in sprachloser Trauer.

Margherita haderte mit ihrem Schicksal und machte sich Vorwürfe. Hatte ihre Freundschaft mit den Interventionisten und ihre Entscheidung, die Partei zu verlassen und den Krieg zu unterstützen, Roberto dazu gebracht, nach dem Tod zu streben? »Wie ungerecht, dass ich atme und er nicht.«[46]

Tagelang blieb sie allein mit einem Bild von Roberto im Zimmer und schrieb Gedichte zu seinem Andenken, die sie später in *Die Lebenden und der Schatten* veröffentlichte. In *Der Schrei* erinnert sie sich der letzten glücklichen Begegnung mit Roberto am Gardasee, die das Verhängnis schon in sich trug.

Der Schrei

Du, kühner Junge, ranntest mir davon;
von der Tür kommend, feierten wir den Sommer.

Das Gras grün, und die Wolken rosa,
geädert vom Blau in der Flut.

Dann, gebeugt vom nicht gesehenen, nicht
gehörten Schatten,
sticht ein fernes Geheul die Luft.

Näher – schwärzer und beängstigender –
ein rhythmischer Schrei und ein Wimmern:

ein Badender, ein Knabe,
der Mutter zurückgebracht, ertrunken.

Der aufgeblähte Schatten verdörrte, das Grüppchen
und die Kommentare
flohen, verfolgt vom schrillen Gekläff.

Mir krümmen sich die Eingeweide, jetzt,
das animalische Heulen:
jener Schmerz eines umzingelten, geschlachteten
wilden Tieres.

Oh könnte ich, wie die ehrerbietige Frau,
das Schluchzen

dem Himmel ins Gesicht schleudern, die Erde
damit verdunkeln:

mich mit Schreien betäuben, aus mir selbst
herauskommen,
verkrampft von blutigem Schaum der Mund.

Ich kann nicht. Ich gebe nicht nach. Ich wage es
nicht.
Ich schlucke meinen Schrei. Und weine nicht. Und
lächle.[47]

Der Tod blieb in den nächsten Monaten ihr ständiger Be-
gleiter. Ada Negris Geliebter fiel einer Grippeepidemie
zum Opfer. Gemeinsam trauerten die Freundinnen, versuchten sich schreibend von der Last ihres Schmerzes zu
befreien. Ada Negri war schon lange die einzige intime
Freundin Margheritas. Sie hatten sich gleich zu Beginn
der Mailänder Zeit der Sarfattis kennengelernt, im Sams-
tagabendsalon der Ersilia Majno. Die Dichterin wurde bald
ein fester Bestandteil der Familie. Im Soldo oberhalb von
Como fühlte sie sich wie zu Hause, schrieb dort viele ihrer
Werke. Die Frauen stammten aus ganz unterschiedlichen
Verhältnissen. Ada war das Kind einer Fabrikarbeiterin
und musste schon mit 17 Jahren als Volksschullehrerin ihr
eigenes Geld verdienen. Nachdem Sarfatti ausgeschlossen
worden war, trennte sich auch Ada Negri von der Sozialistischen Partei.
Mit ihr allein konnte Margherita sich über intime Fragen
austauschen. Von der Begabung ihrer Freundin fest überzeugt, hatte sie im *Avanti!* über die Dichterin geschrieben:
»Dort, wo Ada Negri, auch in ihren früheren Gedichten,
ergründet und forscht, versinkt sie mit unruhiger und fieb-

riger Angst über unsagbare Beklemmungen, die sich in jedem Werk einer Frau verstecken […]. Sie reflektiert kontinuierlich jenen vagen Sinn, jenes […] sichere Streben nach umfassenderer Brüderlichkeit und Solidarität.«[48]

Als Ada Negri in einer tiefen Krise einmal das Manuskript von *Die Einsamen* vernichten wollte, überzeugte Margherita sie von dem Wert der Arbeit. »Ein Buch der Liebe«, schrieb Sarfatti im *Popolo*, dem Ada Negri in der Einleitung eine verehrende Erinnerung an Margherita hinzugefügt hatte: »Diese friedlichen Tage sind nun vorbei, als wir Anteil hatten an einer vollständigen inneren Harmonie. […] Tage eines magischen Septembers im Soldo, das Grün war noch frisch, auf den herrlichen Feldern reichten die Blumen bis zu unseren Knien. Der Naturgarten wurde von einer schwarzen, doppelspitzigen Zypresse bewacht. Der süße Geruch des Weins, die Lieder der Frauen bei der Ernte, die festlichen Glocken, die die Vesperstunde einläuteten, erfüllten den Himmel. Und der gigantische Lorbeerbaum bot Schatten, und auf seinen Ästen saßen unsere drei heiteren Kinder erzählend in der Sonne, und der Morgennebel verbreitete die Geschichten von Odysseus, […] und Fiammetta wurde von einem goldenen Heiligenschein umkrönt, in Grün gekleidet, reine Lebensfreude verbreitend, fliegend und strahlend wie ein kleines Genie.

Und du, mit deinem goldenen Heiligenschein, eine Frau der Schönheit und der Freude, die in jedem Stück Gras und jedem Sonnenstrahl einen Grund fand, zu singen und zu lachen, mich bei der Hand zu nehmen und in dein friedliches Königreich zu geleiten, so dass sogar ich glaubte, für einen Moment, Gottesfrieden sei in mein Herz und mein Leben eingekehrt.«[49]

Die Beziehung der beiden Frauen hielt über 30 Jahre lang, ein Verhältnis der innigen Freundschaft und Leidenschaft.

Ada Negri, ca. 1910

Nach dem Tod des Sohnes stürzte Margherita Sarfatti sich in intensive journalistische Arbeit. Sie schrieb jetzt ständig für den *Popolo*. Ihre Gedanken konzentrierten sich vor allem auf die Gestaltung eines Nachkriegsitaliens, die Errichtung einer neuen Ordnung. Ebenso wie sie Boccionis Werk als Beitrag sah, die klassischen Werte neu zu beleben, begriff sie die Armee als Mittel, die alte Macht und das Ansehen Italiens wiederherzustellen. Die moderne Nation sollte Form und Harmonie repräsentieren. In ihrer Vorstellung verschmolzen Kunst und Staatswesen stärker denn je und mussten zukünftig eine unauflösliche Verbindung eingehen. So begründete sie gedanklich ihr

»Terza Italia«, lange bevor es mit Mussolinis Machtübernahme Wirklichkeit wurde. »Ordnung, Disziplin, Hierarchie; Zeichnung, Komposition, Stil: Es sind immer noch
die gleichen Worte, die sich heute behaupten, während des
Krieges in Europa und während der russischen Revolution
[…]. Ewige Wiederkehr! Und wie das Pferd von edlem
Blute ist dieses schläfrige, durch romantische Perioden ver-
armte Italien […] beim ersten Fanfarenruf, das eine klassische Wiederkehr verkündet, auf bebenden Füßen.«[50]
Im Frühjahr 1918 gab es in Mailand das Gerücht, dass Mussolini, der erneut an die Front ziehen musste, tot sei oder
im Sterben liege. Tatsächlich war er schwer verwundet,
und die Sarfattis schickten ihm ein Telegramm mit Ge-
nesungswünschen. Mussolini erholte sich nur langsam.
Nach Monaten wurde er in ein Militärhospital nach Mailand verlegt. Seine Ehefrau blieb ständig an seiner Seite
und pflegte ihn. Doch schließlich hatte er genug von Rachele und schickte sie und die Kinder zur Erholung aufs
Land. Margherita wartete schon ungeduldig. »Ich kann
niemals vergessen, wie ich ihn besuchte. Er lächelte mit
blassem Gesicht, seine Augen in dunklen Ringen. Seine
Lippen waren ganz schmal, man konnte sehen, wie sehr
er gelitten hatte.«[51] Erst bei ihrem dritten Besuch fühlte
er sich wieder in der Lage zu sitzen und an einem Bericht über die Schlacht, in der er verwundet worden war,
zu schreiben. Seine Wunden machten ihm noch lange zu
schaffen. Es war die Zeit, in der ihre Beziehung immer in-
tensiver wurde, beruflich und privat. Im Konflikt mit Ida
Dalser war Sarfatti erneut gefragt. Mussolini hatte wieder
einmal nicht das versprochene Geld geschickt. Dalser zog
vor Gericht und bekam recht. Dank Sarfattis Vermittlung
willigte sie schließlich ein, ihn und Rachele in Frieden zu
lassen. Sogar in der Redaktion vom *Popolo* hatte sie schon

Szenen gemacht. Das verzieh Mussolini ihr nie. Als er Ministerpräsident wurde, ließ er sie von der Polizei überwachen und 1926 für unzurechnungsfähig erklären. Bis zu ihrem Tod 1935 sperrte man sie in Mussolinis Auftrag in eine Irrenanstalt.[52]

Margherita arbeitete jetzt seit mehr als einem Jahr regelmäßig für den *Popolo*. Täglich diskutierte sie mit Mussolini über die Aufgaben des zukünftigen Staates. Die Vorstellungen von einem neuen Italien wurden immer konkreter. Lenins Machtübernahme vor Augen, waren sie sich sicher, dass die Nachkriegsära enorme Möglichkeiten für eine Bewegung mit Mussolini an der Spitze bieten würde. Er sprach von einer »Aristokratie der Schützengräben«, einer Generation der mutigen und disziplinierten jungen Männer, im Kampf gestählt, deren Opfer ihm das moralische Recht und die Verpflichtung gaben, ein neues Italien zu schaffen. Nach dem Krieg würden Tausende heimkehren und bereit sein, die alte Ordnung hinwegzufegen. Noch aber sei es die Pflicht aller Italiener, die Männer an der Front zu unterstützen. Als ein verwundeter Kamerad konnte Mussolini mit der Autorität der Erfahrung sprechen. »Ich habe sie gesehen«, sagte er in einer Rede in Rom, »ich habe mit ihnen gelebt. Ich habe erlebt, wie ihre Herzen stockten, wenn die Offiziere riefen: ›Raus aus den Schützengräben!‹ Ich habe diese Söhne Italiens gesehen, und ich sage, sie sind keine Soldaten, sie sind Heilige und Märtyrer.«[53] So ernannte er sich selbst zum Sprecher der Kriegsveteranen und behauptete, nur er stände ihnen gegen die trägen Zivilisten in den Büros und Behörden bei.

Seit seiner Entlassung aus dem aktiven Militärdienst unterhielt Mussolini bereits engen Kontakt zur Regierung Orlando, die ganz in seinem Sinne auf Sieg orientiert war. In ihrem Auftrag sollte er zum »Kongress der unterdrückten

Völker« nach Rom fahren und dort eine Rede halten. Es gab Anzeichen, dass die Alliierten die mit Italien vereinbarten Gebietskompensationen nicht verwirklichen wollten. In Mussolinis Kopf standen die positiven Ergebnisse einer europäischen Friedenskonferenz für Italien schon fest. Als er sich 1919 darin getäuscht sah, stachelte das seinen Willen zur Macht nur noch heftiger an. Auf dem Kongress sagte er, die unterdrückten Völker auf dem Balkan sähen Rom als Zentrum der Zivilisation und Unterstützung ihrer Hoffnungen. Italien müsse stark und auch ökonomisch groß werden. Dafür werde er sorgen.

Der lange Krieg bewegte sich indessen seinem Wendepunkt zu. Durch den Kriegseintritt der USA wurde die französische Front entlastet. Österreichs Offensive im Juni 1918 führte zu einer schweren Niederlage. Dieses Mal gewann Italien.

»Leichter ist es, den Wind zu bändigen, als mich. Ich bin ein Soldat. […] Es ist mein einziger Lebensinhalt«[54], schrieb Gabriele D'Annunzio im August 1918. Am Morgen des 9. August startete er eine einmalige Schau der öffentlichen Präsenz und Provokation. Über Wien fliegend, warf er rote, grüne und weiße Flugblätter ab, drohte den Wienern, dass bald echte Bomben folgen würden. »Bürger Wiens! Bedenkt, was euch erwartet, und erwacht! Hoch lebe die Freiheit! Hoch lebe Italien! Hoch lebe die Entente!«[55]

Im *Popolo d'Italia* wurde D'Annunzios Heldentat bejubelt. Die Redakteure schätzten öffentlich wirksame Einsätze, die das siegreiche Ende des Krieges befördern konnten. Auch Margherita Sarfatti. Sie wurde in diesen Monaten Mussolinis intellektuelle Zuchtmeisterin. Er hatte das Gespür für die Macht, sie steuerte die gedanklichen Voraussetzungen einer Führerschaft des Terza Italia bei. »Wir lebten damals im *Popolo d'Italia* in einer Kameradschaft, einer brüderlichen Boheme, die einem das Herz weit machte«, schrieb Sarfatti. »Die vier Zimmer der Zeitung befanden sich in einem dunklen alten Haus in einer der elendsten Straßen, im schlimmsten, alten, überlebten Zentrum Mailands. Und doch herrschte viel Heiterkeit, Eifer und Lachen in diesen niedrigen Räumen. Das entschädigte uns für die viele Arbeit und die vielen Sorgen.«[56]

Wenige Monate nach Robertos Tod hatte Mussolini begonnen, aktiv um Margherita zu werben. Nach den Anstrengungen der Front verspürte er ein großes Bedürfnis nach Verständnis und Liebe. Von Rachele erwartete er wenig. Margherita dagegen konnte ihm sexuelle Leidenschaft und intensive Gespräche bieten. In dieser Zeit schien es, als sei er mehr verliebt als sie. Wenn sie sich gerade nicht sehen konnten, schrieben oder telefonierten sie. Sie lieh ihm Bücher, tauschte sich mit ihm über eine Zukunft nach dem Krieg aus. Seit ihrer ersten Bekanntschaft sechs Jahre zuvor gab es ein gegenseitiges Näherkommen, das alles Trennende überwand. Seine Grausamkeit stieß sie ab, ihre Intellektualität und ihr Geiz blieben ihm fremd. Dennoch fühlten sie sich stärker denn je voneinander angezogen.

Trotz ihrer Leidenschaft verhielten sich beide sehr dezent, keiner stellte seine Ehe infrage. Die Briefe, die Mussolini an Margherita schickte, waren so geschrieben, dass Cesare oder andere Freunde sie auch lesen konnten.

»Rom, 10.–12. April 1918

Liebe Freundin und vornehme Kranke,

[…] Es betrübt mich zu hören, dass Ihr wegen eines der gewöhnlichen, banalen Unfälle des Lebens zur Bewegungslosigkeit gezwungen seid. Dies wird Euch erlauben, länger und tiefgehender über Sokrates und den Rest zu meditieren …

Ich verspreche Euch nicht, Euch zu besuchen. Ihr kennt

meine Phobien. Ich glaube, Ihr werdet bald genesen. Eines Tages, wenn ich nichts zu tun haben werde, werde ich in Euer Haus kommen, und wir werden eine Diskussion über die spitzfindigsten Kuriositäten des Lebens führen.
Alles Gute und herzliche Grüße
Mussolini.«[57]

Insgeheim schickten sie sich kleine mit der Hand geschriebene Botschaften intimer Natur, die von Freunden überbracht wurden. Margherita wunderte sich darüber, warum sie sich nicht schon sechs Jahre früher verliebt hatte, als sie Benito kennenlernte. Sie konnte es nicht sagen. Sowohl seine Wachheit als auch seine Härte zogen sie an. Er war kein schöner Mann im traditionellen Sinne, ohne klassisches Profil, aber von überwältigender Sinnlichkeit, wenn sie sich heimlich trafen und er seine Schüchternheit und bäuerliche Grobheit hinter sich ließ. In Mussolini vereinten sich viele widersprüchliche Eigenschaften, die ihn über alle anderen hinaushoben. Sein politischer Wagemut und sein Charisma, verbunden mit ihrem scharfen Intellekt, ihrem Reichtum und ihrer sozialen Stellung, machten die beiden zu einem bemerkenswerten Paar. Vermutlich waren es auch die bitteren Kriegserfahrungen, die ihre Liebe entfachten. Beide suchten nach einem Sinn in ihren Opfern. Nach Mussolinis Genesung kehrten seine alte Kraft und sein revolutionärer Elan zurück, stärker denn je. Margherita konnte er eigentlich nur die Überlegenheit als Chef des *Popolo* anbieten, sie aber breitete ihre gesamte intellektuelle Erfahrung für ihn aus, gab ihm, was ihm noch fehlte, damit er im Kampf um die Macht gewinnen könnte.

Ihr Glück fiel in eine günstige Zeit: das siegreiche Kriegsende Italiens. Der große alliierte Sieg an der Westfront hatte alle Chancen einer deutschen Eroberung zunichte gemacht. Am 4. November gewann Italien die Schlacht von Vittorio Veneto. Eine Woche später unterschrieben die Deutschen die Niederlage an der Westfront und begannen mit dem Rückzug aus Frankreich und Belgien.

Nach dreieinhalb Jahren Krieg und Tod, Zerstörung und Elend war Italien in einem Rausch der Freude. Am 10. November sprach Mussolini vor einer großen Menge am Fuße eines Mailänder Denkmals, das an den Aufstand gegen Österreich im Jahre 1848 gemahnt. Margherita Sarfatti erinnerte sich an die Szene:

»Sieg! Sieg! Ununterbrochen zog eine dicht gedrängte Menge aus den entfernten Stadtteilen Mailands zum Zentrum und füllte dort die Straßen; unbekannte Menschen sprachen lachend und weinend miteinander, alles versammelte sich vor den Fenstern eines Zeitungsbüros, wo man alle zehn Minuten den glänzenden Siegesbericht vorlas, der jedes Mal mit den jauchzenden Rufen: ›Sieg!‹ und ›Frieden!‹ beantwortet wurde. Ich sah mit von Tränen verschleierten Augen vom Balkon auf diese endlose Menge von erhobenen Gesichtern, von denen mir nicht ein einziges fremd erschien. Glücklich, wer solche Größe gesehen hat, noch glücklicher, wer dazu beigetragen hat, sie zu verwirklichen. Am Fuße der Bronzefigur des Denkmals der *Fünf Kampftage* sah man am Tage der Siegesfeier Mussolini. Stark, ruhig und fest stand er vor dem Granit des Obelisken. In jener Stunde war er nicht der Volkstribun, nicht der politische Führer, sondern der Soldat, der den Sieg lebendig im Herzen fühlte. Er hielt die Seele der Menschenmenge in seiner geballten Hand, aber ehe er sie zukünftigen Zielen entgegenschleuderte, breitete er sie zuvor über die Gräber der gefallenen Soldaten.«[58]

Mussolinis Schwester Edvige, die zur Feier des Sieges gekommen war, staunte über die schicke Erscheinung ihres Bruders und seine glückliche Ausstrahlung. Sie vermutete gleich, dass er verliebt sei. Das erste Mal in seinem Leben trug er einen ordentlichen Anzug und eine Blume im Knopfloch. Er hatte sogar seinen Bart geschnitten. Als sie später die persönlichen Tagebücher Mussolinis herausgab, verglich sie den Mann dort oben mit dem Autor jener düsteren Briefe, die er ihr 1916 von der Front geschrieben hatte. Kein Zweifel. Ihr Bruder war über beide Ohren in die Redakteurin und Intellektuelle Sarfatti verliebt:

»Benitos Liebe für diese Schriftstellerin war neu und tief – nach meiner Meinung, denn sie überwand seine sonstige geistige und emotionale Haltung, und er liebte nun sogar solche weiblichen Eigenschaften, die er sonst verachtet hatte ... Deshalb hasste Rachele die Sarfatti auch so besonders intensiv.«[59]

Mussolini nannte Sarfatti in seinen Briefen Vela, das Segel. Ein Bild der See, des Himmels und der Abenteuer. Ein ganzer Kosmos von Redewendungen umgab diesen Namen. Sarfatti entwickelte in dieser Phase des persönlichen und öffentlichen Glücks neue Stärke. Sie begann mit der Herausgabe eines Bandes mit Texten von Mussolini, Ada Negri, D'Annunzio und mit Briefen von Roberto, die er von der Front an die Familie geschickt hatte. Die *Orazioni* von Ada Negri, ganz im Ton der griechischen Tragödien geschrieben, hatten Margherita inspiriert, auch ihre Gedanken zum Tod ihres Sohnes zu veröffentlichen. Sie bat D'Annunzio, seine Briefe des Trostes in die Sammlung aufnehmen zu dürfen.

Das Buch würde zum ersten Todestag von Roberto herauskommen, privat, in einer limitierten Ausgabe: *Roberto Sarfatti. Seine Briefe und Zeugnisse über ihn.*[60]

Von nun an blieb Margherita ständig an Mussolinis Seite, war verantwortlich für die politischen Themen im *Popolo*. Einige andere Redaktionsmitglieder nahmen ihr ihren privilegierten Status übel. Sie aber lebte im Hochgefühl der Liebenden und nahm die Missgunst der Kollegen nicht wahr. Das Redaktionsbüro war klein und verbaut. Ständig hielten sich hier Veteranen auf, die etwas von Mussolini wollten. In seinem Raum standen nur ein Schreibtisch, zwei Stühle und ein Bücherregal. Verschiedene Handgranaten und ein Revolver lagen herum. Auf dem Pult ein Telefon, eine Kladde und ein Tintenfass, auf dem Fußboden unzählige alte Zeitungen. An der Wand hing eine Fahne, die an die Eliteeinheit, die *Arditi*, erinnerte, ein Totenkopf mit einem Dolch zwischen den Zähnen. Mussolini hatte sie bei den Siegesfeierlichkeiten geschenkt bekommen. Über seiner Tür hing der Spruch: »Wer eintritt, erweist mir Ehre; wer nicht eintritt, bereitet mir Vergnügen.«[61] Wenn Mussolini von seiner Arbeit erschöpft war, bat er die Redaktion zur Debatte zu sich. Sie saßen beieinander, Autoren, Künstler, Freunde von Margherita wie Marinetti, Carrà, der Dichter Ungaretti oder Mario Carli. Eifrig diskutierten sie die Ereignisse des Tages, schmiedeten Pläne für die Zukunft. Jede Debatte half, Mussolinis Pläne zu präzisieren. Margherita unterrichtete ihn in alter Geschichte und moderner Literatur. Eine intensive und glückliche Erfahrung, in der sich intellektuelle und politische Arbeit mit der Liebe aufs Engste verbanden. Es erforderte ein hohes Maß an Taktgefühl, nicht zu deutlich ihr persönliches Glück zu zeigen. Sie war eine verheiratete Frau, und das Ehepaar Sarfatti stand im Zentrum der öffentlichen Aufmerksamkeit. Selbstverständlich hatte sie ihrer Freundin Ada Negri von ihrer Liebe erzählt. Die Redaktion benahm sich nach wie vor abwartend bis misstrauisch. Sicher hatte es auch Cesare längst mitbekommen. Aber die Liebenden schonten den Stolz der anderen.

Konnte Margherita mit ihrem Geliebten nicht sprechen, schrieb sie über das endlose Warten, wenn sie ihn an geheimen Plätzen erhoffte, über ihre »stille Liebe« und auch ihre Leiden wegen mancher Untreue Mussolinis.

Die Geduldige

Du glaubtest, mich zu lieben sei ein Spiel.
Ich lache und leide: ich weiß.

Ich schleiche mich in deine Seele ein.
Wie verborgener Aussatz nage ich an ihr.

Andere Frauen nimmst du, verlässt du,
nimmst du erneut.
Ich lache und leide: ich weiß.

Aber es wird ein Tag kommen. Du wirst
den Odem der gegenwärtigen Gottheit
ehrfürchtig fühlen.

Dich zu lieben ist große Geduld.
Ich lache und leide: ich weiß.

Aber ich packe das Geheimnisvollste,
das Unbekannte in dir, das in dir nicht zutage tritt.
Der Tag wird kommen: du wirst entdecken,
dass du mich in dir trägst,
ich dein Geist und Fleisch, für immer.[62]

Mussolini antwortete seiner Geliebten mit Charme und unverhohlener Leidenschaft: »Heute gib mir ein wenig von dem Blut deiner Lippen, dein Benito.« Und ein anderes Mal: »Meine Liebste, mein Herz und meine Gedanken sind bei dir. Wir haben wunderbare Stunden zusammen verlebt. Ich liebe dich sehr, mehr als du denkst. Ich küsse dich intensiv. Ich umarme dich mit leidenschaftlicher Zärtlichkeit.«[63]

Das Ende des Krieges. Soldaten im Siegesrausch. Triumphzüge, Festtagsstimmung, stolze, lachende Gesichter. Endlich ging es nach Hause zu Frau und Kindern. Italien im Freudentaumel. Eine kurze Phase nur, dann herrschte tiefe Resignation. Der Sieg war bitter erkauft worden. Mehr als 600 000 Tote. Überall Verletzte und Verstümmelte. 1,4 Millionen Soldaten waren gleich nach Kriegsende entlassen worden. Ohne Geld. Ohne Aussicht auf Entschädigung oder Unterstützung. Ein langer, harter Winter kündigte sich an. Italiens Wirtschaft – vorrangig auf Kriegsproduktion eingestellt – lag am Boden, die Lira verlor täglich an Wert. Keine Arbeit, kein Brot. Aber was noch schlimmer war: Die Heimkehrer, zum größten Teil unfreiwillig in den Krieg gezogen, sahen sich von ihren eigenen Landsleuten beschimpft und geschmäht. Margherita Sarfatti war empört: »Als die Offiziere, die Kriegsbeschädigten und die Soldaten von der Meute des Volkes auf den Straßen verfolgt, geschlagen [...] und unter wieherndem Gelächter mit Füßen getreten wurden – welchen Schutz fanden damals die Beschützer des Vaterlandes bei den höchsten Staatsbehörden? Das Einzige, was die Regierung tat, war ein Rundschreiben des Kriegsministers, worin ersucht wurde, in Zukunft das Tragen von Uniformen zu vermeiden und sich der Zivilkleider zu bedienen, um nicht ›herausfordernd‹ zu wirken.«[1]

Eine Welle von Antikriegsdemonstrationen überzog das Land. Fabrikarbeiter, Eisenbahner, Bauern – alle gingen auf die Straße. Eintausendsechshundertdreiundsechzig Mal wurde 1919 in Italien gestreikt, im Jahr darauf sogar eintausendachthunderteinundachtzig Mal. Als »Rotes Doppeljahr« sollte die Zeit nach Kriegsende in die Geschichte eingehen. Die Mitgliederzahl der Sozialistischen Partei stieg täglich an. Es roch nach Revolution. Hatte die Regierung nicht eine Agrarreform versprochen? Land und Boden für alle, insbesondere für die armen Bauern, die unfreiwillig in den Krieg gezogen waren? Da half nur Plündern und Besetzen. Weg mit den Großgrundbesitzern, den Kapitalisten, der unfähigen Regierung!

Für November 1919 wurden die nächsten Wahlen angesetzt. Dem Geistlichen Don Luigi Sturzo war es gelungen, dass die katholische Kirche das Gebot der Nichteinmischung endlich aufhob. Er gründete die Italienische Volkspartei. Eine ernsthafte Konkurrenz für die antiklerikalen Sozialisten und anderen Parteien. Wer würde die aufgebrachte Volksmasse auf seine Seite ziehen? Man überbot sich gegenseitig an Versprechungen: Aufteilung des Großgrundbesitzes, Beseitigung des Analphabetentums, Frauenwahlrecht. Und außerdem war da noch Dalmatien, das nach dem Sieg – laut Londoner Vertrag – italienisches Staatsgebiet werden sollte. Der amerikanische Präsident Wilson wollte nichts mehr davon wissen. Auch den Wunsch der Italiener, sich die Hafenstadt Fiume einzuverleiben, lehnte er rigoros ab. Aus Protest verließen die italienischen Delegierten die Pariser Friedenskonferenz, ließen sich zu Hause von einer jubelnden Menge feiern.

Über die gravierenden innenpolitischen Probleme konnten die Evviva-Rufe jedoch nicht hinwegtäuschen. Die Streikwelle hatte im April 1919 einen ihrer vielen Höhepunkte erreicht. Seit Monaten hetzte Mussolini gegen die Regierung. Der Untertitel des *Popolo* lautete jetzt nicht mehr *Sozialistische Tageszeitung*, sondern *Zeitung der Kämpfer und Produzenten*[2]. Mit den Sozialisten wollte Mussolini nichts mehr gemein haben. Er würde nicht zusehen, wie das Vermächtnis von 625 000 gefallenen italienischen Soldaten mit Füßen getreten würde. Längst standen die ehemaligen Frontkämpfer bei der Redaktion des *Popolo* Schlange. »Wir Zeitungsleute«, schreibt Sarfatti, »taten, was nur in unseren Kräften stand, versuchten den Leuten Arbeit zu verschaffen, empfahlen sie weiter, ermunterten sie mit Rat, sammelten für die Bedürftigen, und für alle war wenigstens ein Wort brüderlicher Herzlichkeit und ein 10-Lire-Stück da.«[3]

Wie oft mag Sarfatti, wenn sie die ehemaligen Frontsoldaten sah, an ihren Sohn Roberto gedacht haben? Verwundet, hungrig, von ihren Landsleuten verachtet und beschimpft, standen sie vor ihr, ausgerechnet sie, die doch so viel gegeben hatten. Sollte etwa alles umsonst gewesen sein? Robertos Tod, ihr persönlicher Einsatz als Kriegsbefürworterin, ihre Wohltätigkeitsaktionen, die zahlreichen Artikel im Sinne eines neuen Staates? Niemals würde sie das akzeptieren. Es musste etwas geschehen – und zwar dringend. Längst hatte sie mit den Künstlern und Intellektuellen in ihrem Salon über die Idee einer neuen Zeitschrift diskutiert. Eine Zeitschrift über Literatur und Malerei, Plattform der Avantgarde, mit Prosa, Gedichten und Illustrationen der von ihr bevorzugten Künstler. Ada Negri, Alfredo Panzini, Mario Carli, Paolo Buzzi, Francesco Meriano, gemäßigte Futuristen und ehemalige Frontkämpfer – das war in ihren Augen die Basis der zukünftigen italienischen Nation.

Sarfatti gab der neuen Zeitschrift den Namen *Ardita*, im Gedenken an jene Elitetruppe, in der auch Roberto gekämpft hatte. Sie wird als monatliche Beilage des *Popolo* bis zum Dezember 1921 erscheinen. Eine Zeitschrift, die mutig ist, die angreift und nach vorn schaut, wie Mussolini in der ersten Ausgabe betont. Marinetti, der Dirigent Arturo Toscanini, Massimo Bontempelli, Giuseppe Ungaretti, die Maler Leonardo Dudreville und Anselmo Bucci – sie alle werden für die *Ardita* schreiben oder illustrieren. Margherita Sarfatti selbst veröffentlichte nur ein paar ihrer Roberto-Gedichte. Aber sie war diejenige, die auswählte, lektorierte, animierte, auf der Suche nach einem neuen Realismus in Kunst und Politik. Das ehrgeizige Projekt einer Frau, die eine ganze Nation verändern will. Die aber auch weiß, dass mit Druckerschwärze allein gegen die Regierung und die zersetzende rote Gefahr nicht anzukommen ist. Hier wird effektvolles Handeln gefragt sein. Protestaktionen. Eine starke, führende Hand, die alle verwandten Kräfte unter sich vereint.

Nur eine Woche nach Erscheinen der ersten Ausgabe von *Ardita*, am 23. März 1919, versammelte Mussolini in einem Saal an der Mailänder Piazza San Sepolcro seine neu gegründete faschistische Bewegung, die *Fasci di Combattimento*. Circa 100 bis 150 Personen, Sympathisanten des *Popolo* und Kriegsveteranen verschiedenster Couleur kamen dem Aufruf des *Popolo* nach und verfolgten den chaotischen Ablauf dieser Versammlung. Für das Exekutivkomitee griff Mussolini wahllos ein paar Leute aus der ersten Reihe heraus. Die von ihm vorgetragenen Erklärungen klangen vage, geeignet, weder Proletariat noch Bürgertum zu verschrecken. Nur wenige Punkte wurden klar ausgesprochen. Dass der Krieg notwendig und richtig gewesen sei. Dass Italien eine strenge, ordnende Hand brauche. Dass man Fiume und Dalmatien unbedingt annektieren müsse. Die *Fasci di Combattimento* waren eine Aktionsbewegung, keine Partei. Ihre Mitglieder sollten handeln, nicht palavern, kämpfen, nicht diskutieren. Hauptfeind Nummer eins: die Sozialisten, Verräter der Nation.

Die Faschisten wappneten sich. Disziplin und Mut, Rücksichtslosigkeit und Brutalität hatten sie im Krieg gelernt. Jetzt galt es, mit den gleichen Mitteln gegen die Roten vorzugehen. Wer das Land durch Streiks und Plünderungen in den Ruin zog, wer die Kameraden entehrte oder gar tötete, würde wie die Österreicher behandelt werden, erbarmungslos. »Am 15. April, einem der Tage des üblichen Generalstreiks«, berichtet Sarfatti, »hatte ich den Kameraden, wie immer in den Belagerungszeiten, Zigaretten und die Thermosflasche mit Kaffee in die verrammelte Redaktion gebracht. Als ich durch den vereinsamten Corso mit seinen geschlossenen Toren und herabgelassenen Rollläden ging, begegnete ich statt den gewohnten Schreiern einer ernsten, geordneten Gruppe. Sie schwenkten brennende Holzscheite; an ihrer Spitze ging einer mit stolzem Gesicht voran und hielt einen blutigen Helm. Es war eine Gruppe der ›Stoßtruppe‹ der Kriegsteilnehmer und Faschisten; sie kehrte von der Zerstörung der Druckerei des *Avanti!* zurück.«[4]

Jene Gruppe bestand vorrangig aus ehemaligen Arditi-Kämpfern, auch Marinetti war darunter. Da es bei der Aktion Tote gegeben hatte, verschwand er vorerst im Untergrund. Unnötigerweise. Keiner der Faschisten wurde von der Regierung gesucht oder etwa bestraft. Insgeheim sympathisierte man sogar mit den Schlägern. Endlich tat jemand etwas gegen Chaos und Plünderei, gegen die vielen Demonstrationen und Streiks, die die Produktion und das öffentliche Leben seit Monaten lahmlegten. Lieber eine Selbstjustiz von rechts als eine Revolution von links! Auch unter den Sozialisten gab es Gewalttätige. Da war es nur recht und billig, wenn die Regierung ein Auge zudrückte.

Dass Gewalt zuweilen unumgänglich war, war Sarfatti

längst vertraut. Insbesondere, wenn es um die Durchsetzung höherer Ziele ging. Marx, Péguy und insbesondere Georges Sorel, der Ingenieur und Sozialphilosoph, hatten es sie gelehrt. Die Schriften Sorels fanden bei den italienischen Intellektuellen weite Verbreitung. Gegen eine dekadente Regierung, gegen Werteverfall und zersetzende Demokratie half nur eines: der bewaffnete Kampf, die Revolution. Aber für eine faschistische Revolution musste man die Masse gewinnen. Vom Wagemut und der Brutalität einer Schlägertruppe würde die sich kaum überzeugen lassen. Wie konnte man die Menschen von den Sozialisten weg auf ihre Seite ziehen? Sarfatti fand auch dafür die Antwort bei Sorel. Das italienische Volk brauchte eine Vision, einen Mythos, die Verheißung einer besseren Welt, personifiziert durch eine glaubwürdige Autorität. In Sarfattis Augen gab es in Italien nur eine Person, die für diese Aufgabe infrage kam: Benito Mussolini, denn »er besitzt die Kaltblütigkeit und Entschiedenheit in schwierigen Situationen, bleibt aber ein Mann der Masse. [...] Die Masse jubelt, schreit, leidet wie und wann er will: das weiß die Masse, und auch deshalb liebt sie ihn.«[5]

Sarfattis Worte lesen sich wie ein Eingeständnis ihrer eigenen Leidenschaft und Hingabe. Sie selbst unterliegt der Demagogie Mussolinis, zu einem Zeitpunkt, als dieser die Masse noch gar nicht erreicht. Sie liebt, sie vergöttert ihn. Sie schätzt seine »warme und ergreifende Menschlichkeit«[6], ordnet sich seinem tyrannischen Wesen unter – und weiß darum. Aber sie erkennt auch, dass es genau diese Eigenschaften sind, die ihn zu einem potenziellen Staatsoberhaupt machen. Jetzt kam es darauf an, ihn vorbehaltlos und uneingeschränkt zu unterstützen. Sie, Margherita Sarfatti, würde ihm helfen, seine Fähigkeiten voll zu entfalten.

Lange vor Mussolini arbeitete sie daran, die unterschiedlichen Kräfte der faschistischen Bewegung zu bündeln und in eine gemeinsame Richtung zu lenken. Und zwar dort, wo sie sich am besten auskannte: in Kunst und Kultur. Als Mussolini im *Popolo* noch über die Probleme der Kriegsveteranen berichtete, begann Sarfatti bereits, das kulturelle Fundament des zukünftigen faschistischen Regimes zu legen. Nur mit einem die Nation vereinenden Stil in Malerei, Architektur, Dichtung und Musik würde sich die Vision des Terza Italia erfüllen. Hierarchie und Ordnung müssten sich zuerst ästhetisch widerspiegeln, ehe sie in Politik und Gesellschaft Eingang fänden.

Schon während des Krieges hatte sie die von ihr bevorzugten Künstler auf ihre Rolle als Begründer des neuen Staates eingestimmt. In ihrem Salon traf sich die faschistische Elite von morgen, in der *Ardita* ließ sie die Künstler zu Wort kommen. Und in Büchern und Zeitschriften machte sie auf diese Elite aufmerksam, insbesondere in den *Reportagen vom Freitag*[7], Sarfattis wöchentlicher Rubrik im *Popolo*. Vorerst sah sie nur Ansätze in Literatur und Kunst, die dem von ihr geforderten Stilwandel nahekamen. Beharrlich forderte sie die Synthese von Klassik und Moderne, klare Strukturen, präzise Linien, Harmonie. Der neue Staat sollte sich auf dem Erbe des Römischen Reiches gründen, daher müsse auch dessen Kultur fest verankert sein in der Antike.

Längst hatte sie sich als Literaturkritikerin profiliert. Ihre Rezensionen und Kritiken, ihr Einfluss und ihr umfassendes Wissen wurden geschätzt und gefürchtet. In der Struktur des Romans sah sie die ideale Form, vorausgesetzt der Protagonist versank nicht in Nihilismus und Selbstzerstörung. Daher lobte sie zwar Stil und Form des 1921 von Giuseppe Antonio Borgese veröffentlichten Romans *Rubè*, kritisierte aber dessen destruktiven Inhalt. Der Antiheld Rubè, eine »Frucht mit unversehrter Schale, aber drinnen vollständig vom Wurm zerfressen«, scheitert an seinem eigenen Anspruch, Großes zu vollbringen. Die vom Weltkrieg erhoffte Katharsis sucht er vergebens. Am Ende wird er von Polizeipferden bei einer kommunistischen Demonstration zu Tode getrampelt. Ein Roman, der in Sarfattis Augen »große künstlerische Wirkung haben könnte, wenn es hinter der anmaßenden Negation eine lebendige, bejahende Kraft gäbe«[8].

Borgese, überzeugter Interventionist, Germanist, Mitarbeiter des *Corriere della Sera*, ging in Sarfattis Salon ein und aus. Sarfatti schätzte ihn sehr. Aber diese Wertschätzung hätte sie niemals davon abgehalten, offen zu äußern, was sie über seine Werke dachte. In ihrem Salon versammelte sie die unterschiedlichsten Persönlichkeiten aus Kultur und Politik. Wen sie respektierte, wer etwas zu sagen hatte, wurde von ihr empfangen. Daran wird sie immer festhalten, auch während der faschistischen Diktatur, egal, ob derjenige ins ideologische Bild passt oder nicht. Dass sie Borgeses Roman kritisierte, ist nicht nur politisch nachvollziehbar. Rubè, der begeistert in den Krieg gezogen war, kehrt desillusioniert nach Hause zurück. Das sinnlose Abschlachten, aber auch die eigene Feigheit ekeln ihn maßlos an. Kein Heldentum, kein Orden, keine nostalgischen Erinnerungen an Schützengraben-Abenteuer oder Kameradschaft, nichts, was nach dem Krieg bleibt und versöhnt.

Und Roberto, Sarfattis Sohn, der blasse, kriegsdurstige Knabe? Sarfatti selbst hatte, wenn auch nur schweren Herzens, ihrem Sohn erlaubt, in den Krieg zu ziehen. Ein größeres Opfer gab es nicht. Das Leben des eigenen Kindes, hingegeben für ein Ideal, das sich, wie Borgese und andere

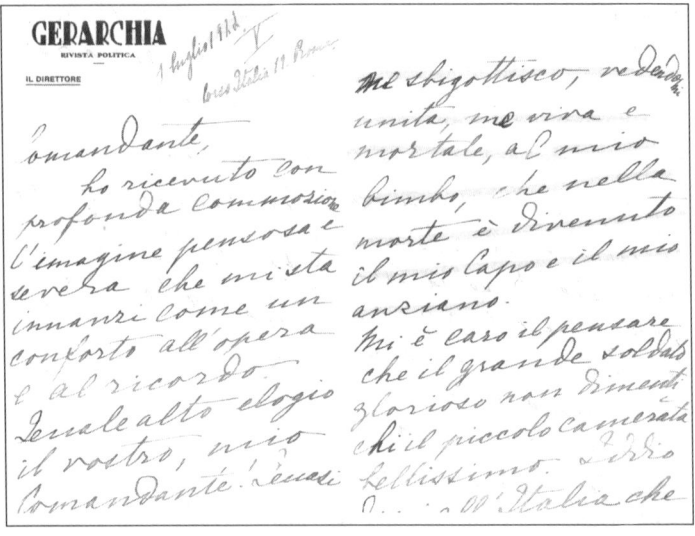

Brief von Margherita Sarfatti an D'Annunzio vom 1.7.1922

behaupteten, im Nachhinein als Hirngespinst entpuppte? Eine Chimäre, ertränkt in Soldatenblut? Niemals hätte eine Sarfatti dies eingestanden. Es hätte bedeutet, sich selbst anzuklagen: schuldig am Tod ihres Erstgeborenen – diese Einsicht lässt sich nicht ertragen, muss weggeschoben, ausgelöscht werden.

Sarfatti setzte alles in Bewegung. Sie schonte sich nicht, nutzte alle ihr zur Verfügung stehenden Mittel, ihren Intellekt, ihre Begabung, ihre Freunde und Kontakte. 1919 erscheint ihr Gedichtband *Roberto Sarfatti. Seine Briefe und Zeugnisse über ihn*[9], geschrieben zum Andenken an Roberto und von Sarfatti an alle Freunde und wichtige Persönlichkeiten verteilt. Zwei Jahre später veröffentlichte sie *Die Lebenden und der Schatten*[10]. Im Mailänder Teatro Lirico veranstaltete man Gedenkfeiern zu Ehren Robertos. Namhafte Literaten wie Ada Negri, Alfredo

Brief von Margherita Sarfatti an D'Annunzio vom 26.9.1922

Panzini oder Gabriele D'Annunzio widmeten ihm ihre Werke. Die Mailänder Jungfaschisten gaben ihrer Schlägertruppe den Namen Roberto Sarfatti. Sogar die politischen Gegner, Anna Kuliscioff und Filippo Turati, zeigten sich aufrichtig betroffen. Sarfatti hatte ihrem alten Idol Kuliscioff ein Exemplar der Roberto-Briefe mit persönlicher Widmung geschenkt. Überall wurde das Opfer ihres Sohnes betrauert und zelebriert. Sarfattis Leiden wird das Leiden aller, Robertos Erinnerung stellvertretend für die der anderen Kriegshelden. Einer der ersten Massenmythen des Faschismus. Ein Totenkult mit ödipalem Touch. Roberto, die Ikone. Margherita, die Priesterin, Hüterin seines Vermächtnisses. »Mich verblüfft«, schreibt sie an D'Annunzio, »mich, lebendig und sterblich, vereint mit meinem Jungen zu sehen, der im Tod mein Führer und mein Greis geworden ist.«[11]

Trauer um Roberto – ein Leitmotiv, das die Briefe Margherita Sarfattis an den Dichtergeneral wie eine Endlosschleife durchzieht. Sie werden im Vittoriale aufbewahrt, D'Annunzios Zufluchtsort am Gardasee, heute eine Gedenkstätte. Briefe in der üblichen nach oben fliehenden Schrift. Ein unangenehm devoter Ton haftet ihnen an. Vergeblich suchen wir nach der überlegenen Sarfatti, wie sie aus Artikeln und Büchern zu uns spricht: »Es ist süß, bewegend und tröstend zu fühlen, wie Ihr fühlt, was lebendig und präsent in mir ist, nämlich das Tiefste und Beste in mir: *Er.*«[12] D'Annunzio, rein und ruhmreich, vor dem sich Sarfatti ehrfurchtsvoll verneigt und dem sie ihre Trauer zu Füßen legt. Warum diese Verbeugung vor so viel Dekadenz, ausgerechnet sie, die Anklägerin bürgerlichen Zerfalls?

Wir suchen im Jahre 2005 nach einer Antwort, streifen im Vittoriale umher. Da ist das Amphitheater, das Mausoleum, das der Dichter zu seinen Lebzeiten errichten ließ, der Garten der Prioria mit den venezianischen Brunnen, den Siegessäulen und phallusartigen Kriegsgeschossen. Hier, im Kreise seiner alten Kriegskameraden, feierte D'Annunzio sich selbst und seine Heldentaten. Im Kriegsmuseum betrachten wir das Flugzeug, mit dem er nach Wien flog und Flugblätter abwarf, in den Parkanlagen Skulpturen und Tempel. Ein Freilichtmuseum ungeheuren Ausmaßes breitet sich vor uns aus, angefüllt mit Kunstobjekten und altem Kriegsgerät. Unter einem Bogengang steht noch der alte Fiat, ein Oldtimer besonderer Art, weinroter Lack, auf Hochglanz poliert. D'Annunzio fuhr in diesem Wagen nach Fiume, besetzte mit seinen Legionären die Stadt und ließ sich zum Kommandanten ernennen. Da sich die Regierung als unfähig erwies, die Fiume-Frage zu lösen, musste er selber Hand anlegen.

Gabriele D'Annunzio im Arengo des Vittoriale, 1922

In Fiume war es zwischen französischem und italienischem Militär zu gewaltsamen Auseinandersetzungen gekommen. Der Dichtergeneral, angestachelt von einigen national gesinnten Militärs, entschloss sich zum Angriff – und wurde in der Hafenstadt jubelnd empfangen. Hier sollte eine Anti-Gesellschaft entstehen, ein Gegenstück zum moralisch zerfressenen Italien. Man war desertiert, sicher, aber aus Liebe zum Vaterland, zur Ehre der Heimat.

Die Legionäre, Wächter der Moral und des Schönen, unterwarfen sich D'Annunzio bedingungslos. Ihm, dem

Übermenschen, dem Wortmagier, der mit Reden, Ritualen und Prozessionen die Masse betörte. Das Leben in Fiume: ein ständiger Nationalfeiertag. Dionysische Endzeitstimmung. Morgen schon konnte alles vorbei sein, verraucht im Pulver heimatlicher oder fremder Kanonen. Aus aller Welt strömten Menschen in die freie Hafenstadt, wollten teilhaben an dieser Ekstase. Man tanzte auf Plätzen, an Wegkreuzungen, auf der Mole. Am Tage und in der Nacht. Soldaten, Matrosen, Frauen, Bürger.[13]

Vermutlich lag darin die größte Faszination D'Annunzios für Margherita Sarfatti: in der Verbindung von Ästhetik, Heldentum und Todessehnsucht. So wie es sich uns im Vittoriale offenbart. Im »Zimmer des Aussätzigen« pflegte D'Annunzio zu meditieren. In einem extra dafür angefertigten Bett, halb Wiege, halb Sarg. Er wollte sich frühzeitig an den Tod gewöhnen, er, das wandelnde Kunstwerk. Töten als ästhetisches Spiel. Krieg als höchste Erfüllung menschlicher Existenz. Konnte es ein größeres Glück geben als den Heldentod?

Der private, intime Schmerz erscheint angesichts dieser Inszenierung eher fehl am Platz. Vielleicht bestand darin Sarfattis Dilemma: über etwas stolz und glücklich sein zu müssen, was sie innerlich zerriss. Die Trauer um ihren Sohn hinterlässt einen faden Beigeschmack, wirkt monoton und aufgesetzt. Als müsse sie sich selbst ständig an das Heroische ihres Opfers erinnern. Es ist, als würde Roberto unter den vielen Gedenkfeiern und der ihm gewidmeten Literatur noch einmal begraben werden. Indem er Gegenstand aller wird, löst sich das konkrete Erinnern an ihn auf. Roberto, göttergleich, am Kreuz der Öffentlichkeit zu Tode geehrt.

Er starb am gleichen Tag wie D'Annunzios Mutter, der Dichter selbst machte Sarfatti in einem Brief darauf aufmerksam. Sie war sehr abergläubisch. Dieses besondere Datum musste etwas bedeuten. »Ich werde seiner in einer kommenden Heldentat gedenken, mit einem ihm gewidmeten Wagemut, der mich ihm gleich macht«[14], schrieb D'Annunzio ihr kurz nach Robertos Tod. Der Mythos D'Annunzio neigt sich zu Sarfattis Knaben herab. Mehr konnte eine italienische Mutter nicht erwarten.

Mit dem toten Sohn im geistigen Gepäck wird Sarfatti die Rolle der faschistischen Frau nachhaltig prägen. Als Ex-Feministin und Ex-Sozialistin, als Interventionistin und Mutter eines gefallenen Kriegshelden genoss sie eine nie gekannte Glaubwürdigkeit. Nur das individuelle Leiden und die Liebe zu Mann und Kindern rechtfertigten in ihren Augen die weibliche Existenz. »Die Frau, die weder Mutter noch Gattin noch Geliebte ist, ist und bleibt physisch, moralisch und geistig ein unvollständiges Wesen«[15], schrieb sie im Dezember 1918. Mit dieser Auffassung widersprach sie ihren alten Positionen. Der Krieg hatte bis dahin unbekannte Möglichkeiten für die Frauen eröffnet. Sie waren für die Produktion von Waffen und Munition in den Fabriken gebraucht worden, hatten ihre Kinder allein ernährt. Jetzt gingen sie auf die Straße, organisierten sich, kämpften für mehr Lohn und Brot. Vielen genügte es nicht mehr, zu Hause zu arbeiten. Eine ernsthafte Konkurrenz für die Heimkehrer. Die standen auf der Straße, nutzlos und desorientiert. Im Parlament wurde 1919 das Gesetz über die Rechtsfähigkeit der Frau verabschiedet. Das Recht auf Scheidung und das Frauenwahlrecht (Prostituierte ausgenommen), versprach man, würden ebenfalls kommen, später, wenn die italienische Frau dafür reif sei. In Sarfattis Augen sollten nur Soldatenmütter und Kriegswitwen wählen können, so, wie es Mussolini 1925 per

Gesetz festlegen wird. Den faschistischen Frauenrechtlerinnen wirft sie lyrische und fantastische Überbewertung der Wahlkarte vor. Die Frau gehöre an Herd und Wiege, allenfalls in den sozialen Dienst. Was Lenin damals in Russland verlauten ließ, muss sie befremdet, vielleicht sogar abgestoßen haben. In seiner Regierung gab es zwei Ministerinnen, uneheliche Kinder waren rechtlich anerkannt. Als in Italien noch undenkbar war, dass man über Empfängnisverhütung sprach, wurde in Russland bereits die Abtreibung legalisiert. Italien zeigte sich schockiert. Dass die Männer Wäsche waschen oder Windeln wechseln sollten, erschien selbst den Fortgeschrittensten als ungeheuerliche Zumutung. Viele Frauen distanzierten sich von ihren früheren Forderungen. Sie wollten nicht als Kommunistinnen gelten. Der Krieg und Lenins Gesetze hatten den ohnehin nie starken Feminismus Italiens gezähmt. Nur wenige radikale Frauenrechtlerinnen kamen in den Nachkriegsjahren noch zu Wort. Der Rest verfolgte einen sanften Kurs der Anpassung.

Und dennoch: Wenn die Faschisten die Arbeiter auf ihre Seite ziehen wollten, mussten auch sie sich fortschrittlich geben. Im Juni 1919 veröffentlichte Mussolini sein politisches Programm. Darin forderte er das allgemeine Wahlrecht für Mann und Frau, die Abschaffung des Senats, den Achtstundentag, die Festlegung von Mindestlöhnen. Er versprach das Mitbestimmungsrecht der Arbeiter in den Betrieben, die Verstaatlichung der Rüstungsbetriebe und die Enteignung der Religionsgemeinschaften. Man gab sich revolutionär. Die faschistische Kandidatenliste lockte mit drei herausragenden Persönlichkeiten: Marinetti, Toscanini und Mussolini. Aber es nützte nichts. Nicht einen einzigen Parlamentssitz konnten die Faschisten erobern.

»Heute Morgen wurde im Kanal eine Leiche im Zustand

fortgeschrittener Verwesung aufgefischt«, lästerte der *Avanti!*. »Es scheint sich um Benito Mussolini zu handeln.«[16] Vor der Redaktion des *Popolo* erklangen parodistische Totengesänge. Die Sozialisten marschierten mit einem schwarzen Sarg vorbei, auf den sie Mussolinis Namen geschrieben hatten. Premierminister Nitti erließ einen Haftbefehl gegen ihn. Das Redaktionsbüro des *Popolo* hatte sich zum Waffenarsenal gemausert. Ein Schlupfwinkel für Rebellen, vermuteten die Behörden. Sarfatti sprang kurzerhand für Mussolini ein, sorgte dafür, dass am nächsten Tag Protestartikel erschienen. Nach einem Tag war Mussolini schon wieder auf freiem Fuß.

Aber was für eine Schmach! Was für eine Niederlage! Zerplatzt der Traum von einem politischen Amt, die verhassten Sozis mächtiger denn je. Mussolini versank in tiefe Depression, trug sich mit dem Gedanken, den *Popolo* aufzugeben, wieder als Maurer zu arbeiten oder mit der Violine durch die Welt zu ziehen. So konnte es nicht weitergehen. Er brauchte dringend Ablenkung. Sarfatti wusste auch schon wie. Längst träumte sie davon, ihm die Orte ihrer Kindheit und Jugend zu zeigen. Venedig würde ihn auf andere Gedanken bringen.

Sie reservierte zwei Hotelzimmer in der Nähe von San Marco, bereitete alles vor und holte ihn vom Bahnhof ab. Geduldig ging er mit ihr durch die engen Gassen, ließ sich Kirchen und Paläste zeigen, auch das jüdische Viertel. Dort streiften sie durch die Antiquariate, Margherita Sarfatti immer auf Mussolinis Arm gestützt, so schonte sie das Knie. Manchmal unterbrach er ihre Ausführungen, bat sie, stehen zu bleiben und sich nicht zu bewegen. Er wolle die Herbstsonne auf ihrem kupfernen Haar schimmern sehen, es streicheln und küssen.

Mussolini, der Möchtegern-Politiker, Chef einer bunt zusammengewürfelten Gruppe von Kriegsanhängern, die sich mit den Sozialisten prügelte, tiefer gesunken denn je. Sarfatti ließ sich davon nicht beirren, glaubte nach wie vor an seine große politische Karriere. Auch in Zukunft würde er mit ihrem Beistand rechnen können. Geistig, körperlich, finanziell. Es gelang ihr, ihn zu überzeugen, sich die schlechten Manieren abzugewöhnen. Keine Flüche und Obszönitäten mehr, damit macht man keinen Staat! Sie begeisterte ihn für das römische Imperium, gab ihm Bücher zu lesen. Platon, Aristoteles, Machiavellis *Il Principe*. Bald kehrte sein alter Kampfgeist zurück. So leicht würde er sich nicht geschlagen geben. Das Vaterland brauchte ihn, dringender denn je. Bürgerkrieg oder Diktatur – eine andere Alternative gab es nicht: »Italien hatte keine Wahl, den Mann zu wählen, der es regieren sollte«, schrieb Sarfatti. »In gewisser Weise musste es Mussolini sein. Warum? Ganz einfach, weil es keinen anderen gab.«[17]

In den kommenden Jahren würden beide unermüdlich daran arbeiten, an die Macht zu gelangen, der zukünftige Diktator und Sarfatti, seine Egeria, Nymphe und Geliebte des zweiten Königs von Rom, die ihren Herrscher in allen wichtigen Fragen beriet. Weder sie noch Mussolini ahnten, dass sich ihre Träume schon in kurzer Zeit erfüllen würden. Margheritas dringendster Wunsch: die Gründung einer Künstlergruppe, deren Werke ihren ästhetischen Vorstellungen entsprachen. Das Geheimnis des großen Stils, klassische Schönheit, die Hoffnung auf eine zweite Renaissance. Kernpunkt dieser Ästhetik: die Synthese, Erbe des späten Boccioni. Der Krieg und seine fatalen Folgen hatten ein großes Bedürfnis nach Harmonie, Klarheit und Ordnung geweckt. Reine Formen, scharfe Konturen und das klassische hierarchische Verhältnis der einzelnen Teile zum Ganzen als Antithese zu Chaos, Tumult und Anarchie.

Im Frühjahr 1919 erscheint in einem Ausstellungskatalog zum ersten Mal das Manifest *Gegen alle Rückkehr in der Malerei*[18]. Januar 1920 wird es in futuristischer Manier als Flugblatt verteilt. Unterzeichner sind die Künstler Funi, Russolo, Dudreville und Sironi. Der Text richtet sich vor allem gegen die römische Malergruppe um Giorgio De Chirico. Reine Nachahmung, heißt es darin, sei zu verwerfen, Synthese das einzig akzeptable Ziel, dies gelte sowohl für die Farbe als auch für die Form. Gedankengut des Sarfatti-Salons, von Margherita selbst in zahlreichen Artikeln beschrieben und diskutiert. Es sind die ersten Ansätze eines neuen kollektiven Stils. Der von Sarfatti am meisten geschätzte Künstler war Mario Sironi. In seinen *Stadtlandschaften* fand sie, was sie seit Jahren einforderte. Sironi, Kriegsfreiwilliger, Freund und Anhänger Boccionis, zählte sich seit 1915 zu den Futuristen. Margherita Sarfatti wurde 1916 auf ihn aufmerksam und rezensierte seine Bilder. Während seiner Beurlaubung vom Radfahrerbataillon lud sie ihn zu sich ins Soldo ein. Hier entstanden zwischen 1916 und 1918 sechs Sarfatti-Porträts, vier Ölbilder und zwei Radierungen. Einige davon zeigen eine nachdenkliche und melancholische Sarfatti. Große dunkle Augen, ein nach unten gebogener Mund – das ist keine Frau, die in Zuversicht und Glückseligkeit schwelgt. Im Jahre 1919 entsteht Sironis Bild *Synthese einer Stadtlandschaft*[19]. Ein antifuturistisches Gemälde. Kein Radfahrer, kein Fahrzeug, kein Dynamismus. Stattdessen reine, nüchterne Architektur, statisch, ohne Menschen, ohne Baum. Die Straße, Zentrum des Bildes, führt geradeaus. An der Seite stehen harte, scharfkantige Wohnblöcke in graubraunen Farbtönen. Eine entseelte Stadtlandschaft, aber ohne Resignation, ohne zerstörerische Melancholie. Die Straße führt aus der Vorstadt hinaus, hin zu einem hellen grauweißen Fleck am Horizont.

Sarfatti hatte vor der drohenden Entfremdung des Menschen, eingepfercht in billigen, praktischen Wohnblocks, gewarnt. Trotzdem war sie zeitlebens eine Bewunderin des Fortschritts und der Technik. Mit Begeisterung verfolgte sie die Erfindungen ihres Jugendfreundes Marconi, verwies auf die Bedeutung der Helmholtz'schen Spektralanalyse für die Malerei des Impressionismus. Ohne Zögern bat sie D'Annunzio, sie bei seinem Flug nach Tokio mitzunehmen. In einem Brief vom Sommer 1919 flehte die Neununddreißigjährige ihn geradezu an, versicherte ihm, dass sie an Sport gewöhnt, dass sie stark und widerstandsfähig sei, dass sie trainieren werde. Sie sei die erste Frau, die über 4300 Meter hoch geflogen war. Natürlich verspreche sie ihm absoluten Gehorsam und Verschwiegenheit.

Aber Sarfattis Hoffnungen sollten sich bald zerschlagen. Es gab Wichtigeres für sie zu tun. Ihre Künstler brauchten sie. Endlich gelang es ihr, eine Gruppenausstellung mit Sironi, Funi, Bucci, Dudreville und Marussig zu organisieren, Künstler des zukünftigen *Novecento*. Ein Freund von ihr leistete finanzielle Unterstützung für ein außergewöhnliches Experiment: eine eigene Galerie der Künstler, drei Räume in einem Kellergeschoss – voll mit Schimmel, Sägespänen, Sackleinen und Farbe –, wo sich nach der Eröffnung kaum ein Besucher blicken ließ. Der Erlös der Bilder sollte jungen Malern und Bildhauern zugedacht werden. Ein edles Ansinnen, das sich binnen einem knappen Jahr als Luftschloss erwies. Sironi stellte hier zum ersten Mal seine *Stadtlandschaften* aus. Auch De Chirico, Carrà, Soffici und andere namhafte Künstler machten mit. Während einer der Ausstellung gewidmeten Konferenz warb Sarfatti für ihr Projekt einer modernen italienischen Klassizität. Carrà, Funi und Sironi wurden von ihr besonders hervorgehoben. In Sironis Bildern würden die verstörenden und beängstigenden Aspekte des modernen Lebens in die Harmonie einer klassischen Komposition zurückgeführt werden. »Fühlen Sie nicht, dass diese gesamte chaotische Epoche von der tragischen Suche nach einer kollektiven und, wenigstens für einige Zeit, definitiven Ordnung erschüttert wird?«[20]

Die politische Situation Italiens gestaltete sich in der Tat immer chaotischer. Außen- wie innenpolitisch. Wer würde die Streikenden bändigen, wer würde endlich handeln, damit wieder Ruhe und Ordnung im Lande herrschte, damit die Züge wieder fuhren, damit es wieder Brot gab? Premierminister Nitti sah sich gezwungen zurückzutreten. Nur einer blieb, auf den sich noch etwas Hoffnung richtete: Giolitti, Pazifist und Neutralist. Im September besetzten die Arbeiter einen Großteil der Fabriken. Sie gründeten Arbeiterräte nach russischem Vorbild, die die Leitung der Betriebe selber in die Hand nahmen – und kläglich scheiterten. Was mochte das für die Zukunft bedeuten? Wochenlanger Stillstand der Produktion, große finanzielle Verluste, Enteignung? Auf dem Land war die Situation noch schlimmer. Die Ernte konnte nicht warten, verdarb auf den Feldern, während die Bevölkerung Hunger litt. Albanien, mühelos von den Italienern besetzt, erkämpfte seine Unabhängigkeit. Eine Demütigung, wie der *Popolo* schrieb. Rigoroses Handeln sei gefragt, ehe dieses Freiheitsstreben weiter um sich greife. In Triest hatten sich bereits die faschistischen *Squadre* formiert, Mussolinis Sturmabteilungen. Mit Knüppeln und Fäusten lehrten sie Slowenen und Sozialisten das Fürchten. Ihr Beispiel fand eifrige Nachahmer. Überall formierten sich jetzt die *Squadre*. Ihre Feinde: Sozialisten und Kommunisten. Ihre Strategie: den Gegner blitzartig überfallen. Ihr heimlicher Unterstützer: der italienische Staat. Zuerst wurden die Schwarzhemden von Giolitti nur geduldet, froh, dass den Sozis endlich ein Denkzettel verpasst wurde, später bekamen sie sogar Geld und Waffen. Das war das endgültige Aus für Italiens innere Sicherheit. Im Lande herrschte Bürgerkrieg. Rot gegen schwarz. Straßenschlachten, verbrannte Häuser, Tote und Verletzte.

An einem Frühlingstag, im März 1921, als sie ihren Gästen gerade Tee einschenkte, schreckte Sarfatti von einem lauten Knall hoch. Das Haus schien zu bersten, die Teekanne in ihrer Hand zitterte. »Wir eilten ans Fenster: die Straße war leer. Aber nach zwei Minuten tödlichen Schweigens – jener Stille, die dem Sturm vorauszugehen pflegt – sahen wir Menschen wie irrsinnige Gespenster mit lebhaften Gebärden vorüberlaufen, und dann, noch immer schweigend, ergoss sich die Menge durch die Straßen. Kein Laut, kein Schrei, nur hier und da im Fliehen ein verzweifeltes Emporheben der Arme. So flohen sie. Es schien, als hätten sie dort, in dem Höllenschlund, aus dem sie kamen, die Sprache verloren. Das Geheul brach erst später los, als die klägliche Prozession der Wagen und Bahren durch die trauernde Stadt zog, auf denen die Opfer aus dem Volkstheater *Diana*, wo anarchistische Bomben die Zuhörer einer Operette hingeschlachtet hatten, davongetragen wurden.«[21]

Dank jener anarchischen Zustände konnten die Faschisten im Jahre 1921 ihren ersten großen Erfolg verbuchen. Giolitti wollte das Parlament auflösen und Neuwahlen ausrufen. Dazu brauchte er einen Verbündeten. Die Faschisten wurden inzwischen von Bankiers, Industriellen und Grundbesitzern großzügig unterstützt. Mit etwas gutem Willen ließ sich aus diesen Raufbolden eine ernst zu nehmende politische Kraft machen. Die Italiener waren der vielen Streiks längst überdrüssig. Später würde er Mussolini ausbooten und wieder in seine Schranken verweisen.

Ein politischer Schachzug mit fatalen Folgen. 35 Sitze konnten die Faschisten nach den Wahlen für sich verbuchen. Eine Horde von Rüpeln zog zum Montecitorio, Sitz des italienischen Parlaments, und pöbelte dort herum. Man beachtete sie kaum, sagte ihnen eine kurze Amtszeit voraus. Mussolini habe viel zu sehr mit den Machtkämpfen innerhalb der faschistischen Bewegung zu tun. Insbesondere mit den sogenannten Ras: Dino Grandi in Bologna, Italo Balbo in der Emilia oder Roberto Farinacci in Cremona – das waren unabhängige faschistische Führer, eine ernst zu nehmende Konkurrenz. Systematisch zerschlugen sie die sozialistisch regierten Gemeinden. Wer nicht freiwillig ging oder sich weigerte, den *Fasci di Combattimento* beizutreten, dem drohte der Manganello, ein langer gedrechselter Hartholzknüppel, Urwaffe der Faschisten. Sarfatti zieht in ihrer Mussolini-Biografie einen makabren Vergleich, setzt die Ras und ihre Schlägertruppen mit den Kasperlefiguren eines Puppentheaters gleich. Auch Pulcinello und Arlecchino hätten die Übeltäter mit Stockschlägen bestraft. Mord und Totschlag als burlesker Scherz, von der Volksmenge auf der Straße begafft. »So sehr auch die Gewaltanwendung zu bedauern ist«, zitiert sie Mussolini, »so muss es doch einleuchten, dass wir, um unseren Ideen in anderen Köpfen Geltung zu verschaffen, auf den widerspenstigen Schädeln herumtrommeln müssen.«[22]

Prügeln und Morden im Namen der Kriegstoten. Zur Ehre

der gefallenen Helden. Mussolini rechtfertigte in seinen Reden die Gewalt der Squadre mit Robertos Tod. Und Cesare, der Vater, der aus Trauer über seinen Sohn nur noch schwarze Anzüge trug? Wie passt das zusammen? Sie, die die Gewalt gegen die Sozialisten für unausweichlich hält. Er, der 1915 aus der PSI ausgetreten war und Mussolini nach wie vor unterstützte, aber sonst lieber seine eigenen Wege ging. Margherita bemühte sich, ihr Verhältnis mit Mussolini nicht öffentlich zu zeigen. Wenn die beiden sich trafen, gingen sie getrennt ins Hotel. Cesare muss davon gewusst haben, nahm es hin, auch er vergnügte sich mit anderen Frauen. Der Sohn Amedeo sympathisierte mit den Faschisten, die Ehefrau tat alles, Mussolini an die Macht zu bringen. Nur Cesare hielt sich zurück. Eine letzte trotzige Geste, den Nebenbuhler zu verdrängen? Vielleicht blieb er deshalb im Grunde seines Herzens Sozialist: weil die Liebe und Trauer um Roberto ihm gebot, am Sinn von dessen Tod zu zweifeln. Eine persönliche, stille Art, den Toten zu ehren, ganz im Gegensatz zu seiner Frau.

Margherita konnte mit diesem Gegensatz gut leben. Wichtig war, dass die Familie nicht auseinanderfiel. Darin bestand für sie eine der Hauptaufgaben der faschistischen Frau: Unbedingt Ordnung und Stabilität in den eigenen vier Wänden garantieren. Nur so würden Ordnung und Hierarchie auch im Staat funktionieren. Längst gab es die *Fasci Femminili*, militärisch organisierte Frauengruppen in schwarzen Blusen und wadenlangen Röcken, auch sie gewaltbereit. Undenkbar, dass eine Sarfatti im Gleichschritt mit Kameradinnen marschierte, von Gemeinde zu Gemeinde ziehend, und die Sozialisten mit dem Manganello malträtierte. Diese »heroische« Aufgabe blieb ein für alle Mal Männersache.

Nach und nach wurde der Sozialismus im Agrarland Italien in die Knie gezwungen. Was den sozialistischen Führern nicht gelungen war – Mussolini brachte es fertig. Er vollführte das Kunststück, Republikaner, Monarchisten, Arbeiter und Industrielle, Bauern und Großgrundbesitzer zu vereinen und eine Spaltung seiner Bewegung zu verhindern. Nur die eigenen Leute konnten ihm auf Dauer gefährlich werden, die Balbos, Grandis und Farinaccis. In Sarfattis Augen rücksichtslose Egoisten, Männer der blutigen Tat, die andere gerne opferten. »Man fragt sich oft, ob die Hilfe, die der Duce in der ersten Zeit von ihnen hatte, bedeutend größer war als die ernsten Unannehmlichkeiten, die sie ihm später bereiteten.«[23]

Das sind klare Worte. Als hätte Sarfatti geahnt, dass Farinacci eines Tages auch für sie gefährlich werden könnte. Vielleicht witterte sie damals schon die Bedrohung, die von ihm ausging. Vielleicht war sie es sogar, die Mussolini wenig später dazu überredete, Farinacci zu entmachten. Darin lag Sarfattis große Schwäche: die Menschen zu verprellen und deren Rachegelüste zu unterschätzen. Farinacci hatte einen todsicheren Verbündeten: die Zeit. Das Fortschreiten des Alters ließ sich nicht aufhalten. Margheritas Rechthaberei, die Fältchen um Augen und Mund – äußerst unerfreulich. Bald würde Mussolini auf seine Egeria nicht mehr angewiesen sein. Sie würde ihm lästig werden, unbequem. Dann würde Farinaccis Stunde schlagen.

Doch bis dahin musste noch eine Menge geschehen. Bis zur endgültigen Machtergreifung gab es für Margherita Sarfatti und ihren Geliebten noch einige Hindernisse zu überwinden. Der Sprung ins Parlament war erfolgreich geglückt. Auch bei der Ruhigstellung seines stärksten Gegners sollte Giolitti, ohne es zu ahnen, Mussolini den Weg ebnen. D'Annunzio, vom Volk geliebt und gefeiert, prädestiniert für einen Staatsstreich – ihn hatte Giolitti, sonst vorsichtiger Taktierer, kurzerhand aus dem Weg geräumt. Im Rapallo-Vertrag von 1920 verzichtete Italien auf Dalmatien. Fiume sollte Freistaat werden. Die Legionäre benahmen sich immer ungehobelter, stifteten Unruhe, prassten, vergewaltigten. Man wollte sie endlich loswerden. D'Annunzio hatte sich stark verändert, sprach von einer linken Revolution. Sogar mit den Bolschewisten verhandelte er, kündete lauthals von einem Marsch auf Rom.

Am 24. Dezember 1920 ließ Giolitti die Stadt Fiume angreifen. Der Kampf zwischen Legionären und italienischem Militär ging als »Blutige Weihnachten«[24] in die Geschichte ein. D'Annunzio musste sich ergeben, gedemütigt, deprimiert, enttäuscht von seinen Freunden, die ihn so schmählich im Stich gelassen hatten. Wo war Mussolini mit seinen Fasci geblieben? Verräter! Sogar im *Popolo* war der Rapallo-Vertrag begrüßt worden.

Mussolini fand, dass die Zeit noch nicht reif, dass die faschistische Bewegung noch nicht stark genug sei für eine Revolution. Mit Margheritas Hilfe hatte er versucht, über Venedig nach Fiume zu gelangen. Ein Abenteuer, bei dem es ihr erfolgreich gelungen war, die polizeilichen Verfolger abzuwimmeln. Sie hatte ihn durch dunkle verwinkelte Gassen geführt, Wege, die nur eingeborene Venezianer kennen, wie Casanova auf der Flucht. Margherita hatte sich zwar königlich amüsiert, aber sich nach Fiume einzuschiffen war Mussolini erst später gelungen. Nicht, um D'Annunzio zu helfen oder ihm Geld für seine Feste, den Wein, das Kokain zu schenken, sondern weil er von D'Annunzio noch eine Menge lernen konnte. In diesem Punkt hatte Sarfatti recht. Das Volk sehnte sich nach einem Führer, einem neuen Cäsar, der die Masse lenkt und mit sich reißt. Die »Eia, eia, alalà«-Rufe, D'Annunzios feurige Reden vom Balkon, die religiösen Symbole und Massenrituale, der römische Gruß mit vorgestrecktem Arm – all das wird Mussolini übernehmen.

Aufrechte, edel gesinnte Faschisten brauchte das Land, keine Diebe und Mörder. Das musste irgendwann auch dem letzten begriffsstutzigen Ras einleuchten. Jetzt kam es darauf an, dem Faschismus ein visionäres, makelloses Antlitz zu verpassen.

Ende 1921 wurde die *Partito Nazionale Fascista* (PNF) gegründet. Ihr Programm verdeutlichte einen auffälligen Rechtsruck. Hauptpunkte waren die Dezentralisierung der Wirtschaft, das Ankurbeln der Privatwirtschaft, das Streikverbot im öffentlichen Dienst. Von Verstaatlichung des Grundbesitzes war nicht mehr die Rede, in der Frage »Republik oder Monarchie?« gab man sich neutral. Für die Zukunft würde Mussolini den Italienern beweisen, dass hinter der faschistischen Partei mehr als ein Haufen Raufbolde steckte. Und Margherita Sarfatti würde ihn dabei unterstützen. Mit ihrem Einsatz würde sie dem Faschismus zu einem theoretischen Fundament verhelfen.

Im Januar 1922 erscheint die erste Nummer der *Hierarchie*, Sarfattis ideologisches Laboratorium, Nachfolgerin der *Ardita*. Philosophie, Kunst und Literatur sind die großen Rubriken dieser Monatszeitschrift. Mussolini ist bis 1924 ihr Direktor, Sarfatti erst Chefredakteurin, dann selbst Direktorin. Alles liegt in ihren Händen: die Themen, die Auswahl der Autoren, die Finanzierung. Sironi gestaltet die Deckblätter, Don Brizio Casciola schreibt über religiöse Fragen, und der Philosoph Giovanni Gentile erläutert seine faschistischen Theorien. Sarfatti hingegen wird sich nach wie vor ihrem ehrgeizigsten Projekt widmen: der Entwicklung einer großen nationalen Kultur. Sie ist nicht zufrieden mit Italiens Kunst und Literatur.

Dazu kennt sie sich auch international viel zu gut aus. Italien muss endlich seinen Provinzialismus überwinden. Wo bleibt der romagnolische Swinburne, der lombardische Proust? Weit und breit nichts Vergleichbares. »Unsere Literatur [...] ist gesund, zu gesund, friedliebend, nicht erfinderisch, hausgemacht; Privatküche, gekochtes Rind und gegrillter Braten, ohne pikante Soßen.«[25]

Getreu ihrer Überzeugung, dass der Intellektuelle die Masse zu erziehen habe, plädierte sie für den Austausch zwischen den Museen, eine bessere Pflege und Erhaltung der Gebäude und Werke. Wer lernen wolle, müsse auch Gelegenheit dazu haben. In diesem Sinne appellierte sie an einen einfachen Stil, ohne verschraubten Intellektualismus. Auch in der Literatur. Ideales Vorbild dafür seien die Engländer, allen voran Charles Dickens. Es sei unbedingt notwendig, die eigenen ästhetischen Ansprüche der kollektiven Idee unterzuordnen. Am besten wäre natürlich beides: höchster ästhetischer Wert, verknüpft mit breiter moralischer Wirkung beim Publikum. So wie bei Kipling. So, wie sie es sich für die Zukunft auch von den italienischen Malern erhoffte.

Herbst 1922, nur wenige Wochen vor dem legendären Marsch auf Rom, gelingt es Sarfatti, die von ihr seit Langem erträumte Künstlergruppe ins Leben zu rufen, den *Novecento*. Die auserwählten Maler sind Sironi – damals bereits Karikaturist des *Popolo* –, Funi, Oppi, Malerba, Dudreville, Marussig und Bucci. Sie verpflichten sich, nur noch als Gruppe auszustellen. Keiner darf allein mit konkurrierenden Galerien verhandeln. Dafür wird der Galerist Pesaro für Werbung und andere Ausgaben aufkommen und in seinem Schaufenster die Gemälde der Gruppe zeigen. Jede Woche ein neues Bild. Immer der Reihe nach. Margherita Sarfatti kümmert sich um Presse-

und Öffentlichkeitsarbeit. Sie legt Wert darauf, dass nur wenige Künstler partizipieren, denn »wenige regieren besser«. Schließlich wolle man »eine Richtschnur für die gesamte italienische Malerei«[26] festlegen. Ein Anspruch, der nicht von allen Künstlern geteilt wurde, sich aber in dem Namen der Gruppe (*Novecento* bedeutet 20. Jahrhundert) widerspiegelte. Begriffe wie *Quattrocento* oder *Cinquecento* beschreiben die große italienische Kunst vergangener Jahrhunderte. Mit dem Namen *Novecento* wollte man an diese Tradition anknüpfen. In den Augen vieler eine ungeheure Anmaßung. Daher einigte sich die Gruppe zeitweilig auf den Namen »Sieben italienische Maler des 20. Jahrhunderts«. Nur Sarfatti beharrte weiterhin auf *Novecento* – und setzte sich allmählich durch. Im Laufe der Jahre hatte sie sich ein weitverzweigtes Netz von Kontakten und Beziehungen geschaffen, kaufte, sponserte, vermittelte und schrieb – sie durfte sich zu Recht als eine der einflussreichsten Kunstkritikerinnen Italiens betrachten. Jetzt wollte sie ihre eigenen ästhetischen Vorstellungen verwirklicht sehen. Der Impressionismus, der Futurismus – beides Kunstrichtungen, die es endlich zu überwinden galt. »Kleine Spießbürger waren wir geblieben«, schreibt sie in der Zeitschrift *Italien*, »eingesperrt in einen Winkel unserer alten Kulturtradition.«[27]

Den einzig möglichen Ausweg aus dieser »Misere« sah Margherita im Vorbild Paul Cézannes. Der Weg zu den alten Meistern könne nur über die Natur gehen. Die einfache nackte Form – darauf käme es an. Nichts Destilliertes oder Gewundenes, nichts Zufälliges oder Willkürliches dürfe es geben. Weder in der Kunst noch in der Politik.

Es ist kein Zufall, dass die Gründung des *Novecento* ausgerechnet in die Zeit kurz vor dem Marsch auf Rom fiel. Alle Zeichen standen auf Veränderung. Weite Landstriche

Italiens wurden jetzt vom Faschismus regelrecht überrollt. Nur einige sozialistische Hochburgen wie Turin, Parma, Rom und das südliche Italien hielten dem Druck stand. Mussolini sah sich immer öfter gezwungen, die Squadre zu bändigen. Manche Einheiten drohten ihm aus dem Ruder zu laufen. Das Quadrumvirat, eine Art Generalstab, wurde mit der Aufgabe betraut, für Disziplin zu sorgen. Mit der Gründung einer faschistischen Gewerkschaft konnte Mussolini viele Arbeiter und Bauern, aber auch Industrielle und Großgrundbesitzer auf seine Seite ziehen. Ein neuer Generalstreik kündigte sich an. Luigi Facta, seit Februar 1922 Ministerpräsident, demissionierte. Innerhalb von wenigen Tagen gab es ein unübersichtliches Gerangel und Geschiebe um die Nachfolge. Spielfigurenkabinett. Am Ende war es doch wieder Luigi Facta.

Einen Tag später begann der Generalstreik, der als »Legaler Streik« in die Geschichte eingehen sollte. Gegen faschistische Gewalt, für eine neue, linke Regierung, so lautete die Parole. Filippo Turati hatte sogar mit dem König persönlich über eine Regierungsbildung verhandelt. Er und die anderen Reformsozialisten wurden dafür mit dem Ausschluss aus der Sozialistischen Partei abgestraft. Sie gründeten ihre eigene Partei. Mussolini hatte allen Grund zu frohlocken. Je chaotischer, je desolater die Situation, desto besser. »Der Faschismus sprang den Streik an und zerriss ihm die Lenden«[28], schreibt Sarfatti. Die neu formierten disziplinierten Schwarzhemden ersetzten die Streikenden, wo es nur ging. In der Straßenbahn, in den Geschäften, in den Fabriken. Das öffentliche Leben lief einfach weiter.

Es wurde eine der größten Niederlagen der sozialistischen Führer. Nach und nach gerieten jetzt auch die italienischen Großstädte in faschistische Hand. D'Annunzio hielt in Mailand eine feierliche Rede. Der Marsch auf Rom war schließlich seine Idee gewesen, und Mussolini sollte ihm nicht zuvorkommen. In Regierungskreisen bemühte man sich um die Mitarbeit des Dichtergenerals. Lieber eine Regierung von verstiegenen Künstlern als eine Diktatur von hemmungslosen Schlägern. »Rom, oh du mein hehres Rom, wirst du dich einem Schlächter hingeben?«[29], rief D'Annunzio aus, als er von Mussolinis Vorhaben erfuhr. Alle antifaschistischen Kräfte mussten jetzt mobilisiert werden. Die Vereinigung der Kriegsinvaliden, sogar der Gewerkschaftsbund machte mit. Der Dichtergeneral tüftelte schon an der Rede, die er in Rom, Endstation seiner Heldentaten, vor einer jubelnden Menge halten würde.

Doch dann kommt der 13. August 1922, ein Unglückstag. Gabriele D'Annunzio stürzt aus dem Fenster seines Wohnhauses. Ursache ungeklärt. Ein Zufall? Ausgerechnet dann, als Mussolini befürchten muss, dass seine ehrgeizigsten Pläne durchkreuzt werden? D'Annunzio kommt mit einer Kopfverletzung davon. Aber die reicht aus, ihn bis zur Machtergreifung Mussolinis unschädlich zu machen.

Jetzt hat Mussolini freie Hand. Tausende von Schwarzhemden marschieren durch die norditalienischen Städte. Sarfatti bleibt in diesen Tagen ständig an seiner Seite. Sie fahren zusammen nach Udine, zum Parteikongress nach Neapel, wo am 24. Oktober die Mobilmachung der Faschisten beschlossen wird. Die Masse wartet auf seine aufpeitschenden Worte, den alles entscheidenden Befehl. »Entweder geben sie uns die Regierung, oder wir nehmen sie, fallen über Rom her und packen die elende herrschende politische Klasse an der Gurgel«, ruft Mussolini den Schwarzhemden zu. Das ist genau das, was sie hören wollen. »Nach Rom! Nach Rom!«[30] – mit diesen Worten löst sich die Versammlung auf. Man ist gerüstet, das Ziel zum Greifen nah. Aber der, auf den es nun ankommt, der

Führer des zukünftigen faschistischen Staates – plötzlich zögert er. Als würde Mussolini, jetzt, da er kurz vorm Ziel, vor irgendetwas zurückschrecken.

Angst vor der eigenen Courage? Vor *dem* Misserfolg seines Lebens? Vielleicht fürchtete er, dass sich das Schicksal doch noch gegen ihn wenden würde. Alles schien möglich. Man versuchte, ihn mit diversen Ministerposten zu locken. Vergeblich. Entweder alles oder nichts. Entweder Ministerpräsident oder faschistische Revolution. Das und nichts anderes hatte ihn Mazzini, Vordenker des *Risorgimento*, gelehrt. Doch was war mit dem Militär? Luigi Facta ließ in Rom Soldaten aufmarschieren, gut bewaffnet, dem König treu ergeben.

Margherita Sarfatti muss energisch auf ihren Liebhaber einreden. Noch würde die Angst vor der roten Gefahr der herrschenden Klasse in den Knochen sitzen, noch ließe sich die angestaute Energie der Schwarzhemden zügeln und lenken. Nur wenige Tage zuvor hatten sie die Strategie für den Marsch noch einmal im Soldo besprochen. Erst die großen Städte einnehmen, Polizeidienststellen, Postämter, Zeitungsredaktionen besetzen, und dann von drei Seiten gen Hauptstadt marschieren. Es gab kein Zurück mehr. Sie hatte eine Menge Geld investiert. Die faschistische Partei war so gut wie pleite gewesen. »Jenen Marsch musste man machen«, sagte Sarfatti Jahre später. »Er war nicht mehr verschiebbar ... Und ich wollte nicht mein Geld verlieren, das war keine unbeträchtliche Summe.«[31]

Eine Million Lire ihres Privatvermögens hatte sie spendiert. Und Mussolini saß seelenruhig neben ihr im Theater und schaute sich ein Lustspiel von Molnár an. Mitte des zweiten Aktes war ein Redakteur des *Popolo* erschienen und hatte durch wildes Gestikulieren auf sich aufmerksam gemacht. Doch Mussolini wollte ihn anscheinend nicht sehen. Sarfatti flüsterte ihrem Geliebten etwas zu, forderte ihn auf, nach draußen zu gehen. Aber der ließ sich nicht aus der Ruhe bringen, bedeutete seinem Redakteur, zu schweigen und sich neben ihn zu setzen. Erst in der Pause hörte Mussolini ihm zu. Farinacci, hieß es, habe seine Schwarzhemden angeblich nicht mehr halten können. Sie hätten bereits die Präfektur von Cremona gestürmt. Blutige Zusammenstöße, Tote auf beiden Seiten. Und Benito? Der, in den Margherita Sarfatti all ihre Hoffnung gesetzt hatte, was tat er? »Verschwinden wir ins Soldo«, raunte er ihr zu, »verbringen wir ein paar Tage in der Schweiz, um zu sehen, was passiert!«[32] Sarfatti glaubte, sich verhört zu haben. Das war nicht Mussolini, der neue Cäsar, sondern ein feiger, unentschlossener Kerl, ein Drückeberger, unfähig, sich der Bedeutsamkeit dieser historischen Stunde zu stellen. Dafür, für diese einmalige, womöglich für immer verpasste Chance, war Roberto nicht gestorben. Sie brachte kein Wort über die Lippen, nur aus ihren Augen sprach tiefe Verachtung. Als wollten sie sagen: »Entweder marschieren oder sterben. Aber ich bin sicher, du marschierst.«[33] Mussolini verstand. Er schwieg betreten. Dann ging er zurück in den Zuschauerraum und schaute sich den letzten Akt des Lustspiels an. Anschließend, in der Redaktion des *Popolo,* war von einem Urlaub in der Schweiz keine Rede mehr. Um Mitternacht setzten sich die anderen faschistischen Marschkolonnen wie besprochen in Bewegung. Am darauffolgenden Morgen, dem 28. Oktober 1922, wurden die Redaktionsräume von Polizisten umstellt. Für den Duce kein Problem. Dem Mailänder Polizeipräsidenten wurde ein hohes politisches Amt versprochen. Sarfatti blieb jetzt ständig an Mussolinis Seite. Von überall her trafen neue Nachrichten ein. Befehle mussten weitergeleitet werden. Die Organisation des Marsches klappte nicht so wie erhofft. Es gab nicht genug Waffen und Munition, kein Essen, dafür Missverständnisse und Pannen. Zehntausende Schwarzhemden marschierten Richtung Rom. Dort erwartete sie bereits das Militär, diszipliniert, einsatzbereit. Luigi Facta hatte vorsichtshalber den Belagerungszustand angeordnet. Alles hing jetzt vom König ab. Würde er das Dekret über den Belagerungszustand unterschreiben? Würde er befehlen, die Schwarzhemden aus dem Weg zu räumen? Einige Militärführer sympathisierten mit den Faschisten. Und dann war da noch der Herzog von Aosta, bereit, den König zu stürzen. Dieses Risiko wollte Vittorio Emanuele auf keinen Fall eingehen. Es gab nur eine Lösung: den Belagerungszustand aufheben und Mussolini per Telefon zum Ministerpräsidenten ernennen. Dieser nahm die Nachricht freudig entgegen, wollte sie aber lieber schwarz auf weiß sehen. Wenig später, es war der 29. Oktober 1922, traf das königliche Telegramm ein. Der lang ersehnte Augenblick war gekommen. »Se a i foss'e ba«[34], sagte Mussolini in romagnolischem Dialekt zu seinem Bruder Arnaldo. »Wenn's doch den Papa noch gäbe.« Am Abend fuhr Margherita ihn mit dem Auto zum Bahnhof. »Auf dem Bahnsteig«, berichtet sie, »sprach er ein paar kurze Worte: ›Morgen früh hat Italien kein Ministerium, sondern eine Regierung.‹ Dann wandte er sich an den Stationsvorstand: ›Ich möchte mit fahrplanmäßiger Pünktlichkeit abfahren. Von jetzt ab muss alles vorzüglich klappen.‹«[35] Zwei Tage später trafen auch die letzten faschistischen Marschkolonnen in Rom ein. Ihnen blieb nur, dem König und ihrem Führer zuzujubeln. Viva il Re! Es lebe der König! Danach wurden die Schwarzhemden wieder nach Hause in ihre Dörfer und Gemeinden geschickt. Sie sollten die Römer nicht in Unruhe versetzen.

Mussolini war mit seinen 39 Jahren der bis dahin jüngste Ministerpräsident Italiens. Er schien bestens vorbereitet, präsentierte dem König sofort seine Ministerliste, darunter vier Faschisten. Zur Durchsetzung seiner Ziele drohte er dem Parlament notfalls mit Gewalt. Alle staunten über seinen Elan, sein politisches Geschick. Im Ausland zeigte man sich begeistert. November 1922 gestand ihm das Parlament für ein Jahr absolute Vollmachten zur Wiederherstellung der Ordnung und zur Durchsetzung wirtschaftlicher und administrativer Reformen zu. Nur wenige wagten es, sich ihm zu widersetzen. Don Sturzo, Gründer und Vorsitzender der Italienischen Volkspartei, war einer von ihnen. Er verurteilte die Übergriffe der Faschisten auf die Katholiken, wollte nur als Gleichberechtigter mit ihnen zusammenarbeiten, nicht als Sklave. Aber da kannte er den Duce schlecht. Dieser forderte die Minister der Volkspartei auf, sofort zurückzutreten, setzte eine Pressekampagne gegen Don Sturzo in Gang. Der Vatikan fühlte sich berufen, den neuen Ministerpräsidenten zu unterstützen. Mussolini hatte sich in letzter Zeit höchst entgegenkommend gezeigt. Er werde den Religionsunterricht in den Volksschulen, das Kruzifix in Klassenzimmern und Gerichtssälen wieder einführen und andere katholische Forderungen erfüllen. Zeit für Don Sturzo zu gehen. Die Italienische Volkspartei, gespalten in Gegner und Sympathisanten der Faschisten, spielte praktisch keine Rolle mehr.

Andere, weitaus wichtigere Maßnahmen Mussolinis waren die Konstitution des Faschistischen Großrats und die Gründung der Freiwilligen Miliz für Nationale Sicherheit, eine Art Leibgarde der faschistischen Partei, die ausschließlich Mussolinis Befehl unterstand. Sie setzte sich aus Kämpfern der berüchtigten Squadre zusammen, die auf diese Weise besser kontrolliert werden konnten. »Die Einordnung der faschistischen Schwarzhemdenformationen in die Miliz und die Einfügung der Miliz in den Staatskörper war die größte staatsmännische Tat, die er leistete«, schreibt Sarfatti. »Ein Geniestreich, so ähnlich wie jener von Tom Sawyer, der den Taugenichtsen in der Schule einzureden vermochte, dass es ein besonders rühmliches und vergnügliches Vorrecht sei, in den Ferienstunden die Mauern neu anzustreichen.«[36]

Vermutlich durchlebte Margherita Sarfatti in den Wochen nach Mussolinis Machtergreifung die aufwühlendste Zeit ihres Lebens. Ein Wechselbad der Gefühle, ein ständiges Pendeln zwischen emotionaler Hochstimmung, Wut und Verzweiflung. Dank ihrer Hilfe war ihr Geliebter das Staatsoberhaupt Italiens geworden. Das eröffnete auch für sie ungeahnte Möglichkeiten. Ein enormer Zuwachs an Macht, den sie in Zukunft für sich und ihre Projekte nutzen würde. Mussolini brauchte sie dringender denn je. Er stand unter großem psychischen Druck. Alle Welt schaute auf ihn, den Sohn eines Schmieds. Würde er sich als fähig erweisen, einem wirtschaftlich und moralisch zerrütteten Land Frieden, Wohlstand und Stabilität zu bringen? Oder würde er wie seine vielen Vorgänger scheitern? Mussolini war binnen eines Jahres vom gewöhnlichen Parlamentarier einer kleinen oppositionellen Fraktion zum Ministerpräsidenten aufgestiegen. Um ihn herum gab es viele Widersacher und Neider, wenigen konnte und wollte er vertrauen. Nur einen Einzigen hielt er für geeignet und kompetent genug, ihm in wichtigen Fragen zur Seite zu stehen, einen, der ihm niemals Konkurrent werden würde, da dieser eine Frau war: Margherita Sarfatti.

Von ihr verlangte er bedingungslose Unterordnung unter seine Wünsche und Ansprüche. Er war der Ministerpräsident – das war das Einzige, was zählte. Dass sie nur etwa alle zwei Wochen nach Rom kam und ihm ansonsten Liebesbriefe schrieb, genügte ihm nicht. Sie musste zu jeder Tageszeit erreichbar sein, wann immer er sie brauchte. Mussolini ließ eine Telefonleitung von Rom zum Soldo legen. So konnten sie wenigstens telefonieren. Auch die Straße zu Sarfattis Landhaus ließ er extra asphaltieren. Wenn er es einrichten konnte, besuchte er sie dort. Mit Sonnenbrillen getarnt, unternahmen sie Spaziergänge im Wäldchen Paradiso, berieten über politische Entscheidungen. Sarfattis Zeit war knapp. Das müsse sich dringend ändern, fand Mussolini. Er war nicht irgendwer, sondern der wichtigste Mann im Land. Eine Schande, ein persönlicher Affront, dass sie immer noch Antifaschisten wie diesen Borgese in ihren Salon einlud. Und Cesare? War es wirklich zu viel verlangt, dass er nur Faschisten als Klienten akzeptierte?

Aber Sarfatti schrieb für den *Popolo*, war Chefredakteurin der *Hierarchie*. Das erforderte ihre Anwesenheit in Mailand. Auch ihre Familie, ihre Kinder – die wollte sie auf keinen Fall im Stich lassen. Sie engagierte sich, so gut es ging. Ihre Fremdsprachenkenntnisse waren für Mussolini von unschätzbarem Wert. Die ausländischen Journalisten wandten sich direkt an sie, wenn sie den Staatschef interviewen wollten. Ihr Leben glich einer ständigen Zerreißprobe. An einem Ende zerrte Mussolini und das alte verehrte Rom, am anderen hing die Familie und die geliebte Metropole Mailand. Manchmal hielt sie diesem Hin und Her kaum stand. Es gab dramatische Szenen. Sie müsse sich opfern, verlangte Mussolini. Das könne sie nicht, jedenfalls nicht bedingungslos, entgegnete Sarfatti, in Trä-

nen aufgelöst. Danach versöhnten sie sich wieder. Bis der
Streit erneut ausbrach. Intellektuelle Erfüllung und sexuelle Befriedigung, danach der Abgrund, die Wut, Machtlo-
sigkeit. So konnte es nicht weitergehen. Mussolini musste
ein Einsehen haben. Früher oder später würde ihre Beziehung daran zerbrechen.

Als er sie wieder einmal in einem Brief um Verzeihung
bat, schrieb Margherita ihm einen langen Brief zurück.
»Mein absurder Liebhaber, tyrannisch und bewundert!«[37]
Natürlich wisse sie, dass er sie nicht persönlich meine,
wenn er all seinen Frust an ihr auslasse. Und dennoch: es
verletze sie sehr. Sicher habe er Angst, sie zu verlieren.
Aber trotzdem müsse er ihre Rechte und Bedürfnisse respektieren. Sie könne Cesare nicht vorschreiben, mit wem
er Bekanntschaft schließe. Er verdiene nach wie vor Mussolinis Vertrauen. Auch sie. Oder glaube er etwa, dass sie
ihre Ansichten wegen ein paar Antifaschisten in ihrem
Salon ändern würde? Ein Leben in Würde und Freiheit
brauche sie. Keinen krankhaft eifersüchtigen Liebhaber,
der ihren Mann anfeinde und sie in Konflikt mit ihren
Kindern bringe. Sie könne nicht schlafen, erleide Angst-
zustände. So viel habe sie für ihn getan, auch in schwierigen Zeiten, und immer zu ihm gehalten. Beweise das
nicht ihre ungebrochene Liebe? Ihr Herz und ihr Körper –
beides gehöre ihm. Aber ihr Geist, ihre Seele gehöre nur
ihr allein. Wie gern würde sie mit ihm in Rom leben. Als
Mann und Frau vereint. Aber so wie das Schicksal ihn an
Rom binde, sei sie eben an Mailand gebunden. Das sei der
Preis für ihre Liebe und die Erfüllung all ihrer Träume.[38]
Der Brief schien Wirkung zu zeigen. Mussolini hielt sich
von nun an zurück, Sarfatti führte ihr Leben, so, wie sie
es für richtig hielt. Sie schaute sich nach einer Wohnung
für ihren Geliebten um. Bis dahin hatte er im Hotel gelebt,

ständig mussten sie neue Tricks finden, um Mussolinis Bewachern zu entgehen. Endlich fand sie ein Appartement in der Villa Torlonia. Das Schlafzimmer mit roten und schwarzen Vorhängen, auf dem Boden ein roter Teppich, in einer Ecke eine Kniebank, darauf Kreuze und religiöse Bildchen. Mussolinis Aberglaube verbot ihm, diese Geschenke von Nonnen und alten Mütterchen einfach wegzuwerfen. Im Salon stand ein Flügel, zwei oder drei Geigen lagen auf dem Tisch, an der Wand ein römischer Adler mit ausgebreiteten Flügeln. Eine Bedienstete, Cesira, kümmerte sich um Haushalt und Liebesverabredungen. Sie war von Sarfatti höchst persönlich ausgesucht worden. Zuvor hatte sie bei D'Annunzio gedient, jetzt war sie Sarfattis wichtigste Informationsquelle. Bessere Zeiten brachen an. Mussolinis anfängliche Nervosität legte sich. Endlich konnten sie die Früchte ihrer gemeinsamen Arbeit genießen. Beide waren glücklich. Er fand Vergnügen an der eigenen Macht. Sie, von seinen Statthaltern als Inspiratorin anerkannt, sonnte sich im Widerschein ihres Ruhmes, zufrieden bei dem Gedanken, dass sie der Stimulus eines Supermannes war, und innerlich überzeugt, dass er teilweise ihre Schöpfung war.[39]

Sarfatti setzte in den folgenden Monaten und Jahren alles daran, die durch Mussolinis Machtergreifung neu entstandenen Möglichkeiten für sich und ihre Projekte zu nutzen. 1923 erschien zum ersten Mal die *Illustrierte Zeitschrift des Popolo d'Italia*[40]. Hier schrieb sie ausschließlich über Kunst, vor allem über ihre Malergruppe *Novecento*. In einem einfachen populären Stil. Man berichtete über die neuesten Modetrends, vor allem pflegte man den Mythos Mussolini. Neben den Berichten waren zahlreiche Fotos abgedruckt. Mussolini mit bedeutenden Persönlichkeiten im Gespräch, Mussolini mit seiner Familie, Mussolini beim Reiten, beim Tennis, Mussolini mit *Italia*, seiner Löwin.

Die war ihm von einem Zirkusdirektor geschenkt worden, lebte bei ihm zu Hause und pinkelte ihm den Teppich voll, bis sie eines Tages mit der Tatze nach ihm schlug. »Ich und meine Mutter«, erinnert sich Sarfattis Tochter, »verbanden mit diesem Löwen einen schrecklichen Gestank. Alle Zimmer in der Via Rasella stanken nach Zirkus.«[41] Die Löwin wurde schließlich in den Zoo gebracht, wo Mussolini sie von Zeit zu Zeit in ihrem Käfig besuchte, immer bereit, für ein Foto zu posieren. Mussolini, der Löwenbändiger – das war boulevardblattreif.

Mussolini in den Ferien, ca. 1923

Aber der Staatschef durfte sich nicht nur populär geben. Auch kultiviert und hoch gebildet sollte er erscheinen. Sarfatti sorgte dafür, dass er sich – wenigstens rein äußerlich – auch kunstinteressiert gab. Ein Allround-Supermann, sportlich gestählt, volksnah, intellektuell. Frühjahr 1923 krönte der Ministerpräsident durch seine Anwesenheit die Vernissage des Bildhauers Medardo Rosso. Ein von Sarfatti hoch verehrter Künstler, der in Italien lange Zeit unbeachtet geblieben war. Als er nach einem mehrjährigen Aufenthalt in Paris wieder zurückkehrte, organisierte sie für ihn die Mailänder Ausstellung und widmete ihm einen langen Artikel im *Popolo*. Auch in ihrem 1925 veröffentlichten Buch *Zeichen, Farben und Licht*[42] schreibt sie voller Sympathie und Zuneigung über ihn. Medardo Rosso stand ihr von allen Künstlern vielleicht am nächsten, nicht nur als Bildhauer, vor allem als Mensch.

»Ich denke immer an Euch als einen lieben und guten Löwen, so voller Kraft, aber auch Güte, so väterlich, so warm und zärtlich. Was für eine Hand Ihr habt, Rosso, was für eine Kraft, was für eine Zartheit, Aufrichtigkeit und Menschlichkeit in Eurem Handteller liegt.«[43]

Mit Mussolini als prominentem Ausstellungsbesucher ebnete Sarfatti ihrem Freund den Weg in die italienische Kunstwelt. Endlich fand er auch in seinem Heimatland die ihm gebührende Anerkennung. Italien brauchte Künstler wie ihn. Es galt, der unermesslichen Flut an Kitsch-Objekten entgegenzutreten und den Menschen vor Augen zu führen, was wahre Kunst sei. Verbunden mit dem Personenkult um Mussolini, entstanden reihenweise protzige Büsten und Gemälde mit faschistischem Sujet. Leider habe der Faschismus auch den schlechten Geschmack mobilisiert, klagte Sarfatti. Das müsse sich unbedingt ändern. Ob Mussolini, der bis dahin noch nie ein Museum betreten hatte, das genauso sah, mag dahingestellt bleiben. Sicher ist, dass er seiner Egeria freie Hand ließ, dass er – trotz seiner vielen Termine – nicht nur die Ausstellung ihres Freundes Rosso besuchte, sondern sogar eine Rede zur Eröffnungsfeier der ersten *Novecento*-Ausstellung hielt. Der Augenblick war endlich gekommen, Sarfattis ehrgeizigstes Projekt begann Wirklichkeit zu werden. Jetzt würde sie den Italienern zeigen, wo die Basis für eine neue nationale Kunst zu finden sei.

Aber Sarfatti hatte die Rechnung ohne die Künstler gemacht, jedenfalls ohne Dudreville und Bucci. Diese dachten nicht daran, sich von einer Sarfatti für irgendwelche ideologischen Feldzüge vereinnahmen zu lassen. Bucci drohte mit dem Austritt aus der Gruppe, Dudreville weigerte sich entschieden, eine Zeichnung für das Mussolini versprochene Album beizusteuern. Sarfatti verstand die Welt nicht mehr. Die Anwesenheit des Ministerpräsidenten würde der Gruppe unverhoffte Vorteile bringen. Aufmerksamkeit der Presse, Werbung, Anerkennung, Bilderverkauf. Was hatte sie falsch gemacht? Sie selbst war doch weit davon entfernt, die Künstler oder ihre Werke für eine Staatskunst missbrauchen zu wollen. Das konnte man sogar nachlesen. Am besten war, wenn sie Mussolini bat, in seiner Rede explizit darauf einzugehen.

In der Gruppe *Novecento* wurde lebhaft diskutiert. Am Ende einigte man sich darauf, Mussolini statt des Albums einen Blumenstrauß zu überreichen. Bucci und Dudreville saßen bei der Eröffnungsfeier nebenan im Café und hielten sich abseits. So entging ihnen zwar, was der Ministerpräsident zu verkünden hatte, aber Sarfatti sorgte dafür, dass man im *Popolo* alles noch einmal nachlesen konnte: »In einem Land wie Italien wäre eine Regierung, die sich nicht für Kunst und Künstler interessierte, absolut widersinnig. Ich erkläre hiermit, dass mir die Idee, etwas zu unterstützen, was einer Staatskunst ähneln könnte, fernliegt. Die Kunst kehrt wieder in die Sphäre des Individuums zurück. Der Staat hat nur eine einzige Pflicht: sie nicht zu sabotieren, den Künstlern humane Bedingungen zu garantieren, sie im künstlerischen und nationalen Sinne zu fördern. Ich möchte besonders betonen, dass die Regierung, die ich die Ehre habe zu vertreten, ein aufrichtiger Freund der Kunst und der Künstler ist.«[44]

Eindeutige und klare Worte, Mussolini von Sarfatti in den Mund gelegt. Die Wogen glätteten sich. Die Auflösung des *Novecento* schien vorerst abgewendet. Margherita glaubte fest daran. Der Gedanke, dass sich erfüllen sollte, was ihr seit Jahren vorschwebte, war allzu verführerisch, wiegte sie in Sicherheit. Jetzt konnte sie sich anderen Vorhaben widmen. Einer Reise nach Tunesien, längst geplant, mit Amedeo, ihrem Sohn. In Tunesien besichtigte sie Moscheen und römische Ruinen, ritt auf einem Kamel durch die Wüste. Sie war wie verzaubert, überall offenbarte sich ihr die einstige Macht des römischen Imperiums. Viele Italiener lebten in Tunesien, an die hunderttausend. Sie wollte sich ein Bild machen, von den Schulen und Gemeinden, dem Alltag ihrer Landsleute. Wie werden sie von den Franzosen, die dort seit dem Weltkrieg eine andere Politik verfolgten, behandelt? Dürfen sie ihre Sprache, ihre Kultur, ihre Bräuche pflegen?

Ihr Fazit war vernichtend. Zu Hause angekommen, machte sie sich sofort an die Arbeit und schrieb. *Tunisiaca* lautet der Titel des Buches, das 1924 erschien und eines ihrer populärsten Bücher wurde. Mussolini würdigte ihren Einsatz mit einem Vorwort, unterzeichnet mit dem Synonym Latinus. Mit *Tunisiaca* bereitete Sarfatti den geistigen Boden für die zukünftige Kolonialpolitik Italiens. Die in Tune-

sien lebenden Italiener, schrieb sie, bräuchten unbedingt
Unterstützung aus der Heimat. Es fehle an Schulen, Bibliotheken, Krankenhäusern, Kindergärten. Das italienische
Konsulat in Tunis sei das dreckigste Gebäude des Viertels.
Italienische Priester gäbe es nicht mehr, nicht mal die Gebete seien in Italienisch erlaubt. Frankreich betreibe eine
konsequente Entnationalisierung der Italiener. Das erfor-
dere dringend Maßnahmen.

Durch die Berichte Sarfattis aufgebracht und empört,
fühlte sich Mussolini ermutigt, zum ersten Mal eine ag-
gressive Außenpolitik zu verfolgen. Als fünf Italiener, die
Grenzstreitigkeiten klären sollten, auf griechischem Gebiet
ermordet wurden, fackelte er nicht lange und stellte der
Regierung in Athen ein Ultimatum, das unmöglich erfüllt
werden konnte. Daraufhin ließ Mussolini die Insel Korfu
unter Beschuss nehmen. Der Völkerbund verurteilte die
Besetzung Korfus, aber Mussolini brachte den Fall vor die
Botschafterkonferenz. Hier fand er mehr Verständnis, vor
allem bei den Franzosen, die die Unterstützung Italiens
für ihre Politik an der Ruhr benötigten. Italien musste mit
50 Millionen Lire entschädigt werden – und jubelte! Endlich ein Staatschef, der sich von anderen Nationen nicht
unterbuttern ließ. Der erste außenpolitische Erfolg des
Duce. Jetzt war auch der Zeitpunkt gekommen, die Fiume-
Frage zu klären. Mussolini trat in Verhandlungen mit Ju-
goslawien – und erreichte das Unmögliche: Fiume wurde
italienisches Hoheitsgebiet. Der Verrat an D'Annunzio
war damit beglichen. Mussolini erhielt die höchste italienische Auszeichnung, wurde »Vetter des Monarchen«.
D'Annunzio durfte sich von nun an »Fürst von Monte
Nevoso« nennen. In Zukunft würde ihn der Duce mit regelmäßigen finanziellen Zuwendungen ruhigstellen. Eine
ausgehaltene Diva, die »Dubarry des Regimes«.

Umberto Boccioni, Antigraziös, 1912-1913
Porträt von Margherita Sarfatti

Umberto Boccioni, Die Zurückbleibenden – Seelenzustände II, 1911

Umberto Boccioni, Schlägerei in der Galleria, 1910

Umberto Boccioni, Porträt des Komponisten Ferruccio Busoni, 1916

Umberto Boccioni, Das Lachen, 1911

Unbekannter Maler,
Margherita Sarfatti,
fotografiert in ihrem
Landhaus Soldo

Mario Sironi,
Margherita Sarfatti, 1916-1917

Mario Sironi,
Margherita Sarfatti, 1918

Mario Sironi, Synthese einer Stadtlandschaft, 1919

Paola Consolo, frühverstorbene Nichte Margherita Sarfattis, Selbstbildnis, 1932

Es gab also allen Grund, ausgelassen und fröhlich zu sein. Nur Sarfatti war in diesen kalten Wintertagen nicht nach feiern zu Mute. Vier Tage vor Unterzeichnung des Vertrages von Fiume war Cesare – inzwischen vom König zum Chef der bedeutendsten italienischen Bank berufen – völlig unerwartet gestorben. Cesare, Sarfattis erste große Liebe, toleranter Lebenspartner, gutmütiger Vater, Genießer und Frauenheld. Am 18. Januar 1924, als er im Zug von Rom nach Mailand saß, packte ihn plötzlich ein stechender Schmerz im Unterleib. Vereiterter Blinddarm. Die Ärzte konnten nicht mehr operieren. Fünf schreckliche Tage lang kämpfte Cesare, der Lebemann, mit dem Tod. »Es ist zu Ende«, flüsterte er, kurz bevor er ins Koma fiel. An seinem Bett standen Margherita, die beiden Kinder, eine von Cesares Schwestern und Ada Negri, längst schon als Familienmitglied akzeptiert. Sie verlor mit Cesare einen ihrer besten Freunde. In den nächsten Tagen stand sie Margherita nach Kräften bei. Es galt, alles für

Cesare Sarfattis Begräbnis, 1924

die Trauerfeier vorzubereiten, Hunderte von Kondolenzen entgegenzunehmen. Cesare Sarfatti war ein allseits geachteter Mann gewesen. Persönlichkeiten aus Politik, Kultur und Wirtschaft gedachten seiner. Am 26. Januar machte sich die Familie mit Freunden und Bekannten mit Fackeln auf den Weg zum Mailänder Monumentalfriedhof. Der Bildhauer Adolfo Wildt hatte das Grabmal geschaffen, einen weißen Marmorstein, darauf ein bronzener siebenarmiger Leuchter, die Menora. »Gott erhöht uns, indem er uns leiden lässt«, schrieb Sarfatti an Cesares Jugendfreund D'Annunzio. »Ich geb mir Mühe, dass der Schmerz mich

Das Grab von Cesare Sarfatti

nicht in den Abgrund zieht. Dass es kein frühzeitiger Tod, sondern eine Vorbereitung für andere Formen des Lebens sein möge.«[45]

Wenige Monate später erschien der Gedichtband *Gesänge der Insel*[46], den Ada Negri dem verstorbenen Cesare widmete. Die Dichterin ereilte kurz darauf das gleiche Schicksal wie Margherita Sarfatti. Ihr Ehemann starb. Ada, nie sonderlich stabil gewesen, verlor sich immer mehr in depressiven Stimmungen. Dabei hatte Margherita kurz zuvor noch im *Popolo* betont, dass die Dichterin mit ihrem 1923 veröffentlichten Prosaband *Hohe Fenster*[47] einen auffälligen Wandel vollzogen hatte. Das sei eine Negri, die ihren Weg gefunden habe, keine Negri, die schreie und fluche oder düstere, verstörte Figuren zeichne wie in *Die Einsamen*. Der Stil sei flüssig, sehr individuell und aufrichtig, ohne Geziertheit. Die Wege der beiden Frauen verliefen von nun an mehr oder weniger getrennt. Jede hatte mit sich zu tun. Ada vereinsamte immer mehr, Margherita schwelgte in ihren Projekten. Seit Cesare verstorben war, konnte sie freier und unabhängiger ihre Pläne verfolgen und sich von Mussolini vereinnahmen lassen. Noch legte er auf ihre Ratschläge und Aktivitäten wert, konnte sie mit seiner Unterstützung rechnen.

Die Gruppe *Novecento* verbuchte ihren ersten großen Erfolg: eine Einladung zur Biennale in Venedig, die höchste Ehrung überhaupt. Alle waren begeistert, diskutierten eifrig, welche Bilder sie ausstellen würden. Aber dann meldete sich der Maler Ubaldo Oppi zu Wort. Er werde nicht mit den anderen ausstellen, da er die Möglichkeit habe, seine Bilder in einem eigenen Raum zu präsentieren. Die Nachricht war für alle ein Schock. Oppi hatte gegen den Kodex der Gruppe verstoßen, nur gemeinsam mit den anderen seine Werke zu zeigen bzw. die Erlaubnis der Gruppe einzuholen. Das konnte nur eines bedeuten: Ausschluss aus der Gruppe. Statt der »Sieben italienischen Maler« würden sich jetzt nur »Sechs italienische Maler des Novecento« auf der Biennale vorstellen. So hatte Sarfatti sich das nicht gedacht, dass jeder Einzelne, wann es ihm passte, seinen Hut nahm und ging. Oppi wurde jedoch nach wie vor von ihr geschätzt. Auch hier galt ihre alles beherrschende Devise: Wer Großes leistet, wird in den Rezensionen positiv bewertet – egal, ob man sich hasst, liebt oder einfach nur gleichgültig ist. Unbeirrt arbeitete sie daran, die Ausstellung mit den Malern vorzubereiten. Sie schrieb den Katalogtext, setzte sich dafür ein, dass der König den Saal der Novecentisten besichtigte. Sarfatti war inzwischen zur Gesellschaftsdame der Königin ernannt worden.

Die Biennale. Alles ist bestens arrangiert. Der König fährt vor, die Menge seufzt und schaut. Nur Auserwählte dürfen drinnen stehen und der Ansprache des Erziehungsministers Giovanni Gentile lauschen. Dieser sonnt sich in jenem bedeutungsschweren Augenblick. So verzückt ist er von sich und seinen Worten, dass er die Zeit vergisst und die gelangweilten, müden Gesichter um sich herum nicht bemerkt. Doch dann geschieht das Unglaubliche. Wie ein Befreiungsschlag übertönt eine schreiende, aufgeregte Stimme die sorgsam gewählten Worte des Ministers: »Abbasso Venezia passatista!«, »Nieder mit dem traditionalistischen Venedig!«[48] Sofort lösen sich die Menschen aus ihrer Starre. Wer hat es gewagt? Was bedeutet dieser unverschämte Ruf? Ist der König in Gefahr? Man reckt die Hälse, fotografiert eifrig. Ein Carabiniere führt einen kleinen, elegant gekleideten Herrn ab. Das Gesicht ist einigen vertraut. Auch Sarfatti kennt diesen Mann gut.

Jahrelang ging er in ihrem Salon ein und aus, hielt provokante Reden, ließ sich bei seinen Soireen mit Tomaten und Knallfröschen bewerfen. Jetzt steht er hier, Filipo Tommaso Marinetti, Futurist und Faschist, erbost über den Erfolg des *Novecento* und die permanente Ausgrenzung des Futurismus auf der Biennale. Sein rebellischer Aufschrei gleicht einem nostalgischen Wimmern. »Zu spät«, schreibt Sarfatti. Bei allem Esprit, allen Verdiensten, die man Marinetti zugestehen müsse, verbreite der Futurismus nur noch ein altbackenes, provinzielles Ambiente. »Man kann doch nicht sein ganzes Leben damit verbringen, Fensterscheiben zu zerschlagen.«[49]

Eines hat Marinetti jedoch immerhin erreicht: Der König, von Gentiles Rede ebenso ermüdet wie seine Untertanen, ergreift sofort die Gelegenheit und geht dazu über, das zu tun, dessentwegen er gekommen ist: Kunstwerke anschauen. Auch die Bilder des *Novecento*-Saales lässt er sich – freundlich desinteressiert – erklären. Etwa ein Dutzend Gemälde, auf denen jede futuristische Spur verschwunden ist. Keine Geschwindigkeit, keine Bewegung. Die Zeit wie eingefroren. Das moderne Leben – Thema des Futurismus – wird durch das zeitlose Leben ersetzt, das, was seit Menschengedenken existiert und immer sein wird, solange es Bewusstsein gibt: der Mensch in seiner Herrlichkeit und Rätselhaftigkeit, die Familie, die Frauen, die Kinder, postiert neben Vasen, Früchten, antiken Säulen, geometrischen Formen, mythisch verklärt, angereichert mit Allegorien, ikonisiert, gleichsam zu Heiligenfiguren erstarrt. Es ist vor allem die Frau, die nachdenklich, schweigsam, geradezu statisch erscheint, am Betrachter vorbeischauend oder durch ihn hindurch, der Welt entrückt, jedenfalls der banalen Welt des schnöden Alltags.

Eines der Lieblingsbilder von Sarfatti, das auch bei der

Biennale von 1924 ausgestellt wurde, ist *Mutterschaft* von Achille Funi. Die Madonna mit dem Jesuskind in popularisierter Form. Ein Bild, das vollkommene Harmonie und unendliche Ruhe ausstrahlt. Als gäbe es nichts, was diese Harmonie stören könne, kein Geräusch, kein Streit, kein Krieg. Die Mutter in einfachem Kleid, die Haare locker nach hinten gekämmt, den Blick auf den Knaben fixiert, der sein Gesicht dem Betrachter zuwendet, mit Bäckchen, rund und glänzend wie die Äpfel in der Schale daneben. Auch hier darf die römische Vase nicht fehlen. Im Hintergrund Wölkchen, die einen Heiligenschein bilden, und ein heller Wohnblock, ähnlich denen in Sironis *Synthese einer Stadtlandschaft.* Strenge geometrische Form, Solidität, Einfachheit. Sarfatti kann vorerst zufrieden sein. Die Maler des *Novecento* sind auf dem von ihr angestrebten Weg, auch wenn sie findet, dass deren Werke »noch nicht den Punkt berührt haben, an dem die Mühe der Kunst sich auflöst und alles in der beschwörenden Magie der Vorstellungen und Empfindungen mündet. Diesen Gipfel erreicht man nicht mit einem Mal.«[50]

Es könnte alles so schön sein. Eine Gruppe von Künstlern, die gemeinsam mit ihr einer neuen bedeutenden Kunstepoche entgegengeht. Hatte sie nicht unendlich viel dafür getan und all ihren Einfluss und ihre Kontakte geltend gemacht? Irgendetwas musste schiefgelaufen sein. Kurz nach der Eröffnung der Biennale treten Dudreville und Malerba aus der Gruppe aus. Die ist jetzt auf vier Mitglieder geschrumpft. Keine ernst zu nehmende Künstlergruppe. Und ausgerechnet nach ihrem ersten großen Erfolg! Den *Novecento* gibt es nicht mehr. Aus der Traum! Ein Fiasko. Eine kurze, aufregende Phase, ein hoffnungsvoller Ansatz, Maßstäbe zu setzen. Margherita Sarfatti ist bestürzt, fällt in Apathie und Depression. Sie braucht drin-

Achille Funi, *Mutterschaft*, 1921

gend Ablenkung, muss sich von dieser Niederlage und den Ereignissen der letzten Wochen unbedingt erholen. »Das Jahr 1924 war eines der schrecklichsten in meinem Leben. Es begann mit dem unerwarteten Tod des Familienoberhauptes und ging weiter mit verschiedenen Unfällen und Krankheiten von mir und den Meinen, wobei einige sogar operiert werden mussten. Von so vielen Schwierigkeiten bedrückt, sah mich der Ministerpräsident Mussolini und verhielt sich mir gegenüber ausgesprochen liebenswürdig, und da ich ihn selten in Rom besuchen konnte, sagte er mir: ›Sie haben gerade eine Pechsträhne. Fahren Sie zur Abwechslung auf einen anderen Kontinent, sagen wir nach Afrika. Versuchen Sie einmal, alles hinter sich zu lassen. Sie haben ein gutes Buch über Tunesien geschrieben. Gehen Sie und schreiben Sie eins über Marokko. Ich wünsche, dass Sie, Stück für Stück, eine Serie über die gesamte Mittelmeerküste schreiben, vom künstlerischen und historischen Gesichtspunkt aus gesehen.«[51]

Sarfatti befolgte Mussolinis Rat, schöpfte wieder Mut und Kraft. In Marokko würde sie alles hinter sich lassen, Land und Leute näher kennenlernen. Italiener, die dort lebten, Araber, die sie schon in Tunesien schätzen gelernt, die – ähnlich wie die Sizilianer – so wenig zum Leben brauchten und bereit waren, alles zu geben für einen Glauben, für eine Idee. Im Mai begab sie sich nach Spanien, von dort wollte sie mit dem Schiff weiterfahren. Aber dann holte das Pech sie wieder ein: Sie stürzt unglücklich, bricht sich das Bein. Ein komplizierter Knochenbruch. Wochenlang ist sie ans Bett gefesselt, leidet Schmerzen, ist zu Nichtstun und Langeweile verdammt. Für Sarfatti das Schlimmste überhaupt. Stillstehen, liegen, sie, die so gerne wandert. Am 12. Juni kann sie endlich wieder nach Hause fahren. Aber hier erwartet sie eine noch größere Katastrophe. All das, was sie gemeinsam mit Mussolini aufgebaut hat, droht wie ein schiefes Haus nach dem Sturm in sich zusammenzufallen.

Dabei lief alles bisher so gut. Es gab neue Straßen, Eisenbahnen, Schulen und Krankenhäuser. Der öffentliche Dienst funktionierte, die alte Bürokratie war beseitigt, die neue faschistische Bürokratie noch nicht etabliert, Reform des Steuersystems, Reduzierung des Haushaltsdefizits. Sogar eine Bildungsreform hatte Erziehungsminister Gentile durch-

gesetzt. Die konnte sich sehen lassen, fand hohe Anerkennung im In- und Ausland. Das Schulpflichtalter war
auf 14 Jahre erhöht, das naturwissenschaftliche Abitur
eingeführt worden. Jetzt kam es darauf an, an der Macht
zu bleiben und diesen Weg fortzusetzen. Eine Wahlrechts-
reform musste her. Ganz Italien verfolgte mit Spannung
die Debatten um den Gesetzesentwurf. Giolitti, Orlando
und Salandra, die alten Regierungschefs, unterstützten
den Duce. Und damit auch die letzten Zweifler überzeugt
wurden, griff Mussolini zu seinem wirkungsvollsten Mittel: Er hielt eine Rede. Ein Bekenntnis zu innerem Frieden
und Mehrparteiensystem – als habe der Faschismus nie
etwas anderes verfolgt: »Die Regierung trägt sich also kei-
nesfalls mit der Absicht, die Institution des Parlaments
abzuschaffen, im Gegenteil, sie will es, wie ich das hier
schon wiederholt betont habe, zu einer noch gewichti-
geren, wenn nicht heiligen Einrichtung unserer Politik
ausgestalten.«[52]
Nach diesen salbungsvollen Worten, nach derart inbrüns-
tig erklärter staatspolitischer Tugendhaftigkeit konnten
nur wenige Abgeordnete widerstehen. Man sprach Mussolini und dem neuen Wahlgesetz das Vertrauen aus. Blieb
nur noch die Auflösung des Parlaments und die Ausru-
fung von Neuwahlen für den 6. April 1924. Mussolini
setzte auf seine Liste nicht nur linientreue Faschisten,
sondern auch Liberale, Parteilose oder Abtrünnige von anderen Parteien. Den Rest würden die Squadre erledigen.
Einschüchterungsmaßnahmen, Prügelstrafe im Voraus für
Antifaschisten oder Wankelmütige. Viereinhalb Millionen
Stimmen gewannen die Faschisten. Weitaus mehr als Mussolini brauchte. Das übertraf alle Erwartungen. Der Duce
hatte sich bewährt. Jetzt konnte er ungehindert regieren.
Und alles ganz »legal«.

Viele junge Gesichter sah man jetzt am Montecitorio. Legionäre von Fiume, Schwarzhemden, die beim Marsch auf Rom dabei gewesen waren und ihrem Hass auf das Parlament lautstark Ausdruck geben würden. Ende Mai sollte das Wahlergebnis offiziell bestätigt werden. Gerade wollte der Präsident den Resolutionsantrag als angenommen erklären, da erhob sich Giacomo Matteotti, ein junger Advokat, seit seinem vierzehnten Lebensjahr Sozialist. Er würde sich nicht verstecken und zusehen, wie die Faschisten immer mehr Macht an sich rissen, durch Dörfer und Städte zogen, die Menschen bedrohten, verprügelten, ermordeten. Matteotti, der unerschrockene reformsozialistische Politiker, voller Tatendrang und Ideen, redegewandt, hochintelligent, sympathisch. Matteotti sollte der Alptraum Mussolinis werden. Nur wenige Tage nach seiner mutigen Rede verschwand er. »Es war, als hätte sich die Erde geöffnet, ihn zu verschlucken«, berichtet Sarfatti. »Merkwürdig, dass in einer so wachsamen Stadt wie Rom ein Abgeordneter verschwinden konnte, ohne eine Spur zu hinterlassen. Der Satz klang wie Glocken in meinem Gehirn, und ich musste immer wieder an das deutsche Wort ›spurlos‹ denken. [...] Ich werde die Erinnerung nicht los, dass Mussolini, wenn er davon erzählte, mit einem bewundernden Tonfall, der mir nicht gefiel, sagte: ›Spurlos‹. Ohne Spur. In Italien haben wir keine so zutreffende Bezeichnung mit so einer Ausdruckskraft. [...] ›Spurlos‹. Dieses unheilvolle Wort zermarterte auch weiterhin mein Gehirn.«[53]

Sarfatti hatte Matteotti nie kennengelernt, aber von Cesare wusste sie, dass er ein hervorragender Anwalt war. Der Matteotti-Skandal beschäftigte ganz Italien für Monate. Eine Welle der Empörung breitete sich aus. In den Medien forderte man Gerechtigkeit. Die Ehefrau Matteottis fiel vor Mussolini auf die Knie: »Mein Gatte! Erbarmen Sie sich meiner! Aus Liebe zu Gott, geben Sie mir meinen Gatten zurück, lebend oder tot!«[54] Das war selbst für einen hartgesottenen Mussolini zu viel. Links das Volk, das nach Gerechtigkeit schrie, rechts die extremistischen Schwarzhemden, die nach harten Maßnahmen brüllten – und mittendrin das verweinte, anklagende Gesicht der Witwe mit den Kindern an der Hand. Mussolini, am Rande des Nervenzusammenbruchs, war nahe daran, beim König seine Demission einzureichen. Stundenlang sitzt er in seinem Büro wie gelähmt, unrasiert, das Gesicht leichenblass. Dann wieder bäumt er sich auf, schreit und brüllt, wälzt sich auf dem Boden, beißt sich die Hände wund, schlägt sich mit den Fäusten gegen den Schädel. Mussolini habe den Verstand verloren, erzählen die Ras in der Provinz. Um ihn herum wird es still. Zu groß und gefährlich ist die Wut der Bevölkerung. Die parlamentarische Opposition hat den Montecitorio verlassen und will erst zurückkehren, wenn die Verbrecher verurteilt worden sind. Drei Minister sind zurückgetreten, darunter Gentile. Kein Parteiabzeichen weit und breit, die schwarzen Hemden hinten im Schrank versteckt, faschistische Zeitungen werden nicht mehr gekauft. Obwohl die Verantwortlichen inhaftiert sind oder verfolgt werden, obwohl Mussolini als Innenminister zurückgetreten ist und diverse faschistische Politiker entlassen hat. Den Italienern ist das zu wenig. Sie verlangen den vollständigen Rücktritt des Duce. Wehe den Faschisten! Mörder! Wo ist Matteotti?

Seine Leiche wird Mitte August in einem Wäldchen nahe Rom gefunden. Es heißt, man habe ihn nur entführen und einschüchtern, ihm eine kleine Auszeit verordnen wollen. Aber Matteotti habe sich heftig gewehrt, ein Versehen, eine unglückliche Kette von Ereignissen und falsch verstandenen Befehlen. Einige Politiker schieben Mussolini die volle Verantwortung zu, andere bezeugen, dass ihn keine Schuld trifft. Sogar Industrielle und Militärführer sprechen sich gegen ihn aus. Ein paar tatkräftige, gut organisierte Antifaschisten, und der Staatsstreich erscheint so leicht, so nah. Mit wenig Aufwand wäre Mussolinis Amtszeit zu Ende gewesen. Nur dass die Wenigen, die diese einmalige Chance sehen, nicht erhört werden.

»Das Verbrechen war aus mehr als einem Grund tragisch«, schreibt Sarfatti im Jahre 1945. »Es zeigte, wie arm wir an fähigen Männern waren, uns in die rettende Richtung zu führen. Und es war der Beweis der Beweise dessen, was ich über das Schicksal Italiens zu erklären versucht habe: Mussolini war unsere Bestimmung. Wenn wir nur einen Schatten der halben Größe gehabt hätten, hätte er Mussolini unter dem Jubel des Volkes vom Podest gestoßen.«[55]

Auch jetzt, in dieser schweren Krise, in der alles infrage stand, blieb Sarfatti an Mussolinis Seite. Mehr denn je hielt sie zu ihm, konnte er mit ihrer Hilfe und Unterstützung rechnen. Sie sah seinen erbarmungswürdigen Zustand, war überzeugt, dass es einen Befehl zur Ermordung Matteottis von seiner Seite nicht gegeben hatte. Sooft es ging, telefonierten sie:

SARFATTI: Wie geht es dir?
MUSSOLINI: Wie möchtest du denn, dass es mir gehe, mein Segel?
SARFATTI: Nichts Neues?
MUSSOLINI: Nichts … Nun, mich wundern keine Aktionen mehr, auch nicht die absurdeste, die ruchloseste … Das, was mich schmerzt, ist, dass ich nichts da-

rüber weiß, was meine Freund-Feinde denken. Jene, die mich verraten haben!

SARFATTI: Du wirst sehen, dass alles sich einrenkt; aber ich empfehle dir, Ruhe zu bewahren, dich nicht von deinen Nerven hinreißen zu lassen. Kurz, du darfst dich nicht aus der Bahn werfen lassen.

MUSSOLINI: Es ist keine Frage der Nerven, denn ich empfinde gegen niemanden Hass, ich hege keinen Groll! Leider hat das Schicksal seine Karte zugunsten meiner Feinde ausgespielt, und im quasi sicheren Fall des Verlierens gibt es nicht einmal die Möglichkeit, eine gute Figur zu machen!

SARFATTI: Aber du hast immer bewiesen, ein fähiger Spieler zu sein, von daher weißt du gut, dass viele Partien, die schon zu Beginn verloren scheinen, sich im letzten Moment umkehren, oder mit letzter Hand …

MUSSOLINI: Für die Karten ist das, was du sagst, in gewisser Weise richtig; aber die Entscheidung hängt zum größten Teil von der Fähigkeit des Spielers ab, und in diesem Fall sind meine Gegner beachtenswerte Spieler und werden auch noch von denen, die mich verraten haben, unterstützt.

SARFATTI: Anschließend wirst du auch diese zurechtweisen.

MUSSOLINI: Es ist wichtig, diese schmerzhafte Prüfung zu überwinden; eine Angelegenheit, die sehr viel größer ist als ich. Vorerst muss man der von der Presse unterstützten Opposition entgegentreten, die einen definitiven Generalangriff losgetreten hat. Willst du wissen, wer meine Freunde sind? Hier ist der Beweis: Sogar die Schmeichler und Bittsteller sind aus meinem Vorzimmer verschwunden![56]

Was war zu tun? Wie konnte Sarfatti ihrem Hoffnungsträger Benito in dieser Situation helfen, wie ihre eigenen
Fragen und Zweifel zerstreuen? Bald sollte sich eine Lösung finden. Von völlig unerwarteter Seite machte man
ihr ein verlockendes Angebot. Prezzolini, inzwischen Lite-
raturagent in Paris, fragte nach, ob sie nicht ein Buch über
Mussolini schreiben wolle. Es gäbe da einen sehr interessierten englischen Verleger. Sarfatti beriet sich mit dem
Duce. Er stimmte sofort zu, gab ihr alles, was sie brauchte.
Dokumente, Briefe, Tagebuchnotizen. Auf seine Geliebte
konnte er sich verlassen. Sie arbeitete unermüdlich. Schon
im September 1925 erschien die englische Ausgabe unter
dem Titel *The Life of Mussolini*. In Italien wurde das Buch
mit dem Titel *Dux (Duce)* 1926 veröffentlicht, würdig gestaltet mit blauem Einband und goldenen Buchstaben.
Auf dem Cover ist das Bild eines strahlenden Mannes
zu sehen. Über dreihundert Seiten lang wird der Werdegang vom einfachen Sohn eines Schmieds zum »genialen«
Staatsmann beschrieben. Ein Projekt, das Mussolini und
Sarfatti weit über das Private hinaus verband. Für sie war
es ihr größter literarischer Erfolg.
Die Ausgaben unterschieden sich in einigen Details. Den
fremden Lesern wurde mehr Offenheit zugetraut. So ent-
hielt die englische Version Bilder seiner ältesten Kinder
Edda und Vittorio in faschistischen Uniformen, was Rachele nicht gern gesehen hätte. Margherita schrieb hier
auch offen von ihrem Ehemann Cesare, in Italienisch
dagegen erzählt sie nur von einer »Person, die mir nahe-
stand«.
Kurz vor Erscheinen von *Dux* war noch eine andere Mussolini-Biografie veröffentlicht worden, die sogar an die
Schulen verteilt wurde. Sarfatti sorgte dafür, dass das Buch
in Vergessenheit geriet, und entließ den Autor aus ihrer

Hierarchie-Redaktion. Ihre eigene Version, pathetisch, wolkig, fern jeder objektiven Berichterstattung, wurde als Vorabdruck veröffentlicht.

Dux ist keine platte Verherrlichungsliteratur, wie man sie von Hitler- und Stalin-Biografen kennt. Margherita wusste um die Tiefen und Abgründe der menschlichen Natur. Ihr Personenkult trägt subtile Züge, eingebettet in die jahrtausendealte Entwicklung des Römischen Reiches. Mussolini sollte als legitimer Nachkomme der Cäsaren dastehen, verbunden mit den Philosophen seiner Zeit, ein italienischer Übermensch.

»Die Gewalt«, zitiert Sarfatti ihren Helden, »darf nur die Rolle des Chirurgen spielen, sie darf niemals herausfordern, sie muss abwehren, nicht angreifen; sie muss eine Episode bleiben und darf kein System werden. Dieses besonders zu betonen ist Mussolini stets bemüht.«[57]

Sarfatti wusste von den Verbannten auf den Inseln, von den Schwarzhemden, die Angst und Schrecken verbreiteten. Ein unverzeihlicher Euphemismus. *Dux* ist die verlogene Darstellung eines gewaltbereiten, brutalen Frauenhelden aus der Romagna. Ein angebliches Genie aus dem Volk, das zu Recht »zum wirklichen Führer«[58] aufgestiegen sei.

Vor Erscheinen der italienischen Ausgabe entwickelte Sarfatti eine gigantische Pressekampagne, forderte verschiedene Redakteure auf, das Buch zu einem festgesetzten Zeitpunkt zu besprechen. Es wurde in 19 Sprachen übersetzt, allein in Italien gab es 16 Auflagen, in Japan wurden 300 000 Exemplare verkauft. Die deutsche Ausgabe erschien 1926 im Paul List Verlag Leipzig und fand großes Interesse. 1938 wurde es wegen der jüdischen Abstammung der Verfasserin verboten.

Innentitel von *Mussolini · Lebensgeschichte*, 1926

Sarfatti gelang es mit ihrem Bestseller, das beschädigte Image ihres Liebsten aufzupolieren. Man bewunderte, man verehrte Mussolini im In- und Ausland. Von Matteotti redete kaum einer mehr. Seine Mörder würden bald wieder auf freiem Fuß sein. Der Duce saß fest im Sattel, sicherer und selbstzufriedener denn je. Keine Anzeichen eines gebrochenen Mannes. Er hatte aus der Matteotti-Lektion gelernt – und weitreichende Konsequenzen daraus gezogen. Da war die Presse, verantwortlich für all die Verleumdungen und Kampagnen gegen ihn und den Faschismus. Ein neues Dekret ermächtigte die Präfekten zur Zensur, notfalls auch zum Verbot einer Zeitung. Da waren die Miliz, die ehemaligen Squadre-Kämpfer und deren Anführer, die Ras. Von ihnen und deren Haudegen-Mentalität ging vielleicht die größte Gefahr aus. Seit August 1924 unterstand die Miliz dem Militär, dem königlichen

Schwur verpflichtet. Immer wieder hatten die Squadre kleine Märsche nach Rom unternommen, den Duce zur Räson zu bringen.

Höhepunkt dieser Aktionen war der 31. Dezember 1924. Eine Gruppe von radikalen Milizführern marschierte im Gleichschritt zum Palazzo Chigi. Man ließ sie ohne Weiteres passieren. Sie übergaben Mussolini einen Brief, in dem gedroht wurde, harte Maßnahmen gegen die Antifaschisten zu ergreifen. Entweder müssten alle ins Gefängnis, einschließlich Mussolini, oder man einige sich darauf zu handeln. Ein Akt des Ungehorsams, dem andere folgen könnten. Der Duce verstand die Botschaft. Nur drei Tage später hielt er seine denkwürdige Rede, die Italiens Schicksal für die nächsten zwanzig Jahre besiegeln sollte. Er streitet ab, für den Mord an Matteotti verantwortlich zu sein, stellt sich als Opfer einer Hetzkampagne dar. Da die Opposition ihre Zusammenarbeit verweigere, müsse er eben eigenständig handeln. Das Maß sei voll. Die Faschisten eine Verbrecherbande? Gut, dann sei er eben der Anführer dieser Bande. Keine parlamentarische Koalition mehr! Innerhalb von 48 Stunden würden entsprechende Maßnahmen ergriffen werden.

Das war das endgültige Aus für die italienische Demokratie. Von nun an galten andere Regeln. Politische Gegner wurden offiziell verfolgt, Zeitungen, Organisationen, Streiks und Demonstrationen verboten, neue Gesetze erlassen, die das gesamte Leben regulierten. In den nächsten Monaten konzentrierte sich Mussolini auf die Errichtung eines korporativen Staates. Sämtliche Berufs- und Industriezweige wurden durch Körperschaften repräsentiert und kontrolliert. Letzte bestimmende Instanz war der Staat.

Aber auch in den eigenen Reihen musste dringend aufgeräumt werden. Eine der wichtigsten Maßnahmen Mussolinis war die Entmachtung der PNF, der faschistischen Partei. Die Ras sollten durch Präfekten ersetzt werden, von nun an die höchsten Vertreter des Staates. Eine heikle Aufgabe, die Mussolini einem seiner schärfsten Kritiker überließ: Roberto Farinacci. Ihn, den Anti-Duce – härter und rücksichtsloser als der skrupelloseste Faschist, als Mussolini selbst –, ernannte er kurzerhand zum Generalsekretär der faschistischen Partei. Auf Farinacci war Verlass, er leistete ganze Arbeit: Die Schlägertruppen wüteten schlimmer denn je. Für Mussolini ein willkommener Anlass, die Squadre aufzulösen und ihre radikalsten Führer aus der Partei zu entlassen. Im Juni 1925 fand der letzte Parteikongress statt. Die faschistische Partei und ihre Organisationen dienten fortan nur noch als »moralische Instanz«, ein nettes Anhängsel ohne weitere Machtbefugnisse, verantwortlich für Aufmärsche und Massenspektakel.

Blieb nur noch der Vollstrecker selbst, Farinacci, übrig. Im Frühjahr 1926 durfte er sich noch als Verteidiger im Matteotti-Prozess profilieren, dann legte Mussolini ihm wegen seiner radikalen Maßnahmen den Rücktritt nahe. Zehn lange Jahre wird er sich nach Cremona zurückziehen müssen, als Chefredakteur des *Regime Fascista*, aber ohne politische Funktion. Erst die Drecksarbeit, dann der Fußtritt. Und keine Möglichkeit, sich zu rächen. Der Duce unantastbar und mächtiger denn je. Das weitmaschige Netz der Ras und ihrer Squadre von ihm selbst, Farinacci, zerstört. Ihm blieb nur der ganz persönliche, unauslöschliche Hass. Auf den Verräter Mussolini. Und vor allem auf dessen rechte Hand, dieses jüdische Weibsbild. Intrigieren, schreiben, polemisieren – das ist das Einzige, was er tun kann. Er wird sich dieser Mittel reichlich bedienen und

nicht eher ruhen, bis seiner verletzten faschistischen Seele
Genugtuung widerfährt.

Ob Sarfatti ahnte, dass sie sich vor Farinacci in Acht
nehmen musste? Wahrscheinlich nicht. Um ihre Gegner
kümmerte sie sich nicht. Die »ungekrönte Königin« Italiens
war sich ihrer Sache sicher. Im November 1925 wurde ihr
die goldene Tapferkeitsmedaille an die Brust geheftet, zur
Ehre ihres gefallenen Sohnes. Drei Bücher erschienen in

Margherita Sarfatti erhält die Tapferkeitsmedaille
für ihren gefallenen Sohn Roberto, 1925

diesem Jahr von ihr: die englische Ausgabe der Mussolini-
Biografie, *Zeichen, Farben und Licht* und ein Buch über
den Maler Funi.

Und doch gab es jetzt, da sie den Gipfel ihrer Macht erreicht hatte, erste Anzeichen einer Trübung, einer matt-
dunklen Färbung. Die Umwandlung Italiens in einen korporativen Staat ging auch an der Kultur nicht vorbei, dort,
wo Mussolini seiner Geliebten bisher freie Hand gelassen
hatte. Faschistische Künstlergewerkschaften wurden ge-

gründet, denen später andere, größere Körperschaften über-
gestülpt wurden. Die italienische Kultur ruhte von nun an
in den Händen staatlicher Bürokraten. Für eine Sarfatti
gab es innerhalb dieser Struktur keinen Platz. Eine Frau
als faschistische Kulturfunktionärin war und blieb undenkbar. Es hätte ohnehin ihrem Ziel widersprochen. Die
faschistische Kulturpolitik zielte auf Massenpropaganda,
nicht auf »verschrobene«, individuelle Besonderheiten und
gehobene Ansprüche, wie sie Sarfatti vertrat.

Dabei gab sie sich größte Mühe, ganz im Sinne Mussolinis zu handeln. Im Februar 1925 war die Künstlergruppe
Novecento zu neuem Leben erwacht, nannte sich jetzt
Novecento Italiano. Diesmal würde sie alles tun, ihr Projekt zum Erfolg zu führen. Für das Ehrenkomitee konnte
sie herausragende Persönlichkeiten gewinnen, sogar Marinetti und ihren Erzfeind Ugo Ojetti, Kritiker des *Corriere della Sera*. Beide hegten tiefen Groll gegen Sarfatti,
aber der Unterstützung eines so ehrenhaften Vorhabens,
vom Duce höchstpersönlich gefördert, konnten auch sie
sich nicht verschließen. Die erste Ausstellung des *Novecento Italiano* war für Februar 1926 geplant. Alles musste
gut vorbereitet werden. Es sollte *das* kulturelle Ereignis
des Jahres werden. Eine echte Alternative zu den Bien-
nalen in Venedig und Rom. Moderne italienische Kunst.
Frisch und unverbraucht, aber dennoch tief verwurzelt in
der klassischen Tradition, so, wie Armando Brasini es in
der Architektur bereits verwirklichte. Margherita hatte
ihn dem Duce wärmstens empfohlen. Längst träumten sie
beide davon, ein neues imperiales Rom aufzubauen. Mit
Brasini könnte man die alten Baudenkmäler restaurieren
und ihnen moderne Gebäude zur Seite stellen. Die Ewige
Stadt in ihrer alt-neuen Größe und Schönheit.

Sarfatti war es auch zu verdanken, dass Brasini damit beauftragt wurde, den italienischen Pavillon für die Pariser Weltausstellung zu entwerfen. Zum ersten Mal präsentierte sich faschistische Kunst im Ausland. Als Organisatorin der italienischen Delegation würde Margherita alles dafür tun, Italien würdevoll zu vertreten. Von der französischen Regierung war sie zur Vizepräsidentin ernannt worden. Außerdem fungierte sie als Vorsitzende dreier Architekturjurys. Sarfatti im Prestige-Taumel: »Ich bin sehr müde […], bin von sieben Uhr bis zwei Uhr nachts auf den Beinen. Ich schlafe nicht. Eine Welt von Höflichkeiten und Erfolg umgibt mich; dass ich meinen Kopf noch auf den Schultern trage, liegt daran, dass er so festsitzt, wenn nicht, wäre er schon seit einer Weile verloren. So groß ist *mein persönlicher universeller Erfolg!* Ich versichere euch, dass ich mich wie eine Königin fühle!«[59]

Brasini hatte einen neoklassizistischen Bau entworfen, den Sarfatti anfangs lobte, im Nachhinein aber strikt ablehnte. Das lag an dem Schweizer Charles Le Corbusier und seinem innovativen Pavillon, der so ganz anders war als das, was Sarfatti bis dahin kennengelernt hatte. Sein Stil, einfach und rational, in sich harmonisch und abgestimmt, praktisch, funktional, war für Sarfatti eine Offenbarung, ein Schock. Dagegen war Brasinis Schöpfung ein trauriger Abklatsch, geradezu peinlich. So durfte sich faschistische Kultur nicht darstellen. Zwar teilte sie nicht alle Ansichten Le Corbusiers, aber was sich in Zukunft moderne Architektur nennen wollte, würde an ihm nicht mehr vorbeikommen. »Warum […] spricht man in Italien nie über das Problem der Architektur?«, schreibt Sarfatti in ihrem Buch *Zeichen, Farben und Licht.* »Um damit zu beginnen, müsste man vielleicht fragen, ob in Italien heute eine Architektur existiert. Wenn wir in die neuen

Wohnviertel gehen [...], scheinen Zweifel daran berechtigt zu sein.«[60]

Sarfattis Herz schlug für die jüngere Architekten-Generation, für die von so vielen angefeindeten Rationalisten, insbesondere für Giuseppe Terragni und die anderen Mitglieder der sogenannten »Gruppe der Sieben«. In Artikeln polemisiert sie gegen Falschheit, Nachahmung und Verfälschung in der Architektur. Aufrichtigkeit sei eine Ausnahme. Der künstliche Marmor, der künstliche Stuck, künstliches Gold, künstliches Holz – alles entstellte und schiefe Rhythmen. Falschheit in der Kunst könne niemals lebendig, also schön sein.

Die *Novecento*-Ausstellung von 1926 wurde das Medienereignis des Jahres. Sarfatti auf dem Höhepunkt ihrer Karriere. Triumph all ihrer Bemühungen. Diesmal würde nichts schiefgehen. Keine Künstler, die ausscheren, keine Unstimmigkeiten, kein Risiko. Die ganze italienische Nation sollte teilhaben. 114 Künstler unterschiedlichster Couleur aus allen Regionen, Etablierte und Unbekannte, mit großer Sorgfalt vom Exekutivkomitee ausgewählt, darunter drei Frauen. Mussolini genehmigte Fahrpreisermäßigungen für die Zugreisen. Alle sollten teilnehmen können, ganz im Sinne Sarfattis. Der Duce würde wieder die Einweihungsfeier eröffnen. Auf einem Foto sieht man ihn reden, während Sarfatti, umgeben von einer Männerschar, ihm ehrfürchtig lauscht. In hellem Kleid, ein keckes Hütchen auf dem Kopf, sitzt sie in der ersten Reihe, ganz vorn auf der Stuhlkante, den Rücken durchgebogen, die Füße überkreuzt.

»Ich habe mich gefragt, ob die Ereignisse, die jeder von uns durchlebt hat – Krieg und Faschismus –, in den hier ausgestellten Werken Spuren hinterlassen haben. Der Ge-

Eröffnung der *Novecento*-Ausstellung, 1926

wöhnliche würde sagen nein, da es außer in dem futuristischen Bild *A Noi* nichts gibt, was […] an die vergangenen Geschehnisse erinnert oder die Szenen reproduziert, die wir auf verschiedene Weise als Zuschauer oder Protagonisten erlebt haben. Aber Zeichen dieser Ereignisse gibt es. Man muss sie nur finden.«[61]

Das klingt anders als drei Jahre zuvor, als Mussolini noch von der Unabhängigkeit des Künstlers sprach. Wenige Monate später, bei einer Rede in Perugia, wird er noch deutlicher: »Wir müssen eine neue Kunst schaffen, eine Kunst unserer Zeit, eine faschistische Kunst.«[62]

Jetzt war es endlich heraus. Eine Staatskunst sollte angestrebt werden – nun also doch. In der Zeitschrift *Faschistische Kritik*[63] wird in den nächsten Wochen lebhaft darüber diskutiert. Gibt es eine faschistische Kunst? Kann es sie geben? Und wenn, wie sieht sie aus? Verschiedene Persönlichkeiten melden sich zu Wort. In einem Punkt sind sich fast alle einig: Eine faschistische Kunst kann nicht von einer Gruppe oder einer Tendenz repräsentiert werden. Also auch nicht von einer Gruppe wie dem *Novecento Italiano*? Auffällig ist, dass sich Sarfatti an der Diskussion nicht beteiligt. Im *Popolo* schrieb sie bereits Monate zuvor, dass die Künstler des neu gegründeten *Novecento Italiano* weder einer Schule noch einer Sekte oder Tendenz angehörten. Sarfatti vollführte als Propagandistin und Schutzherrin des *Novecento Italiano* einen eigenwilligen Spagat: einerseits muss sie den neuen Ansprüchen einer von oben bestimmten und für die breite Masse vorgesehenen Kultur gerecht werden, andererseits rückt sie nicht davon ab, nach einem elitären kollektiven Stil zu suchen. Ihr faschistisches Idealbild stimmte mit dem Mussolinis immer weniger überein.

Nach wie vor protegierte sie die in ihren Augen begabtesten Künstler. Sironi und Funi insbesondere, neuerdings auch Arturo Tosi. Es ist die Crème de la crème der italienischen Kunstszene, die sie um sich schart und deren Vielfältigkeit sie nicht leugnen kann und will. Dennoch versucht sie immer wieder, Gemeinsamkeiten herauszustellen. Im Grunde genommen will sie Unvereinbares miteinander verknüpfen. Ihre Ansprüche sind zu abgehoben, zu elitär. Ihr Projekt einer gemeinsamen ästhetischen Sprache, die ihren Widerhall in der Politik findet, ist bereits dem Untergang geweiht. Sie weiß es nur noch nicht.

5 Der große Fall

26. April 1926. Nach dem triumphalen Erfolg der großen *Novecento*-Ausstellung gönnt sich Sarfatti ein paar Tage der Muße und Erholung. In Rom, so wie ihr Geliebter es am liebsten mag. An diesem Morgen soll der Duce auf einem Ärztekongress im Kapitol eine Rede halten. Sie wird auf ihn warten, auf die Stunden danach, ungestört, mit ihm allein.

Wenig später bringen die Wächter einen blutenden Mussolini zu ihr zurück. Ein Attentat! Eine geistig verwirrte Irin hatte auf ihn geschossen. Der Angriff hinterließ beim Opfer nur eine stark blutende Wunde an der Nase. Als der Duce vom Kapitol auf die Straße getreten war, hatte das Orchester zu seinen Ehren die Nationalhymne gespielt. Wie üblich setzte Mussolini sich daraufhin in Positur. »Der stolz zurückgeworfene Kopf, das energisch vorspringende Kinn, die in die Seite gestemmten Hände und die stocksteife Haltung seines Oberkörpers gehörten zur Pose des geborenen Führers.«[1] Ohne diese öffentlich zur Schau gestellte Haltung wäre der Schuss tödlich gewesen, wie die Polizei später feststellte. Am Nachmittag nahm Mussolini, mit einem Pflaster versehen, schon wieder Gäste in Empfang. »So was, ausgerechnet eine Frau!«[2], soll sein einziger Kommentar gewesen sein. Die Attentäterin wurde wenig später nach England ausgewiesen. Eine außenpolitische Verstimmung mit Großbritannien wollte der Duce zu diesem Zeitpunkt nicht riskieren.

La Sarfatti, wie Margherita überall respektvoll genannt wurde, war in tiefer Sorge um ihren Geliebten und forderte bessere Sicherheitsmaßnahmen. Ihre Ängstlichkeit wurde vom Duce verlacht. Mussolini auf dem Höhepunkt seiner Macht. Aus der Krise nach dem Mord an Matteotti war er gestärkt hervorgegangen. Sarfatti hatte ihn von der Notwendigkeit seiner Duce-Mission erneut überzeugt. Noch war sie die hoch geachtete »Königin der Kultur«. Drei Mal täglich telefonierte sie mit ihrem Geliebten. Weilte sie in Rom, trafen sie sich jeden Abend. Entweder spielte er Violine, oder sie plauderten mit der Tochter Fiammetta. Eine familiäre Situation neben der offiziellen Familie Mussolinis, die immer noch in Mailand lebte. Mit Margherita gab es eine nie gekannte körperliche und seelische Vertrautheit. Der Duce hatte keine Freunde und wenig Vertraute, war vor allem an schnellem Sex interessiert und berauschte sich am Erfolg seines Aufstiegs. In dem Rahmen, den er bestimmte, sollte Margherita weiter mit ihm verbunden sein. Doch Beschränkungen waren nicht nach ihrem Geschmack. Sie pochte auf ihren Anteil an der Macht, auf den unbegrenzten Einfluss auf die Gestaltung der faschistischen Kultur.

Einen Exodus der kulturellen Elite, wie er in Deutschland von den Nationalsozialisten erzwungen wurde, gab es bis 1938 in Italien nicht. Zwar machten regionale Kulturfunktionäre, die »Ducini« (Verkleinerungsform von Duce), den Intellektuellen das Leben schwer, doch viele der in Deutschland verfolgten Künstler fanden in Italien Schutz. Verbotene Werke von Autoren und Komponisten wie Thomas Mann, Alfred Döblin, Franz Kafka, Paul Hindemith oder Arnold Schönberg durften hier ungehindert gelesen und gespielt werden. Nicht zuletzt dank Margherita Sarfattis Sachverstand und Weltläufigkeit gab es keine Verfemung »entarteter Kunst«.

Rom war zum Zentrum ihres Lebens geworden. Bald würde sie endgültig hierherziehen und den ihr zustehenden Platz einnehmen. De Felice, der italienische Historiker, traf Sarfatti kurz vor ihrem Tod und berichtet: »Nach dieser Unterredung habe ich mich gefragt, wie viel an dem Rom-Mythos von Mussolini selbst stammte und wie viel daran Einfluss der Sarfatti gewesen ist. Ich habe nämlich niemals jemanden gekannt, der so von der Rom-Begeisterung besessen war.«[3] Sarfatti hatte sich längst in die Stadt verliebt. Sie warnte den Kunstbanausen Mussolini, wenn er von monumentalen Bauten eines neuen Rom im Stil der Antike schwärmte. Die gewachsene Schönheit und Harmonie sollte nach ihrem Willen bewahrt, Sichtachsen nicht zugebaut und das antike Erbe behutsam gepflegt werden. Das würde, so ahnte sie, noch Kämpfe kosten. Aber bis jetzt hörte Mussolini auf sie, vertraute er nach wie vor ihrer Bildung und historischen Kenntnis. Rom, die Ewige Stadt. Breite Straßen, prächtige Paläste, Tore, Brunnen, Monumente. Für Sarfatti der ideale Ort – wären da nicht die Mailänder Freunde und ihr Salon gewesen. Die würden ihr fehlen, vor allem Ada, ihre einzige Intimfreundin. Deren neue Novelle, *Die Straße*, sollte bald erscheinen. Sarfatti wird sie wie alle anderen Bücher eingehend besprechen. Mit keiner anderen Frau fühlte sie sich derart verbunden. Ihr wollte sie ein ganz besonderes Geschenk machen: Sie würde ihre Beziehungen spielen lassen, damit Ada den Nobelpreis für Literatur bekam. Nach Stockholm wollte sie reisen und sich beim König persönlich für sie einsetzen. Lange schon stand Ada Negri auf der Liste der Anwärter. Ihre Erwartung an Margherita war hoch, ihre Enttäuschung groß, als sie erfuhr, dass Grazia Deledda ausgewählt worden war. Im Frühjahr 1926 hatte Margherita noch frohlockt: Sie und keine andere sei die Würdigste für diese hohe Auszeichnung. Negri muss Sarfatti später heftige Vorwürfe gemacht haben. In einem Brief vom 12. Dezember 1927 beklagt Margherita, dass Ada ihre Bemühungen nicht honoriere, stattdessen ernte sie nur Worte des Zorns: »All dies habe ich für dich getan. Ich. Und ich habe nie gesehen, dass du etwas für mich getan hättest.«[4] Wenige Tage später schreibt sie wieder versöhnlich: »Findest du nicht, dass wir beide zum Lachen sind, mit diesem Bockigsein und störrischen Vorwürfen streitender Verliebter? Ich sehe das so [...] und wünsche es im Sinne eines glücklichen Endes. Man sieht, dass eine Freundschaft wie unsere tiefere Wurzelfasern in mir hat.«[5]

Das faschistische System stabilisierte sich in den späten Zwanzigerjahren. Italiens Bürgertum duckte sich, passte sich dem Zeitgeist an. Man war Mitglied der faschistischen Partei, jubelte von Zeit zu Zeit Mussolini zu und ging ansonsten seiner Wege. Streiks und Aufstände gehörten der Vergangenheit an. Die Züge fuhren pünktlich, die Straßen in den großen Städten wurden regelmäßig gesäubert. Dank sinkender Arbeiterlöhne florierte die Wirtschaft, das Privatleben wurde von den Anforderungen der politischen Diktatur kaum beeinträchtigt.
Diese beruhigende Bilanz galt nicht für alle Teile der Bevölkerung. Antifaschisten mussten ständig mit Überfällen der Squadre rechnen, wo immer sie sich öffentlich zu erkennen gaben. Von diesen Gewaltexzessen waren insbesondere die Minderheiten betroffen, immer öfter auch die jüdischen Einrichtungen und ihre Bürger. Als im Oktober 1926 das dritte Attentat auf Mussolini verübt wurde, stürmte eine Horde Squadristen die Synagoge von Padua.[6] Es gab keinen Hinweis auf die jüdische Herkunft der Attentäter. Aber die Schwarzhemden wüteten, als wäre ein Pogrom befohlen worden. Seit mehr als 50 Jahren hatte

es in Italien so etwas nicht mehr gegeben. Sacerdoti, der Oberrabbiner von Rom, wandte sich besorgt an Mussolini. Er wurde beschwichtigt. Noch war der Antisemitismus keine verbindliche Staatsdoktrin. Noch verlachte Mussolini die deutschen Rassentheorien.

Wie mochte Margherita Sarfatti auf die Zerstörung der Synagoge von Padua reagiert haben? Fühlte sie sich sicher, konnte sie sich vorstellen, dass sie und ihre Familie eines Tages verfolgt würden, sie, die treue Beraterin und Geliebte des Duce? Seinetwegen zog sie extra nach Rom, gab sie ihre Rolle als Mailänder Kulturregentin auf. Zwar fand sich die römische Prominenz bald regelmäßig bei ihr ein, aber die Bedeutung ihres Mailänder Salons würde der römische nie erreichen.

Schon im Palace Hotel, ihrer ersten Adresse in Rom, empfing sie Besucher. Ohne wöchentlichen Salon, ohne ihr »Studio« mochte sie nicht leben. »Mach der Sarfatti den Hof, sie ist die Macht hinter dem Thron« – diese Empfehlung galt nach wie vor. Die königliche Familie begegnete ihr mit Respekt. Der König wusste um die antimonarchistische Haltung des Duce, hoffte wohl auf Margheritas prägenden Einfluss. Königin Elena holte sich oft Rat bei ihr, zu allen königlichen Familienfesten wurden sie und Fiammetta eingeladen. Sogar das Schloss Porziano am Meer wurde ihr zur Verfügung gestellt. Schwimmen tat ihrem verletzten Knie gut. Während sie sich erholte, fuhr Mussolini zusammen mit Fiammetta im Motorboot herum. Täglich sahen sie sich, berieten über die aktuelle politische Lage. Nicht selten arbeitete Margherita Reden für ihren Geliebten aus.

»Er hatte bei ihr immer grünes Licht. Das Haus musste leer sein, wenn er kam. Wenn du zufällig da warst, wenn er sich ankündigte, bekam Margherita meist schreck-

liche Kopfschmerzen. Du wurdest eher unhöflich hinaus-
begleitet. Die Diener mussten darauf achten, dass alles
sauber war, wenn das Auto vorfuhr. Er kam ungesehen
herein. Natürlich telefonierte er niemals am Freitagnachmittag.«[7]

Der Freitag war Sarfattis Salontag. Ab 17 Uhr fanden sich
nach und nach die Besucher ein. Die Liste der Persönlichkeiten ist lang. Sarfatti führte ein Album, in dem sich die
Gäste eintrugen. Sie sammelte Unterschriften von Prominenten wie andere tote Schmetterlinge. Wer von ihren
Besuchern noch nicht berühmt war, hoffte, es in ihrem
Salon zu werden. Pirandello, Panzini, Malaparte und Bontempelli, Autoren des jungen Italien, ihr Jugendfreund
Marconi, der Komponist Alfredo Casella, die Schauspie-
lerin Marta Abba, die Maler des *Novecento Italiano* – sie
alle fanden sich bei Sarfatti ein. Manche hielten sie für
einen affektierten, eitlen Menschen, viele waren von ihr
fasziniert. Sie galt als das Ideal einer Salongastgeberin,
die auch die stillsten und zurückhaltendsten Menschen
in eine Diskussion hineinzog. Unter den Besuchern fand
sich auch Werner von der Schulenburg, ein deutscher
Autor und Italienliebhaber aus altem Adelsgeschlecht mit
einflussreichen Verbindungen. Man hatte ihm Margherita Sarfatti mit der Bemerkung empfohlen: »Die könnte
Ihnen über vieles Auskunft geben. Sie steht mitten in der
Bewegung. [...] Donna Margherita ist eine der klügsten
Frauen nicht nur Italiens. Ihr Einfluss auf den Duce ist
nicht zu ermessen; ich möchte sogar sagen, dass sehr viel
Gutes vom Geistesgut des Faschismus von Donna Margherita stammt.«[8] Schulenburg beschreibt Sarfatti in seinen
unveröffentlichten Erinnerungen als eine sehr blonde und
schlanke Frau, nicht viel jünger als Mussolini, die die Ge-
selligkeit mit einer gewissen harten Eleganz führte. »Es

ging ein neuer Ton durch das gesellschaftliche Leben; fast möchte man sagen: etwas Militärisches.«[9]

Sarfatti und Schulenburg schätzten einander sehr. In ihren zahlreichen Gesprächen warnte sie vehement vor einem Bündnis zwischen Deutschland und Italien. Darin sah sie lange vor der Machtergreifung Hitlers »eine Lebensgefahr für den Faschismus«. Dennoch trat sie für eine kulturelle Verständigung beider Länder ein, empfahl Schulenburg, eine Zeitschrift zu gründen. Begeistert schrieb er einen Brief an den Duce, in dem er erklärte, wie diese Zeitschrift aussehen könnte. Im März 1927 stimmte Mussolini endlich zu und sicherte finanzielle Unterstützung durch Inserate zu. *Italien* erschien von 1928 bis 1930 unter der Herausgeberschaft von Werner von der Schulenburg.

Prominente NSDAP-Mitglieder versuchten, die Kontakte Schulenburgs für sich zu nutzen. Eine besondere Groteske war die Aufforderung des Parteiideologen Alfred Rosenberg, durch Margherita Sarfatti »eine Denkschrift über die Verbrechen des Weltjudentums an den Duce gelangen zu lassen«. Schulenburg telefonierte in dieser Angelegenheit mit Rudolf Hess und berichtet:

»›Durch Frau Sarfatti? Das wird wohl kaum möglich sein.‹

›Weshalb nicht?‹

›Weil sie Jüdin ist.‹

Ich hörte direkt, wie sich an der anderen Seite der Leitung jemand vor Schreck neben den Stuhl setzte.

›Aber das ist doch nicht möglich!‹

›Doch!‹

Es entstand eine kleine Pause; endlich kam von der anderen Seite ein Befehl. ›So … dann werden Sie eine andere Mittelsperson finden.‹«[10]

Schulenburg ließ Rudolf Hess wissen, dass er sich dafür

einen anderen suchen müsse. Seine Sympathie für Sarfatti blieb bis zu seinem Tod ungebrochen. In der Zeitschrift *Italien* veröffentlichte sie mehrere Artikel über den *Novecento* und die italienische Dichtung. Unter anderem auch einen Aufsatz über den 1929 veröffentlichten Roman *Gli indifferenti (Die Gleichgültigen)* des einundzwanzigjährigen Alberto Moravia. Das Buch, ein scharfsinniges Porträt der korrupten italienischen Mittelklasse, wurde ein großer Erfolg.[11] Nur Margherita Sarfatti äußerte sich unzufrieden: »Die Personen und Geschehnisse dieses Buches könnten fast einer Tragödie des Äschylus entsprechen, nur fehlt es allerorts an Größe und Leidenschaft [...]. Die im Titel angeführte Gleichgültigkeit erfüllt auch die Gemüter aller handelnden Personen, und hierin gerade liegt die zerrüttende, entmutigende Unmoral des Buches.«[12]

Auch Mussolini betrachtete den Roman als ein Dokument des unausgesprochenen Antifaschismus. Dennoch wurde es von zahlreichen Intellektuellen verteidigt und im November 1930 als eines der hundert besten Bücher italienischer Literatur nominiert. Zu Sarfattis Besänftigung erschien auch ihre Mussolini-Biografie *Dux* auf der Nominierungsliste. Als Moravia einmal in ihren Salon kam, stellte Sarfatti ihn mit den Worten vor: »Er ist der Cousin des Schweines Carlo Rosselli.«[13] Geschmackloser ging es nicht. Ausgerechnet Sarfatti, die nicht müde wurde, einen aristokratischen Faschismus einzufordern, und so viel Wert auf Etikette legte. Die Brüder Rosselli waren Antifaschisten der ersten Stunde, wurden verfolgt und später ermordet. Vielleicht fühlte sich die Geliebte des Duce heimlich beobachtet, wollte sich und anderen beweisen, dass ihre geistige Verwandtschaft mit Mussolini ungebrochen war. Es gab sichtbare Zeichen einer beginnenden Entfremdung. Man munkelte sogar, dass Mussolini ihren Salon bespitzeln ließ.

Viele ausländische Gäste wurden dort empfangen. Josephine Baker, George Bernhard Shaw, Sinclair Lewis. Darunter auch Alma Mahler-Werfel, die Mussolini bewunderte und ihn am liebsten an der Spitze Europas gesehen hätte. Eine Führungsaufgabe, die ihm auch der Präsident der Columbia-Universität New York, Nicholas Murray Butler, zutraute. Butler hatte den Briand-Kellog-Pakt mit entwickelt, ein Bündnis von Staaten zur Ächtung des Krieges, wofür er 1931 den Friedensnobelpreis erhielt. Margherita lernte ihn 1930 in Rom kennen. Es war eine Freundschaft auf »den ersten Blick«. Beide verband eine kulturelle Übereinstimmung in Literatur, Philosophie und Geschichte, wie Margherita sie selten erlebt hatte. In den folgenden Jahren entwickelte sich ein regelmäßiger Briefwechsel, der von gegenseitigem Respekt und freundschaftlicher Fürsorge getragen war.[14]

Butler verurteilte die Unterdrückung der Menschenrechte durch den faschistischen Staat, war aber von Mussolini fasziniert und wurde von ihm eingeladen, seine Positionen mit ihm zu diskutieren. Die Kontakte gestalteten sich positiv. Sarfattis Sprachkenntnisse erwiesen sich für den Duce wieder einmal von hohem Wert. Es wurde verabredet, ein Institut für italienische Studien an der Columbia-Universität einzurichten, die *Casa Italiana*. Prezzolini, einer der ersten Bewunderer Mussolinis, inzwischen aber abgestoßen von der Praxis des Faschismus, wurde Direktor dieses Instituts.

Sarfatti zog sich in der zweiten Hälfte der Zwanzigerjahre immer öfter in ihr Landhaus oberhalb von Como zurück. Die aufregende Zeit der faschistischen Anfänge war vorbei.

Margherita Sarfatti, ca. 1925

Diese intensive glückliche Phase des Suchens und der Ungewissheit. Dieser Kitzel von Angst und Gefahr, verquickt mit körperlicher Begierde. Mussolini sah sie jetzt seltener. Auf ihr Wissen und Verständnis mochte er nicht verzichten. Aber seine Unlust, sich von ihr beraten zu lassen, wuchs. Dabei hatten sie gerade erst begonnen. Es gab noch so viel zu tun. Innovationen in Bildung, Wirtschaft und Kultur. In Zukunft würde sie sich wieder verstärkt ihren eigenen, ganz persönlichen Projekten widmen.

Nach ihrem Bestseller *Dux* sollte es diesmal ein Roman werden. *Il Palazzone (Der Palast),* eine Geschichte ganz im Sinne der Rollenzuweisung für die faschistische Frau. Die Handlung spielt in den Jahren 1910 bis 1922. Fiorella Maggi, ein junges, intellektuell waches Mädchen von 14 Jahren, trifft bei einem Spaziergang den Grafen Raineri Valdeschi, der sie mit zu seinem Landsitz, dem »Palazzone«, nimmt. Dort lernt sie seine beiden Söhne kennen: Manlio, den schüchternen und empfindsamen Jüngeren, und Sergio, den schneidigen Älteren, dominierend und aggressiv. Ihn wird sie heiraten.

Der Liebesroman nimmt seinen dramatischen Lauf. Sergio ist krankhaft eifersüchtig, nicht mal den Hund darf Fiorella streicheln. Er flüchtet sich in eine militärische Karriere, lässt seine junge Gattin allein, seinetwegen soll sie ruhig leiden. Schüchtern wehrt sie sich, fordert die ihr zustehende Gattenliebe. Ihr Schwiegervater, der sich in sie verliebt hat und sie bedauert, versucht sie in einem schwachen Moment zu küssen, aber Fiorella weist ihn erschrocken zurück. Voller Selbstekel geht der alte Graf auf die Jagd und erleidet einen tödlichen Unfall, vermutlich absichtlich von ihm herbeigeführt. Sein Tod bringt die Eheleute wieder zusammen. Sie bekommen ein Kind, Neri, ein zu Gewalttätigkeit neigender Junge, sehr ähnlich dem düsteren und aggressiven Roberto Sarfatti. Als Fiorella ihn eines Tages mit Soldaten spielen sieht, überfällt sie die Angst, ihn zu verlieren. Ein autobiografisches Motiv, das Margherita nicht losließ. Beide, Ehemann und Schwager, werden in den Krieg ziehen, aber nur Manlio kommt zurück. Unter dem Eindruck der Kriegserfahrungen nähert er sich der faschistischen Bewegung, überzeugt, dass ein Führer die chaotischen Verhältnisse in Italien beseitigen muss. Er bekennt seine Zuneigung zur Schwägerin und wirbt um sie. Am Ende macht sich Manlio auf, am Marsch auf Rom teilzunehmen, »in der Stunde der Größe Italiens«, wie es pathetisch heißt.

Das Buch ist leicht zu lesen und ohne literarischen Anspruch. Ein auf bizarre Weise autobiografischer Text. Fiorella heißt übersetzt Blümchen. Margherita bedeutet Margerite. Das Schicksal des alten Grafen erinnert an Sarfattis Schwester Lina, die verzweifelt Selbstmord beging, weil sie sich in ihren Schwiegersohn verliebt hatte.

Fiorella erscheint jedoch ganz anders als die Autorin: den Männern unterworfen, ganz ihrer Rolle als Mutter, Ehefrau und Liebhaberin verhaftet. Als Sarfatti ihren Roman veröffentlichte, wurden bereits die »zehn Gebote der italienischen Frau« propagiert, eine Litanei der Unterordnung unter Gott, Vaterland, Familie und jede männliche Autorität. Die Frau habe »die Mutter in sich« zu respektieren, denn in ihr würden die zukünftigen Söhne des neuen Italien heranwachsen. Eine sanfte Gefährtin solle sie sein, aufopferungsvoll und demütig.

Il Palazzone ist Liebesroman und Propaganda-Prosa zugleich. In Sarfattis Buch *Die weibliche Armee in Frankreich* ist die Frau noch selbstlose Heldin, Krankenschwester und Kämpferin, jetzt regeln ausschließlich männliche Kraft und Stärke die Geschicke der Welt. Das Buch endet mit der Vision einer neuen Nation, die ihr Fundament in der Aristokratie der Kriegsteilnehmer hat. Sarfatti schildert hier ihre eigene Variante des Faschismus: elitär und anspruchsvoll, kein Massenregime, wie Mussolini es repräsentiert.

Anders als ihre Romanfigur Fiorella gestattete sich Sarfatti ein Leben jenseits von Unterwerfung und stiller Duldung. Sie frönte der freien Liebe, lehnte das Wahlrecht, das Recht auf Scheidung oder Arbeit, auf Verhütung oder

Margherita Sarfatti, Ende der 20er Jahre

Abtreibung ab. Ihren Duce hatte sie sich selbst gewählt,
auch die Blätter, für die sie schrieb. Frauenverbände und
Zeitschriften, die einst lebendig und vielgestaltig für die
Emanzipation eingetreten waren, wurden längst verboten.
Für Sarfattis Veröffentlichungen galt das noch nicht. Bis
zum Ende der Zwanzigerjahre verbreitete sie den Nimbus
einer überaus gefragten Persönlichkeit, die bei keiner Ausstellung fehlen durfte und von Kennern der modernen
Kunst in Paris, Wien und London geschätzt wurde. Eine

umtriebige Witwe, die es wagte, ihre illegitime Beziehung zum Duce öffentlich zu zeigen, die aber auch spürte, dass der Glanz ihrer Berühmtheit Kratzer bekam.

Sarfatti wurde von vielen beneidet und gehasst, ihr Auftreten wirkte selbstherrlich und gebieterisch. Da ist Ojetti, der aus dem Ehrenkomitee des *Novecento Italiano* austreten wird, da sind Farinacci und seine Anhänger, die den *Novecento Italiano* kritisieren, vorsichtig noch. Und da sind die Venezianer und die Toskaner, die auf ihre regionalen Bezüge pochen und gegen die Anmaßungen der »Sarfatti-Künstler« wettern.

Auch in der Beziehung zu Mussolini gab es deutliche Signale. Bald würde sie fünfzig werden. Wenn sie in den Spiegel sah, wusste sie Bescheid. Der einst so faszinierende Goldton ihrer Haare war dem gefürchteten Grau gewichen. Sie färbte sich die Haare. Mussolini sah es, äußerte sich verächtlich. Aber was noch viel schlimmer und einschneidender war: Die Villa Torlonia, die Margherita für ihn besorgt und eingerichtet hatte, wurde durch sein Votum zum verbotenen Gelände für sie. Mussolini schien entschlossen, sich der Nation als guter katholischer Familienvater zu präsentieren. Die wilden Zeiten sollten, zumindest nach außen, ein für alle Mal vorbei sein. Als im September 1929 sein fünftes und letztes Kind, Anna-Maria, geboren wurde, eröffnete er seiner Frau, dass sie nun endlich nach Rom ziehen dürfe.[15] Er wollte die Familie vorzeigen und unter Kontrolle haben, besonders die widerspenstige Älteste. Ausgerechnet in einen Juden hatte sich Edda verliebt. Das musste unterbunden werden. Mussolinis Bruder wurde beauftragt, den Richtigen zu suchen – und wurde fündig. Ein Mann aus altem Geschlecht: Graf Galeazzo Ciano, Sohn des Admiral Ciano, ein gefeierter Held des Weltkrieges, den

Mussolini sehr bewunderte. Der junge, schneidige Diplomat machte es Edda leicht, den jüdischen Seefahrer zu vergessen. Im April 1930 heirateten sie. Für Rachele die erste Möglichkeit, als öffentliche Person wahrgenommen zu werden. Zu aller Erstaunen bewältigte sie ihre Sache gut. Margherita blieb der Hochzeit selbstverständlich fern. Edda hasste sie. Welche Geliebte des Vaters findet schon Gnade vor den Augen der Tochter? Konkurrenz, Neid und Eifersucht prägten das Verhältnis. Man erzählte, dass sich Edda später Bericht erstatten ließ und triumphierte, wenn ihr Salon mehr Besucher zählte als Sarfattis. In ihren Lebenserinnerungen erwähnt sie Margherita mit keinem Wort. Sie und ihre Mutter machten kein Geheimnis daraus, dass sie »die Sarfatti« verabscheuten. Eine ihrer ersten Maßnahmen war, Mussolinis alter Haushälterin zu kündigen. Für Sarfatti ein großer Verlust. In den nächsten Jahren setzte der starke Clan der Cianos alles daran, ihren Einfluss zu zerstören. Ein erbitterter und hinterlistiger Kampf.

Laut Rachele dauerte die Beziehung zwischen ihrem Mann und Sarfatti bis zum Jahre 1926. Dann habe Benito ihr versichert, dass der Fall Sarfatti abgeschlossen sei. Eine Lüge, aber dennoch sehr bezeichnend. Man redete über die neue Stärke von Rachele. Margherita hingegen beschwor ihre alte Position: »Der Duce liebt mich so sehr!«, »Der Ministerpräsident braucht mich!«, »Der Duce hat mir viel zu verdanken«. Sätze wie Geländerstreben, an denen sie sich aufrichtete, wenn sie an Einfluss weiter verlor. Früher wandte sie sich direkt an Mussolini, wenn sie in eigener Sache Hilfe von oben benötigte. Jetzt musste sie sich schon an ihren alten Freund D'Annunzio wenden, wenn sie ein historisches Bauwerk retten wollte.

»Commandante«, heißt es in einem Brief vom Juni 1928,

»Ihr, der Ihr jung seid, wollt Ihr mir helfen? Also, zwei besondere Häuser, die es mit Dringlichkeit nötig haben zu intervenieren. Faenza mit seinem schönen 15. Jahrhundert-Bau, der den Platz umschließt und der zerstört werden soll, [...] Vicenza mit der Loggia del Capitanio am Platz der Herren. Solche Leute, unwissend und dumm, glauben, dass das Werk eines Architekten sich mit einer Makkaronifabrik vergleichen lässt: [...] als sei es eine Frage, genug Mehl hinzuzutun [...], je mehr man im Großen arbeitet, je mehr man produziert, desto mehr gewinnt man. Ach diese Dummen!«[16]

Gabriele D'Annunzio war zwar an Jahren nicht mehr jung, aber in Sarfattis Augen immer noch von jugendlichem Enthusiasmus und voller Stärke. Wie stets half er der verehrten Signora gern.

Es sieht einer Sarfatti nicht ähnlich, dass sie einfach zusieht, wie sie nach und nach an Bedeutung verliert. Etwa zehn Jahre war sie jetzt mit Mussolini liiert. Jahre der Vertrautheit, der politischen Gespräche, des Streits und der Versöhnung. Sie vermisste sein Begehren, seine ungestüme Leidenschaft. Am schlimmsten war seine Sprunghaftigkeit, das Unberechenbare seines Wesens. Mal überhäufte er sie mit Aufmerksamkeit, dann wieder stieß er sie brutal von sich weg. Heiß und kalt. Hoffnung und Resignation. Seit sie in die neue Wohnung gezogen war, ließ er sich nur noch sporadisch bei ihr blicken. Fragte sie nach dem Warum, wich er ihr aus, behauptete, es liege an der fehlenden Seitentür. Es zieme sich nicht, für alle sichtbar durch den Haupteingang zu marschieren. Merkwürdige Begründung. Früher hätte ihm das nichts ausgemacht.

Sie überlegte, was sie tun könnte. Wie den Duce wieder

stärker an sich binden? Vielleicht brauchte er ein besonderes Zeichen ihrer uneingeschränkten Treue und Freundschaft. Vielleicht hing seine wachsende Distanz auch mit ihrem Judentum zusammen, an dem ihr noch nicht einmal etwas lag. Warum sich mit einem religiösen Erbe belasten, das ihr nichts bedeutete. Der Katholizismus war ihr viel vertrauter. Sogar Mussolini entpuppte sich neuerdings als gläubiger Christ.

Im Verhältnis zwischen den staatlichen Institutionen und dem Heiligen Stuhl gab es seit 1871 eine Reihe ungelöster Probleme. Daher wurden die von Mussolini eingeführten kirchenfreundlichen Maßnahmen mit großem Wohlwollen registriert. Seit 1923 bestanden sogar heimliche Kontakte zum Vatikan mit dem Ziel einer neuen Kirchengesetzgebung. Um gute Stimmung zu machen, hatte sich Mussolini im Dezember 1925 mit Rachele kirchlich trauen lassen. Eine Höflichkeitsgeste gegenüber dem Vatikan, ebenso wie die Taufen der Kinder einige Jahre zuvor. Das Volk würde sich einem katholischen Ehemann und Vater auf die Dauer eher unterwerfen als einem gottlosen Revolutionär. In einem Brief Mussolinis an den Heiligen Vater hieß es: »Ich habe den Konflikt zwischen Staat und Kirche schon immer als für beide Seiten verhängnisvoll betrachtet und halte seine Beilegung früher oder später für unumgänglich.«[17]

Ausgerechnet er, der einst so gekränkte und verstoßene Internatszögling einer Klosterschule, sollte dieses Kunststück vollbringen. Und Margherita Sarfatti würde ihn dabei unterstützen. Der Vatikan vertrat weltweit 400 Millionen Menschen. Das konnte man in der Politik nicht unberücksichtigt lassen.

Die Geheimverhandlungen zwischen Staat und Kirche traten Ende 1926 in ein ernsteres Stadium, als plötzlich alles Erreichte wieder infrage gestellt wurde. Es ging um das Monopol der faschistischen Jugendorganisation *Balilla*. Die katholische Kirche wollte sich das Recht auf die Beeinflussung der Jugend nicht nehmen lassen. Ebenso bestand sie auf der kirchlichen als der einzig rechtsgültigen Trauung. Mussolini lehnte die Forderungen ab, hielt aber weiterhin losen Kontakt zu den kirchlichen Vertretern. Am 11. Februar 1929 war es dann endlich so weit: Im Vatikan wurden der Staatsvertrag und das Konkordat feierlich unterzeichnet. Wie ein Lauffeuer verbreitete sich die Nachricht. Überall sammelten sich Menschen, die den Papst, den König und den Duce hochleben ließen. In Mussolinis Augen hatte der Staat einen hohen Preis für die Aussöhnung gezahlt. Doch die Lateranverträge »stärkten in kurzer Zeit den Faschismus auf internationaler und nationaler Ebene und förderten den Konsens mit den katholischen Massen«[18].

Ein Erfolg, der vielen Italienern zum Verhängnis werden sollte. Die katholische Kirche war faktisch zur Staatskirche geworden. Plötzlich standen alle anderen religiösen Bekenntnisse außerhalb der nationalen Identität. Was war mit der kleinen Gemeinde der Protestanten, wie würde der Staat mit den Juden umgehen? Die Auswirkungen ließen nicht auf sich warten. Jüdische Gemeinden mussten sich registrieren lassen, Rabbiner und Gemeinderäte die italienische Staatsangehörigkeit haben. Die Oberrabbiner und Gemeindepräsidenten wurden von staatlichen Gremien nominiert. Von nun an waren die Juden direkter Kontrolle ausgesetzt.

Mussolini war kein Antisemit wie Adolf Hitler. In ihrer Artikelserie von 1945, *Mussolini, wie ich ihn kannte*, erzählt Sarfatti folgende Anekdote:

»Einmal musste ich mich nach Berlin begeben, um mich

in der Klinik des berühmten Chirurgen Katzenstein behandeln zu lassen, der versuchte, mein Bein, das ich mir in Spanien gebrochen hatte, wieder zusammenzusetzen. –

›Wie heißt dieser Chirurg?‹, fragte Mussolini mich, der sich wegen meiner bevorstehenden Reise sorgte. Ich sagte es ihm und fragte dann:

›Und nun, darf ich jetzt nach Berlin fahren? Darf ich das Risiko dieser Operation eingehen?‹

›Ohne Zweifel, ja‹, antwortete er mir. ›Jetzt, wo ich weiß, dass sein Name Katzenstein ist, fahren Sie nur. Er ist Jude, was so viel heißt, dass er ein guter, vertrauenerweckender Chirurg ist. Haben Sie denn einen Augenblick geglaubt, dass ich Sie hätte gehen lassen, wenn er kein Jude gewesen wäre? Das hätte ich niemals erlaubt, dass Sie sich in Behandlung eines reinen Deutschen, eines ›Herrn Professor‹ begeben hätten, eines Fettwanstes mit schweren Fingern, ähnlich seinen Theorien. Nein, mit Sicherheit nicht!‹«[19]

Sarfatti fuhr nach Berlin und ließ sich operieren. Ihre Familie war weit weg, aber an Gesellschaft sollte es ihr hier nicht mangeln. Sie unterhielt regen Kontakt zur Familie Stresemann, empfing den einen oder anderen prominenten Gast. Ganz besonders freute sie der Besuch des legendären Albert Einstein. Er war eng mit Professor Katzenstein befreundet und niemals abgeneigt, eine schöne Frau zu treffen. Vermutlich hatte ihm der Arzt von der attraktiven Jüdin erzählt. Einsteins Zerstreutheit, schrieb Sarfatti, sei unglaublich gewesen.[20] In ihren Augen eine besondere »Form der Konzentration«. Sie fragte nach seiner beängstigenden Verantwortung als Wissenschaftler, stritt mit ihm über die Lage in Italien. Früher, sagte Einstein, habe es Leonardo und Michelangelo gegeben, jetzt Kanonen und Panzer, die die Italiener nicht mal bedienen könnten. Margherita reagierte empört. Schließlich sei es nicht die Schuld der Italiener, wenn der deutsche Kaiser Kanonen auf Europa richte und seine Soldaten Michelangelo als Türvorleger benutzten.

Am nächsten Tag erschien Einstein mit einem Strauß Rosen und seiner Geige an ihrem Krankenbett. Zur Entschuldigung spielte er Beethoven, erzählte ihr von seinen neuesten Entdeckungen. Wie Jesaja, der Prophet, saß er vor ihr. Die Haare lang und wirr, die Augen gen Himmel gerichtet, träumte er davon, dass sich kein Land mehr gegen das andere erhebe. Der kosmische Stoff – das sei die einzige spirituelle Kraft. Ewig hätte sie mit ihm so plaudern können. Eine überaus einnehmende, faszinierende Persönlichkeit. Am Telefon würde sie dem Duce davon erzählen. Sie und Einstein hatten Freundschaft geschlossen.[21]

Mussolini rief Margherita im Krankenhaus von Zeit zu Zeit an, diskutierte mit ihr die aktuellen politischen Ereignisse. Sie erwartete diese Telefonate mit großer Ungeduld, versuchte immer wieder auszuloten, wie der Duce zu einem Thema stand, das ihr damals sehr am Herzen lag: dem Zionisten-Kongress von November 1928. Die Debatten darum hatten sie tief beunruhigt, kosteten sie schlaflose Nächte. Dabei hätte sie dringend Ruhe gebraucht für ihr schmerzendes Bein. Es musste unbedingt eine Lösung gefunden werden.

Schon acht Jahre zuvor, beim letzten Zionisten-Kongress, hatte Mussolini die Juden davor gewarnt, den Antisemitismus ausgerechnet in dem Land hervorzurufen, wo es ihn nie gegeben habe.[22] Jetzt veröffentlichte er im *Popolo di Roma* einen kurzen, unsignierten Artikel mit der Überschrift *Religion oder Nation?*. Darin erklärte er, dass der Kongress zwar wenig Einfluss habe, aber dennoch eine große Gefahr bedeute. Die Zionisten würden sich in erster

Linie als Juden, nicht als Italiener fühlen. Daher stelle sich die Frage: »Seid ihr eine Religionsgemeinschaft oder eine Nation? Aus dieser Antwort werden wir die notwendigen Konsequenzen ziehen.«[23]

Sarfatti hatte den Artikel kurz vor ihrer Berlinreise gelesen und ihre engen Freunde über die Autorenschaft des Artikels informiert. Aus Berlin schrieb sie an Carlo Foà, einen jüdischen Verwandten: »Was Lopez [der Vorsitzende der zionistischen Vereinigung] und andere da machen, ist wirklich zum Verzweifeln und schon fast kriminell. […] Lass uns helfen, sie von weiteren gefährlichen Schritten abzuhalten. Sind sie religiös? Wenn ja, so sollen sie ihren Glauben praktizieren. Aber sie sprechen, schreiben und stellen sich als eine Nation dar, eine besondere Rasse, also definieren sie sich über ethnische Unterschiede, und zwar so, als würden sie Italien feindlich gegenüberstehen. Lass sie alle zur Hölle gehen! Ihre Idiotie soll wirklich keine Zukunft haben … Merke dir gut, was ich dir sage. Diese Sache ist sehr ernst, und das ist eine Warnung, die nicht nur von mir kommt, sondern von einer Etage höher. Es könnte aus einem Wind ein Hurrikan werden, der uns alle hinwegfegt.«[24]

Prophetische Worte! Sarfatti wusste, dass Mussolini eine Missachtung seiner Macht, wie sie die Zionisten offen zur Schau stellten, nicht hinnehmen würde. In Berlin schrieb sie einen anonymen Artikel für den *Popolo* über die Juden Italiens und drängte die Zionisten zu einer Loyalitätserklärung. Sie müssten deutlich machen, dass sie einen jüdischen Staat nur wegen der Flüchtlinge aus anderen Ländern für notwendig hielten. Sarfatti rief sogar den Vorsitzenden der Berliner Zionisten an und drängte ihn zu einer Stellungnahme. Doch der weigerte sich.

Nach Italien zurückgekehrt, arrangierte sie ein Treffen zwischen Mussolini und Foà. Zu ihrer Überraschung behandelte der Duce Foà mit Großzügigkeit und Verständnis. Es gebe keinerlei Gefahr, dass von Seiten der Regierung antisemitische Aktionen angezettelt würden. Schon die Idee sei barbarisch. Er, Mussolini, wolle nur, dass die Zionisten die positiven Errungenschaften der faschistischen Ära anerkannten. Deshalb habe er eine Art Warnglocke läuten lassen.

Der Konflikt schien erst einmal beigelegt. Aber konnte Sarfatti sich damit zufriedengeben? Wie sollte sie die Zeichen dieser Debatte richtig deuten? War sie als Jüdin in Gefahr? Sie versuchte, diese Sorge zu verdrängen. Gern hätte sie Mussolinis Beteuerungen vertraut. Doch sie kannte ihn inzwischen zu gut. Sein unbeständiges Wesen, die Unvorhersehbarkeit seiner Entscheidungen. Es wäre nicht das erste Mal, dass Mussolini seine Ansichten plötzlich änderte. Sie musste vor allem an ihre Kinder denken. Das Risiko war viel zu groß. Entschlossen wandte sie sich an Tacchi Venturi, Mussolinis offiziellen Beichtvater, und bat ihn um Hilfe. Bereitwillig unterwies dieser sie im Katechismus, vollzog die Taufzeremonie, das »Entreebillet zur europäischen Kultur«, wie Heinrich Heine sie genannt hatte. Auch ihre Kinder konvertierten 1928 zum Katholizismus.

Sarfatti glaubte weder an die Auferstehung der Toten noch an die Jungfräulichkeit Marias. Gefühle von Sünde oder Schuld blieben ihr fremd. Trotzdem verstand sie sich als gläubige Christin. Ihre Taufe fiel in die Zeit der Verhandlungen zwischen Staat und Kirche, die damals kurz vor dem Abschluss standen. Als Jüdin mit katholischer Segnung fühlte sie sich sicherer. Auf Mussolinis Schutz mochte sie sich nicht verlassen. Der Duce war mächtiger denn je, hatte dank ihrer Hilfe seine verwegensten Träume verwirklicht. Jetzt, da er sie kaum noch benötigte, gebärdete er sich immer abweisender. Dass sie ihm geholfen hatte, war selbstverständlich, auch wenn nicht alles so lief, wie sie es sich insgeheim erhoffte. Nicht, dass sie für ihre Mühe und ihren Einsatz Dank erwartete. Aber eine gewisse Anerkennung – war das wirklich zu viel verlangt? Warum musste er sie demütigen? Was hatte sie ihm getan? In London wurde die Ausstellung »Italian Art 1200–1900« geplant, initiiert von Mrs Chamberlain, der Gattin des britischen Außenministers. Da lag es auf der Hand, dass sie, Margherita Sarfatti, mit der Organisation dieser Ausstellung beauftragt wurde. Doch Mussolini, ohne eine Erklärung, überging sie einfach, schickte irgendeinen Emporkömmling nach London. Ihr blieb nur, auf eigene Faust hinzufahren, bemüht, sich die Herabsetzung nicht anmerken zu lassen. Eine halbe Million Besucher! Und sie musste mit ansehen, diesen Erfolg faschistischer Kunstpolitik nicht für sich verbuchen zu können.

Auch in Venedig, ihrer geliebten Heimatstadt, dort, wo sie und Benito Casanovas Flucht nachgezeichnet hatten, von Polizisten hartnäckig verfolgt. In einem stillen Winkel hatte er damals ihr kupfernes Haar bewundert, als sie ihn durch die geheimen Gassen ihrer Kindheit führte, vorbei an bedrohlich gurgelnden Kanälen. Eine ihrer schönsten Erinnerungen – und ausgerechnet hier sollte es keinen Platz mehr für sie geben. Der Duce ließ sich bei der Besichtigung der Biennale von einer anderen Frau begleiten. Fast jede Zeitung veröffentlichte Fotos davon.

Sie beschwerte sich nicht. Leben – darauf kam es an. Für die Kunst und für Italien. Es gab immer noch den *Novecento*, ihre Künstlergruppe. Wenn man deren Bedeutung in Italien nicht zu würdigen wusste, würde sie eben andere Wege finden. Mit Umsicht organisierte sie eine Vielzahl von Ausstellungen im Ausland mit den Künstlern, die ihren ästhetischen Ansprüchen genügten, vor allem den Mailändern. Zwischen 1927 und 1930 stellte der *Novecento Italiano* in Paris, Zürich, Amsterdam, Hamburg, Leipzig, Budapest und Buenos Aires aus. Alle wollten die italienische Moderne sehen. Für Sarfatti einer ihrer wichtigsten Erfolge.

Bizarrer Höhepunkt dieser Serie war die Berliner Ausstellung der juryfreien Kunstschau von 1929, zusammen mit Bildern der *Novembergruppe*, einer linken Vereinigung von Künstlern wie Otto Dix, Max Ernst oder Paul Klee. Größer hätte der Kontrast nicht sein können: in einem Saal die protzige Mussolini-Büste von Adolfo Wildt, im anderen *Jungens vom Wedding* und *Arbeiterinnen* von Otto Nagel. »Was können uns die jungen Maler des *Novecento Italiano* künstlerisch in dieser Zeit der gestaltlosen Umgestaltung bieten«, fragt der Rezensent der *Berliner Börsenzeitung*, »sie, die [...] selbst absolut keinen neuen Weg sehen und unter Einbezug gemäßigten Expressionismus einen [...] furchtbar temperamentlosen Sachlichkeitsweg einschlagen, der über eine biedere Gegenstandsbetrachtung zu gar nichts führt.«[25]

Einer der Maler, der für die Novecentisten nach Berlin gereist war, schrieb einen besorgten Brief nach Italien. In den Sälen der Novembergruppe seien auch Heartfields Fotomontagen eines toten Mussolini zu sehen. Wie würde das in Rom aufgenommen werden? Die vom Duce unterstützten Künstler, gemeinsam mit umstürzlerischen deutschen Antifaschisten! Die Situation war ohnehin schon prekär. Nicht nur, dass es innerhalb der Mailänder Gruppe Differenzen gab (»Um Himmels willen, leistet Widerstand!«[26], schrieb Sarfatti an Sironi), nicht nur, dass die von Sarfatti geforderte moderne Klassizität zugunsten einer formlosen Malerei aufgeweicht wurde – auch die Kritiker äußerten sich immer lauter und unverhohlener, allen voran Farinacci.

Mussolini war die Debatten um den *Novecento* längst leid. Bereits 1928 hatte er die venezianische Biennale verstaatlicht und als Komiteemitglied einen der schärfsten Gegner des *Novecento Italiano* eingesetzt. Er brauchte keine Egeria mehr, begehrte weder ihren Körper noch ihr Geld. Es ging ihm gut, trotz seiner Magengeschwüre. Täglich kamen körbeweise Briefe von Frauen. Das weibliche Italien lag ihm zu Füßen. Ein paar Andeutungen gegenüber seinem Sekretär – und schon wurde für seinen Hormonhaushalt gesorgt. Er selbst hatte zwar drei Jahre zuvor angeordnet, dass die zweite große Ausstellung des *Novecento Italiano* in Rom stattfinden würde, aber wenn sich die Römer sträubten, würde man eben in Mailand ausstellen. Besser, der *Novecento* blieb weit entfernt.

Für Sarfatti ein klares Zeichen der Entfremdung. Lange genug war sie an Mussolinis Seite gewesen. Entscheidende schwierige Phasen dieser Zeit hatten sie gemeinsam durchlebt. Jetzt zählte das alles nicht mehr. Ihre Pressemitteilung über die Ausstellung musste auf Befehl des Duce zurückgezogen und neu geschrieben werden. Mussolini hielt auch keine Rede. Deutlicher konnte die Botschaft nicht sein.

Auf die Einladungen der Künstlergruppe hatten dieses Mal nur wenige Maler reagiert. Der *Novecento Italiano*, schrieben die Journalisten, sei nur eine Schule, von einer führenden Rolle in der italienischen Kunstszene könne keine Rede sein. Man warf der Gruppe Ausländerei und Akademismus vor. Vom *Popolo* wurde die Ausstellung komplett ignoriert. Sarfatti hatte dort nichts mehr zu sagen. Anordnung des Duce. Dennoch versuchte sie zu retten, was noch zu retten ging, verwies auf den großen

Erfolg der ersten Ausstellung. Damals, als die Welt noch in Ordnung schien. »Dieser Versuch, glauben zu machen, dass die künstlerische Stellung des Faschismus Euer ›Novecento‹ sei, ist jetzt unnütz und ein Trick«, schreibt Mussolini ihr im Juli 1929. »Da Ihr noch nicht die einfache Scheu besitzt, meinen Namen eines politischen Mannes mit Euren künstlerischen oder angeblich künstlerischen Erfindungen zu vermischen, wundert Euch nicht, wenn ich Euch bei der ersten Gelegenheit auf explizite Weise meine Stellung und die des Faschismus gegenüber dem sogenannten ›Novecento‹ oder dem Rest des gewesenen ›Novecento‹ präsentiere.«[27]

Diese Gelegenheit würde bald kommen. Mussolini sollte seine Drohung wahr machen. Ob Sarfatti das voraussah? Ob sie realisierte, dass ihre Tage als ungekrönte Königin längst gezählt waren? Sie stürzte sich in ihre Arbeit und schrieb. Die einzige Möglichkeit, ihren Gedanken und Sorgen Luft zu machen. Diesmal verfasste sie eine Art ästhetisches Vermächtnis: *Geschichte der modernen Kunst*[28]. Ein kleines Buch, nicht mal 150 Seiten lang, das Beste, was sie je über Kunst geschrieben hat. Hier äußert sich eine private, eine von den Angriffen bereits gezeichnete Sarfatti. Es ist eine Liebeserklärung an die Malerei, an die mediterrane Kunst, an Italien. Ausgehend von der zweiten Hälfte des 19. Jahrhunderts, schildert sie die Entwicklung der einzelnen Strömungen und Stile. Alles, was Rang und Namen hat, wird von ihr gewürdigt. Niemals würde sie sich – wie von ihren Kritikern praktiziert – dazu erniedrigen, große ausländische Kunst abzuwerten. Ein trotziges Nun-erst-recht schimmert zwischen den Zeilen hindurch, ein »Ich bin, weil ich will«[29]. Die ausländische Kunst nimmt den größten Raum ein, dann erst versucht sie dem Geheimnis der italienischen Kunst auf die Spur zu kommen. Es ist, als würde sich Sarfatti jetzt, da sie immer mehr ausgegrenzt wird, auf das Wesentliche konzentrieren, auf das, was bleiben wird. Die Menschen – darauf komme es an. Auf ihren Schmerz, ihre Freude, ihre Arbeit, ihren Genuss, ihr Leiden. Kunst als Schrei der Befreiung, wichtiger und notwendiger als Brot. »Denn auf was antwortet die Schönheit, wenn nicht auf ein Gefühl des Göttlichen? Was ist das Schöne? […] Die Schönheit ist nicht das Nützliche, ist nicht das Wahre, ist nicht das Gute. Sie ist mehr, und vor allem ist sie verschieden. Sie ist anders, gehört zu einer anderen Ordnung […]. Sie ist das erhabene und geheimnisvolle Wort Gottes. Und nie war die Notwendigkeit, darauf zu hören, schrecklicher und universaler als jetzt.«[30]

Das klingt fast wie eine Beschwörung, eine Mahnung, Kunstwerke für sich sprechen zu lassen, befreit von aufgezwungenen Ideen, unabhängig von Religion oder Nationalität des Künstlers. Eine neue Bescheidenheit in Sarfattis Denken. Sie, die Faschistin, der man Ausländerfreundlichkeit vorwirft – was als gleichbedeutend mit antifaschistisch galt –, appelliert an die Zivilisation und Großzügigkeit des alten Rom: Im alten Rom habe immer ein gewisser Grad an moralischer, intellektueller und künstlerischer Solidarität existiert. Die Römer hätten die ethnischen Unterschiede der ihnen unterworfenen Völker respektiert.[31]

Sarfatti wird nie aufhören, sich einem glorreichen Italien verbunden zu fühlen und sich als Mitglied einer besonderen Spezies zu betrachten. Jüdisch zwar, aber zum Katholizismus konvertiert. Kunst sei in Italien nur ein anderes Wort für Vaterland. Und die vielversprechendsten Künstler, sosehr sie auch kritisiert und angefeindet werden, sind in ihren Augen nach wie vor die Novecentisten. Sarfatti bleibt sich selbst treu – und bezahlt einen hohen Preis dafür. Nach der Eröffnung der Biennale von

1930 wird sie ganz offiziell all ihrer venezianischen Funktionen enthoben. Entscheidend ist jedoch das Jahr 1931. Anlässlich der ersten Quadriennale für nationale Kunst in Rom wird zwar die Büste Sarfattis – ein Werk des Bildhauers Adolfo Wildt – ausgestellt, sie selbst ist jedoch nicht unter den geladenen Gästen. Dafür erscheint ein anderer, hoher Ehrengast: Benito Mussolini. Er wird wieder mal eine Rede halten. Eine Rede, die sich insbesondere an den Maler und Gewerkschaftsfunktionär Cipriano Oppo richtet und die wohl jene Gelegenheit ist, von der Mussolini bereits anderthalb Jahre zuvor in seinem Drohbrief an Margherita schrieb.

»Dies ist Euer Verdienst, Kamerad Oppo, keiner kann Euch das absprechen noch wegnehmen; keiner kann Euch beschuldigen, eine unvollständige Ausstellung organisiert zu haben. […] Das habt Ihr gut gemacht, denn sonst hätte man gesagt, dass die erste nationale Ausstellung von Rom die Ausstellung einer bestimmten Tendenz, einer bestimmten Gruppe, eines bestimmten Zirkels war. Hier sind alle […], und es ist eine schöne Ausstellung, eine Ausstellung, die die italienische Kunst ehrt.«[32]

Das war endlich das ersehnte Signal. Eine Art Freibrief für alle, die darauf warteten, sich an Sarfatti zu rächen. Jahr für Jahr hatte Farinacci auf diesen Augenblick gewartet. Jetzt konnte er zuschlagen. Systematisch. Gnadenlos. Seine Hetzkampagne beginnt mit dem Artikel *Der Novecento und die Ausstellungen im Ausland*[33] in der von ihm geleiteten Zeitschrift *Il Regime Fascista*. Weitere Artikel folgen. Von Pesaro, Galerist der ersten Novecentisten, der behauptet, der eigentliche Gründer des *Novecento* zu sein. Sarfatti habe sich die Künstlergruppe nur einverleibt, sie allein sei für deren Entartung verantwortlich. Von Marinetti, der Pesaro in allem zustimmt, aggressiv und ausfal-

Adolfo Wildt, *Margherita Sarfatti*, 1930

lend: *Novecento?* Das sei eine »kommerzielle verbrecheri-
sche Organisation«.[34] In Farinaccis Zeitschrift wird sogar
eine Extra-Rubrik eingerichtet: *Licht und Schatten des
Novecento*[35]. Man spricht von Freimaurerei, von der Angst,
der *Novecento* könne den Kuchen der Ausstellungen und
Kommissionen allein essen. Künstler aus Neapel, Florenz
und Mantua melden sich zu Wort. Sie alle sind sich einig.
Novecento ist das Letzte. »Verehrter Farinacci, weiß der
Duce, was auf unserem Gebiet geschieht?«[36]
Mehr als einen Monat nach dem ersten Artikel setzt Sar-
fatti sich endlich zur Wehr. Sie schreibt an Farinacci einen
Brief, der veröffentlicht und böse kommentiert wird.

»Da ich weder Geschäftemacherin noch Betrügerin, auch keine Frau bin, die andere einschüchtert oder aushungern lässt etc., etc., werde ich die Bestätigungen und Unterstellungen, die Ihre Zeitung überreichlich und mit Beharrlichkeit verbreitet, nicht tolerieren; ich verlange, dass Sie dafür Beweise finden und drucken.«[37] Sarfatti verweist auf ihre Verdienste als Faschistin der ersten Stunde, darauf, dass sie Mutter eines Kriegshelden sei. Aber davon lässt sich ein Farinacci nicht beeindrucken. Seine Antwort lautet: »Hätten wir unserem unmittelbaren Instinkt gehorcht, wäre der Brief im Papierkorb gelandet.«[38] Der Held Roberto Sarfatti gehöre der Nation, also gehöre er allen, auch ihm. Bittere Ironie des Schicksals: Sarfatti selbst hatte den Heldenkult um Roberto initiiert und forciert. Ein doppeltes Opfer: erst sein Tod, dann die Einverleibung durch die Gesellschaft. Aber die Gesellschaft dankt es ihr nicht. Farinacci zählt eine Reihe von Vergehen auf, die Sarfatti oder ihre Künstler begangen haben sollen. Bedrohungen, Erpressungen. Der *Novecento* eine Art *Squadra* der ersten Stunde. Künstler, die über Leichen gehen. Konkrete Angaben oder Namen werden nicht genannt. Aber dass Sarfatti sich irre, dass sie sich unverschämterweise als Mutter dieser Künstlergruppe betrachte, habe vor allem damit zu tun: Sie sei eben eine Frau, und als solche »viel zu schwach«[39].

Natürlich geht es Farinacci nicht um die Novecentisten oder um deren »widerliche« Werke. Nur eines ist für ihn von obsessiver Wichtigkeit: die Entmachtung und Vernichtung Margherita Sarfattis. Seine Rechnung geht ohne Weiteres auf. Nach und nach wird Sarfatti aus allen Kommissionen und Jurys entlassen. Mussolini selbst ordnet es an.

Und die Künstler? Die, für die sie geschrieben, debattiert, finanziert, polemisiert hat? Auch sie reagieren. In

Gruppen oder einzeln, Sironi vor allem. In langen Artikeln verteidigen sie sich und ihre Kunst. Ausführliche Erklärungen, ästhetische Betrachtungen, Rechtfertigungen. Nur eines taucht in ihren Polemiken nicht auf: der Name Sarfatti. Es ist, als habe sie nie existiert, als sei die Künstlergruppe vom Himmel gefallen. Mit dem Verschwinden ihres Namens löst sich auch der *Novecento Italiano* nach und nach auf. In der *Enciclopedia Treccani* wird der *Novecento Italiano* schon 1934 als »Phänomen der Vergangenheit« definiert.

Etwas Schlimmeres konnte man Sarfatti nicht antun: sie all ihrer Möglichkeiten, sich öffentlich zu äußern und zu präsentieren, zu berauben. Schon trauen sich die früher so zahlreichen Besucher nicht mehr über ihre Schwelle. Da der Duce sie verstoßen hat, ist sie auch nicht mehr förderlich für die Karriere. Wer wollte da noch bei ihr anklopfen?

»Die Signora Sarfatti ist in Ungnade gefallen. Ihr Salon, wo sich Minister und Botschafter trafen, hat sich von Woche zu Woche allmählich geleert. […] Diese Frau ist vernichtet, mittels eines Dekrets, das keiner kennt, aber über das alle sprechen, doch sie hat große, intellektuelle Vorzüge gehabt.«[40]

Aber so leicht würde Mussolini seine ehemalige Geliebte nicht loswerden. Dazu war sie immer noch viel zu einflussreich – und manchmal sogar nützlich. Besonders als Vermittlerin zu den USA, wo Mussolini in den Zwanzigerjahren als Star der amerikanischen Presse galt. In breiten Kreisen der Bevölkerung war man neugierig auf Nachrichten aus dem Nachkriegseuropa. Die *New York Times* hatte bereits vor der faschistischen Machtergreifung eine ihrer begabtesten Journalistinnen nach Rom geschickt. Selbstverständlich mussten alle Journalisten »positiv« berichten. Wer kritisierte, wurde eingeschüchtert und bald ausgewiesen, schlimmstenfalls der Verkauf der Zeitung in Italien verboten.

1927 waren in der *New York Sun* und der *New York Herald* zwölf Artikel erschienen, gezeichnet von Benito Mussolini, geschrieben von Margherita Sarfatti. *Meine 24 Stunden* war eine Serie, wie sie die Amerikaner mochten, keine strenge Berichterstattung über Politik, sondern Alltagsleben des Diktators, gewürzt mit Bildern und Anekdoten. Die Geschichte hatte sich hervorragend verkauft. Ein pralles Mussolini-Porträt, das den Amerikanern den faschistischen Führer nähergebracht hatte.

William Randolph Hearst, Besitzer des berühmten Zeitungsimperiums, zu dem rund dreißig rechtslastige Tageszeitungen und ein halbes Dutzend beliebter Zeitschriften gehörte, wollte die Zusammenarbeit mit Margherita Sarfatti gern fortsetzen. Im April 1931 unterschrieb sie einen Vertrag, der die Abnahme von weiteren Artikeln über Mussolini, jeder mit 1500 Dollar bezahlt, garantierte. Sie hatte hart gepokert, um diesen Preis durchzusetzen. Zwar musste sie anfangs harsche Kritik einstecken – ihr Stil sei zu gefühlsstark und bilderreich, sie solle sich an die Fakten halten und unsentimental berichten –, doch lernte sie schnell und arbeitete bald zur großen Zufriedenheit der New Yorker. Ihre Berichte, die sie diesmal mit ihrem Namen unterschrieb, ergänzten das Bild der Mussolini-Artikel. Der Duce sei ein Mann ohne Freunde, einsam und isoliert. Nur sie durchbreche angeblich Mussolinis Isolation. Geschickt fügte sie intime Details ein, um ihn sympathisch zu machen und ihre besondere Beziehung zu ihm zu verdeutlichen.

Sarfatti wusste, dass die meisten Amerikaner den Faschismus als etwas Fremdes ansahen, ihn dem Bolschewismus aber vorziehen würden. Darauf bauend, beschwor sie eine »Einheitsfront gegen schwarze und gelbe Völker«, eine Achse der Weißen, zu denen auch die Juden gehörten. Viele Amerikaner fühlten sich in ihrem Weltbild bestätigt, wenn Sarfatti dazu aufrief, sich gegen »die gelben Horden« zusammenzuschließen. Doch selbst für Rassisten war ihre Warnung vor den Schwarzen schwere Kost.

Bei den nachfolgenden Verträgen mit dem Zeitungsimperium verhandelte Sarfatti immer hart, um ansehnliche Honorare zu erzielen. Stets drängte sie auf schnelle Bezahlung. So notierte das Büro von Hearst: »Mrs Sarfatti ist sehr problematisch, was die Bezahlung betrifft, und nicht bereit, neue Artikel zu liefern, bevor die alten bezahlt sind. Eine Kreditvereinbarung könnte die Lady vielleicht beruhigen und für uns die Lage stabilisieren.«[41]

Obwohl Margherita Sarfatti niemals in ihrem Leben Geldsorgen gehabt hatte, geriet sie immer wieder in Panik, dass sie verarmt und ohne Sicherheit leben müsse. Vielleicht war ihr Pokern um hohe Honorare auch ein Versuch, die eigene Bedeutung zu taxieren, Anerkennung in Dollar zu bemessen. Als sie erfuhr, dass Mussolinis Artikel vier Mal höher bezahlt wurden als ihre, hätte sie die Verträge am liebsten hingeschmissen. Aber sie konnte nicht wählerisch sein. Mit ihren Artikeln verdiente sie nicht nur gut, sondern kämpfte auch gegen den Verlust von Einfluss und Prestige im eigenen Land.

Alles deutete inzwischen darauf hin, dass Hitler an die Macht kommen würde. Ein Gedanke, der sie äußerst beunruhigte. Was mochte das für Italien, für Europa bedeuten? Zum Glück war Franklin D. Roosevelt im November 1932 Präsident geworden. Er hegte großes Interesse an Mussolini, glaubte, in ihm einen Gleichgesinnten zu finden. Mit Begeisterung las Margherita von seinem Programm zur

Überwindung der Wirtschaftskrise *(New Deal)*. Die Parallelen zu den korporativen Strukturen des faschistischen Staates lagen auf der Hand. Geradezu verblüffend. So sah es anfänglich sogar für Roosevelt aus.

Sarfatti würde erst später, nach ihrer USA-Reise, begreifen, dass zwischen Roosevelts Demokratievorstellungen und Mussolinis Faschismus Welten lagen. Anders als der Duce stand sie dem aufstrebenden Nationalsozialismus in Deutschland feindlich gegenüber. In den nächsten Jahren galt ihre Anstrengung vorrangig einem Ziel: ein Bündnis zwischen Mussolini und Hitler unter allen Umständen zu verhindern.

Die Frage war nur wie. Kulturpolitisch gab es für sie nicht mehr viel zu tun. Der *Novecento Italiano* war unwichtig geworden. Auf der Biennale von 1932 wurden »ihre« Künstler – bis auf Tosi – gar nicht mehr ausgestellt. Farinaccis Zeitschrift hetzte ungehindert gegen sie. Mussolini benutzte sie nur noch als Sprachrohr und günstige Geldquelle, um bei der US-Presse satte Honorare herauszuholen (Rachele soll ständig gemahnt haben: »Benito, es ist Zeit zu schreiben.«[42]). Jenseits der amerikanischen Artikel wollte er mit Sarfatti nicht mehr gemeinsam genannt werden. Er verweigerte ihr sogar die offizielle Teilnahme an der Zehnjahresfeier der faschistischen Revolution. Ihr, die den Faschismus mit gegründet und ausgestaltet hatte! Eine Zurücksetzung und Missachtung, die sie nicht akzeptierte. Keiner würde sie daran hindern, die Geburtsstunde des Faschismus gebührend zu feiern.

Sie macht sich auf den Weg. Eine Frau um die fünfzig, die immer noch verführerisch aussieht, elegant, nach neuester Mode gekleidet. Hoch erhobenen Hauptes geht sie in das von der Polizei bewachte Ausstellungsgebäude. Zehn Jahre faschistische Revolution! Was hätte Mussolini ohne ihre Hilfe, ohne ihr Geld getan? In die Schweiz wollte er damals flüchten. Und sie hatte ihn zurückgehalten. Einer der Carabinieri geht auf sie zu. Er scheint sie erkannt zu haben. Aber statt sie mit Ehrerbietung zu begrüßen, stellt er sich ihr in den Weg. Eintritt verboten! Das müsse ein Irrtum sein, erwidert sie, blanker Unsinn, sie sei Margherita Sarfatti. Energisch will sie den Polizisten zur Seite schieben. So weit kommt es noch, dass ein Carabiniere ihr den Zutritt versperrt. In der Ausstellung werden Gegenstände aus ihrem Privatbesitz gezeigt. Und der Polizist steht vor ihr wie ein Baum, ein anderer stellt sich noch dazu. Sie wird lauter, fast hysterisch. Sie sollen sie endlich durchlassen, das sei ihr gutes Recht. Kopfschüttelnd halten die Carabinieri sie fest. Wie eine Verbrecherin wird sie nach draußen bugsiert. Anordnung von ganz oben. Schlimmer hätte Mussolini sie nicht demütigen können. Sie läuft nach Hause, hetzt ziellos durch die Straßen, immer geradeaus. Zu Hause wirft sie sich aufs Bett, schreit und weint. Tagelang geht sie nicht aus dem Haus. Irgendwann rafft sie sich auf, geht weiter ihren Weg. Aufgeben kommt nicht infrage. Es gibt immer noch ihren Salon, auch wenn nur wenige Gäste ihren Einladungen folgen. Vielleicht würde sich das wieder ändern. Wenigstens ein bisschen. Früher hatte sogar ein Hermann Göring sie besucht. Ganz entzückt war er gewesen über ihre ausgesuchte Gesellschaft und ihre liebenswerte Gastfreundlichkeit.

1933 wurde Mussolini mit der radikalen antisemitischen Politik der Nationalsozialisten in Deutschland konfrontiert. Anfangs reagierte er mit Kopfschütteln und warnte das junge deutsche Regime vor internationalen Verwicklungen. Die Boykottaktion jüdischer Geschäfte vom 1. April 1933 verurteilte er: man dürfe sich niemals mit den Juden und der Kirche in eine Auseinandersetzung einlassen, in beiden Fällen kämpfe man mit einem unsichtbaren Gegner.[43] Der italienische Botschafter in Deutschland trug Hitler diese Warnung persönlich vor. Ergebnislos, wie jeder weiß. Hitler soll barsch entgegnet haben, dass Mussolini vom jüdischen Problem absolut gar nichts verstehe, er aber Fachmann darin sei und Italien den Vorteil habe, dass es dort nur wenige Juden gebe.[44]

Im Gegensatz zu Deutschland zählte die faschistische Partei Italiens viele jüdische Mitglieder. Juden waren bei der Gründung der *Fasci di Combattimento* dabei, hatten sich am Marsch auf Rom beteiligt. Giorgio Bassani erzählt in seinem Roman *Die Gärten der Finzi-Contini*, dass 1932 etwa neunzig Prozent der jüdischen Gemeinde von Ferrara Mitglied der PNF waren. Dies sei jedoch nicht als ein ideologisches Bekenntnis, sondern eher als Handeln zum eigenen Nutzen zu verstehen. Das Mitgliedsbuch hieß im Volk auch »die Brotkarte«.[45] Bis zum Jahre 1935 stellte sich Mussolini aus taktisch-politischen wie humanitären Gründen noch als Freund und Beschützer der Juden dar.[46] Er spottete über den »Unsinn der blonden Edelrasse«[47]. Rasse sei ein Gefühl, keine Realität. Von Juli 1932 bis März 1935 machte er den Juden Guido Jung zu seinem Finanzminister. Noch war seine rassistische Politik hauptsächlich auf die Ausgrenzung der Farbigen in den italienischen Kolonien gerichtet.

Für Margherita Sarfatti wurde das Jahr 1933 von wichtigen familiären Angelegenheiten bestimmt. In Ägypten starb ihr Bruder. Dort wollte er auch beerdigt werden, und sie nahm den beschwerlichen Weg auf sich. Wenige Monate später vermählte sich Fiammetta mit dem Conte Livio Gaetani, einem jungen Mann aus einer angesehenen christlichen Adelsfamilie. Das glamouröse Ereignis wurde von der High Society Roms ausgiebig gefeiert. Nur Mussolini blieb der Hochzeitsfeier fern. Zu den ausländischen Gästen zählte auch Werner von der Schulenburg. Er wird für die in seinen Augen zu Unrecht verstoßene Signora Sarfatti seine Verbindungen spielen lassen, so, wie sie ihm einst geholfen hatte. Im Mai 1933 organisierte er eine Artikelserie über den italienischen Faschismus in der Beilage der *Vossischen Zeitung*. Er selbst verfasste die Einleitung, voller Ehrerbietung für Donna Margherita. Ihre jüdische Herkunft verschwieg er. »Die führende Frau des Faschismus, Mussolinis Biografin, hat sich freundlicherweise bereit erklärt, wichtige Fragen der italienischen Entwicklung in unserer Zeitung darzustellen.«[48] Fast schwärmerisch präsentierte er sie als Frau »mit bezaubernder Liebenswürdigkeit, die jeden Gast in der Sprache seines Landes begrüßt. Die feingliedrige blonde Dame mit den lebendigen graublauen Augen, in denen sich die Freude am Herrschen und Menschlichkeit seltsam vereinen, ist der Prototyp einer Dame der echten, großen Welt.«[49] Sarfatti beschrieb dem Berliner Publikum in drei langen Artikeln die Sonnenseiten des italienischen Regimes. Der Faschismus repräsentiere die Verwirklichung dessen, was im Sozialismus richtig und ewig menschlich sei. In Italien sei der Staat das Absolute geworden.[50]

Mussolini konnte mit seinem Sprachrohr zufrieden sein. Auch in Deutschland erfüllte Sarfatti ihre Aufgabe gut. Nur dass es ihr nichts nützte, egal, was sie tat und wie sehr sie sich bemühte. Amerika blieb ihre einzige, letzte Chance. Dort würde man sie verstehen und respektieren. Vielleicht würde sie sogar mithilfe der amerikanischen Presse eine Art Achse zwischen Rom und Washington schmieden können. Eine Lesereise wie ein Siegeszug durch die Staaten.

Diese kleingeistigen Parteibonzen würden schon sehen, mit welcher Grandezza sie zurückkehren und Mussolini sie umschmeicheln würde. Hoffnungsvoll beantragte sie ihren Pass für eine USA-Reise und träumte sich in bessere Zeiten.

Sarfatti verfügte über ein Füllhorn von Kontakten zu prominenten Personen in den USA. Begeistert wurde sie von der Presse als »eine der bedeutendsten Persönlichkeiten des heutigen Italien«[51] angekündigt. Allerdings gab es auch mahnende Stimmen. Ihr Freund Butler schrieb im November 1933: »Ich habe Angst, dass es für Sie keine gute Zeit ist, für öffentliche Auftritte in die USA zu kommen. Wir erleben gerade eine sehr schwierige wirtschaftliche Situation und Finanzkrise, und unser Präsident tut alles, was ein menschliches Wesen tun kann, um die schwierigen Probleme zu lösen.«[52]

Sarfatti ließ sich durch solche Überlegungen von ihren Plänen nicht abbringen. Mussolini persönlich hatte ihre Reise abgesegnet. Das gab ihr wieder Hoffnung. In den Staaten, könnte er kalkuliert haben, würde sie ihm sicher von Nutzen sein. Nur eines machte ihr Sorgen. Ein Ereignis, wenige Tage vor ihrer Abreise, das die verborgenen antisemitischen Strömungen Italiens blitzartig an die Öffentlichkeit brachte: der Vorfall von Ponte Tresa.

Ponte Tresa ist ein Grenzort zwischen Italien und der Schweiz. Zwei junge Männer ließen sich dort von der Grenzpolizei erwischen, als sie antifaschistische Literatur nach Italien schmuggeln wollten. Einer der beiden konnte gefasst werden, der andere, ein Neffe Sarfattis, rettete sich ans Schweizer Ufer. Mehrere Familienmitglieder der beiden Antifaschisten wurden verhaftet, darunter Giuseppe Levi, Professor der Anatomie. Seine Tochter, die Dichterin Natalie Ginzburg, erzählt im *Familienlexikon*, dass ihr Vater sich schon früher vehement dagegen gewehrt hatte, bei Margherita um Unterstützung zu bitten. »Mein Vater fand es unerhört, dass es unter seinen Cousinen eine Mussolini-Biografin gab. […] ›Womöglich will sie mich nicht einmal empfangen! Glaubst du, ich bettle bei Margherita um Gefälligkeiten?‹«[53] Angesichts der Verhaftung entschloss sich die Mutter von Natalie Ginzburg jedoch zu einem letzten kühnen Schritt. Sie fuhr nach Rom und wollte dort ihre Verwandte bitten, für ihren Mann zu intervenieren.[54] Aber Margherita war nicht da. Sie hatte gerade das Schiff nach New York bestiegen.

Es war der 21. März 1934, eine Abfahrt »voller Entzücken«, wie Sarfatti in ihrem Buch *Amerika, Suche nach dem Glück*[55] schrieb. Sie stand auf Deck, Wind und Sonne ausgesetzt. Vor ihr das tiefblaue Meer, hinter ihr Genuas Hafen. Ein bunter Streifen am Horizont, der nach und nach zu einer Linie ausdünnte. Was gab es Schöneres, als auf einem Schiff zu reisen, über den Wellen zu schaukeln, in die Ferne, hin zu einem Land, das Aufregung und Anerkennung versprach? Sie würde darüber schreiben. Wie sie da stand, die Haare zerzaust vom Wind, Salz auf der Haut, voller Fragen an dieses faszinierende Amerika. Sieben Tage brauchte das Schiff. An einem kühlen Morgen sah sie endlich die verschwommenen Umrisse einer Stadt. Wolkenkratzer tauchten aus dem Nebel auf, stachen in den Himmel wie Kathedralen.[56] Ein Quietschen, Ächzen und geheimnisvolles Rauschen. Möwengeschrei. Die Morgengeräusche einer Großstadt: New York in all seiner Fremdheit und Herrlichkeit. Noch auf dem Schiff gab sie die ersten Interviews. Die Reporter standen Schlange. Immer wieder betonte sie, dass Italien bzw. Rom das po-

litische und kulturelle Zentrum der Welt geworden sei.
Roosevelt habe seine Programme direkt von Mussolini
übernommen.

Sarfatti stieg im Waldorf Astoria Hotel ab und verbrachte
ihre Zeit mit Besichtigungen, Dinnerpartys, Shopping, Gesprächen und Interviews. Ihre Kleidung sei »einfach und
aufregend«, lobte die amerikanische Presse. Pariser Mode
aus dem Salon von Elsa Schiaparelli, deren Entwürfe für
»sportiv schicken Komfort« und die Verbindung von Kunst
und Mode standen.[57]

Margherita Sarfatti auf der Überfahrt nach Amerika, 1934

Sieben Wochen dauerte Sarfattis Rundreise. Ein Triumphzug, der sie die Wirklichkeit vergessen ließ. Sowohl ihre eigene bedrängte Position als auch die Lage des italienischen Volkes. Sie sei eine »bescheidene, aber begeisterte Assistentin unseres Führers Mussolini«, sagte sie den Zeitungsleuten. In Wahrheit hatte sie keinerlei Auftrag oder ein regierungsamtliches Mandat. Dennoch wurde sie als offizielle Vertreterin Roms behandelt. Essen zu ihren Ehren wechselten mit Empfängen, Radio- oder Zeitungsinterviews. Immer wieder lobte sie den Faschismus. Sein autoritäres Vorgehen sei notwendig für die undisziplinierten Italiener. Von einer reaktionären, tyrannischen Bewegung könne keine Rede sein. Auf Dauer tendiere der Faschismus »zu einer eher aristokratischen Demokratieform, nicht vom Volk bestimmt, sondern für das Volk und seine Interessen, regiert von den Besten, die offen sind und die die Interessen aller in richtiger Weise vertreten«[58]. Sarfatti im euphemistischen Rausch. Mit dem rassistischen, die Massen aufpeitschenden Regime Mussolinis hatten diese Ausführungen nichts zu tun.

Ihr Freund Butler lud sie ein, in der von Prezzolini geleiteten *Casa Italiana* einen Vortrag über den *Novecento Italiano* zu halten. Prezzolini schreibt in seinem Tagebuch: »Ich bin sicher, dass wir viel Gedränge haben werden. Alle werden kommen, die ›Geliebte Mussolinis‹ zu sehen. Für mich ist sie eine alte Bekanntschaft aus der Zeit der *Voce* und eine intelligente Frau und, nachdem sie in politische Ungnade gefallen ist, noch intelligenter als vorher, da sie sich weniger aufspielt.«[59] Mit ihrem Witz und ihrer Eloquenz konnte Sarfatti das amerikanische Publikum an diesem und vielen anderen Abenden für sich gewinnen. Eine Kette ständiger Auftritte. Sogar von Präsident Roosevelt wurde sie empfangen.

Margherita Sarfatti in den USA, 1934

Das Treffen war für den 15. April 1934, 16 Uhr Ortszeit,
arrangiert worden. Der absolute Gipfelpunkt ihrer Reise.
Vor dem Weißen Haus paradierten Soldaten. Junge, za-
ckige Burschen. Ein herrlicher Anblick, wie sie da im
Gleichschritt an ihr vorüberzogen, hoch aufgerichtet, ihr
zu Ehren. Nicht mal im Traum hätte sie damit gerechnet,
derart zuvorkommend behandelt zu werden. Roosevelt,
im Rollstuhl, war die Liebenswürdigkeit in Person. Sein
Mund, sein kluges Gesicht, seine wohlmeinenden Gesten –
ein einziges Lächeln. Mit welcher Kraft und Wärme er
von seinem Land und dessen Bewohnern sprach! Und
wie genau er über Italien informiert war. Nur seine Frau
Eleonore, engagierte Menschenrechtlerin, trübte die Stimmung durch ihre Bemerkungen über das barbarische Ver-
halten der Faschisten. Roosevelt, ganz Gentleman, gelang
es jedoch sofort, diesen Ansatz einer Missstimmung mit

ein paar Worten zu vertreiben. Ihm lag viel an einer engeren Bindung zwischen Amerika und Italien. Wegen der ökonomischen Interessen und wegen der europäischen Friedenspolitik. Sie selbst, Margherita, wollte alles tun, ihm dabei zu helfen.

Nächste Stationen ihrer Reise waren Havanna und Mexico City. Dort traf sie auch den Maler Diego Rivera, den sie aus Pariser Tagen kannte. Auf seinem berühmten Wandgemälde, das Rockefeller empört zerstören ließ, hatte er auch Mussolini dargestellt – als Schwarzhemd, der Antifaschisten ermordet und vom Papst gesegnet wird. Aber sie ließ sich trotzdem gern von ihm durch die Galerien Mexikos führen.

Auf dem Rückweg besichtigte sie noch die Studios von Hollywood, machte Station in Los Angeles. Auch San Francisco, Salt Lake City, Chicago und Boston lagen auf ihrem Weg, bis sie, erschöpft von der langen Reise, wieder in New York eintraf. Hier erwartete sie ein letzter großer Höhepunkt, ein offizielles Essen zur Erinnerung an Italiens Kriegseintritt im Mai 1915. 2000 Gäste waren anwesend, als sie das Podium betrat. Man spielte die Hymnen der Alliierten. Der Botschafter erinnerte daran, dass der Faschismus aus der Entwicklung des Krieges erwachsen sei, und gab seiner Freude über die Anwesenheit von Lady Sarfatti Ausdruck. Stolz trug sie Robertos Ehrenmedaille, die sie extra mitgebracht hatte. Ihr Sohn, betonte sie, sei nicht vergebens gestorben. Er und seine Kameraden hätten Italien vor der Unterjochung durch Deutschland bewahrt und damit die faschistische Revolution erst möglich gemacht. Jetzt würde Italien wiedergeboren werden. Sarfatti sprach mit kraftvollen, mitreißenden Worten. Der Krieg und die Zeit der Aufbruchsstimmung danach – das war ihr Lieblingsthema. Als sie sich setzte, gab es tumultartigen Applaus. »I have had a lovely time«, sagte sie zum Abschied.[60]

Noch ganz erfüllt von der Illusion, eine vaterländische Mission geleistet zu haben, schrieb Margherita auf ihrer Rückfahrt einen Bericht und beschwor Mussolini, ein enges Bündnis mit den USA zu suchen. Italien an der Seite des mächtigen Amerika, beide vereint im Glauben an eine bessere, faschistische Welt – diese Vision klang überaus verlockend, musste auch den Duce überzeugen. All die Möglichkeiten, die sich für Italien daraus ergaben. Sie schrieb und schrieb. Bestimmt hätte er sich überreden lassen. Ein paar Wochen eher, in einem besseren, geeigneten Augenblick, wäre es ihr gewiss gelungen. Wenn nur nicht diese Familie gewesen wäre, Rachele und die Cianos mit ihrer Begeisterung für diesen geisteskranken Hitler. Wie ein Donnerschlag traf sie die Nachricht, dass, als ihr Schiff an der italienischen Küste anlegte, Hitler gerade ihre Geburtsstadt Venedig verlassen hatte. Sein erster Staatsbesuch in Italien. Das Aus für all ihre amerikanischen Träume. Ihren Bericht hätte sie sich sparen können. Sie kam zu spät. Während ihrer Abwesenheit war sie als Direktorin der *Hierarchie* durch Vito Mussolini ersetzt worden. Ohne ein Wort, einfach so. Zehn Jahre hatte sie die Monatszeitschrift des theoretischen Faschismus geleitet. Aus der amerikanischen Euphorie landete sie hart auf dem Boden der Tatsachen.

Mussolini hatte sich Hitler gegenüber wie ein Imperator aufgeführt. 70 000 Schwarzhemden waren in Venedig aufmarschiert. »Die Begeisterung grenzte an Delirium. [...] Ich habe heute gespürt«, schreibt ein Beobachter, »wie erschreckend leicht die Massen zu beeindrucken sind. Mussolini war der Gefangene einer Begeisterung, die er selbst hervorgerufen hatte. Nach Beendigung seiner Rede war er bleich vor Erregung. Er muss sich nervlich stark verausgabt haben, so zitterte er nach der Ansprache. Ungeheurer Eindruck.«[61]

Gegen solche Faszination kam Sarfatti mit ihren Geschichten vom Tee im Weißen Haus nicht an. Als sie Mussolini ausführlich von ihrer Reise erzählte, reagierte er kalt und abweisend. Das interessiere ihn zurzeit nicht. Was zähle, sei die militärische Stärke – und die hätten die USA nun einmal nicht. Im nächsten Krieg würde Amerika keine Rolle spielen. Als sie widersprach, brach der Duce das Gespräch abrupt ab.

»Ich blieb sprachlos […] zurück. Mussolini war der einzige Mensch in Europa gewesen, der nach 1918 die große Wahrheit […] zugegeben hatte: […] ›Amerika war mit seinen frischen Kräften und unbegrenzten Ressourcen in den Krieg eingetreten und hatte die Balance entscheidend verändert. Ihm schulden wir den Sieg.‹ Als er ging, warf ich mich niedergeschlagen auf ein Sofa in meinem Studio und weinte bitterlich; eine so kalte Gleichgültigkeit, eine solch überhebliche Ignoranz, bei ihm, der immer eifrig gewesen war, zu lernen, sich anzupassen und alles zu begreifen! So sehr hatte er sich verändert! So tief war er gefallen!
Ich fühlte mich fürchterlich.«[62]

Mussolinis Weigerung, mit ihr über die USA zu reden, erschien Sarfatti als ein düsteres Omen. Vielleicht hatte ihre Reise nur den Sinn gehabt, ihr eine sichere Fluchtmöglichkeit zu gewährleisten, wenn sich in Italien die Lage zuspitzte. Ihr Traum, den Triumphzug durch die Staaten an der Seite Mussolinis fortsetzen zu können, war rasch verflogen. Mussolini bereitete insgeheim einen Kolonialkrieg gegen Äthiopien vor. Ihre Rückkehr aus den USA wurde zwar im Radio gemeldet, doch ansonsten hatte sie ausgespielt. Nur noch *La Stampa* veröffentlichte ihre Artikel, zu Jury- und Kommissionsarbeiten wurde sie ohnehin nicht mehr geladen.

Zum ersten Mal in ihrem Leben hatte sie Zeit, viel zu viel Zeit. Resigniert zog sie sich an den Schreibtisch zurück. Die folgenden zwei Jahre arbeitete sie intensiv an ihrem Buch *Amerika, Suche nach dem Glück*. Sie beschrieb Menschen und Landschaft, Politik und Kultur. Keine Reisebeschreibung im traditionellen Sinne. In drei Monaten hatte sie 150 000 Kilometer zurückgelegt, meist im Flugzeug, alle Widrigkeiten hinter sich lassend. Sie war auf eigene Faust in die Staaten gefahren und hatte vom Ruhm des Vergangenen gezehrt. Bald würde sich auch in den USA herumsprechen, dass die Signora Sarfatti in Ungnade gefallen war. Nicht lange, und die von ihr so hoch propagierte Nähe zum Faschismus würde sich gegen sie selbst wenden.

Amerika, das Land unendlich vieler Möglichkeiten, ohne den Staub der Jahrhunderte, vollständig auf die Moderne ausgerichtet. Hier, schreibt Sarfatti, sei oberstes Gesetz, dass »alle Menschen gleich geschaffen wurden mit gleichen Rechten auf das Leben, auf die Freiheit und auf die ›Suche nach dem Glück‹«.[63] Zwar gelte dieses Gesetz nur bedingt für die Farbigen, aber die Frauen hätten sich einen großen Teil jener Rechte bereits erobert. In ihrem Kapitel *Eva in Amerika* verweist Sarfatti auf die Frauen in den Großstädten, die über ein hohes Maß an Freiheit und Möglichkeiten zur Vereinbarkeit von Familie und Berufstätigkeit verfügten.

Besonders hatten es ihr die *flappers* angetan, mit kurzen Haaren, Zigaretten rauchend, Cocktails trinkend und Jünglinge nicht verschmähend.[64] Frauen, die sich ihren Luxus selber verdienten, sich ihr eigenes Glück schufen und die Freiheit für sich zu nutzen wussten. Frauen, die fähig waren, Großes zu vollbringen, die sich den Respekt der Gesellschaft und das Recht auf Arbeit erkämpft hatten. »Geboren, aufgewachsen, großgezogen in diesem Klima, sieht es die amerikanische Frau als ihre Pflicht, so brillant, attraktiv und energisch wie möglich zu sein, ohne Hingabe an Faulheit oder Sentimentalität, […] wobei sie immer die aktive Rolle des Aufsehers der passiven des Opfers bevorzugen wird.«[65]

Alte, längst begraben geglaubte feministische Träume schienen Sarfatti wieder gegenwärtig, eine Sehnsucht, die italienische Enge der Frauenexistenz abzustreifen, die sie noch vor kurzer Zeit selbst propagiert hatte.

Auch andere Aspekte des Alltags beschrieb sie in ihrem Amerika-Buch. Alkoholismus, Verbrechen und Materialismus stießen sie ab. Die Technikverliebtheit der Futuristen hatte sie immer als künstlerische Übertreibung angesehen. In den USA aber wurde die Technik als Motor für ein besseres Leben begriffen. Das gab ihr zu denken. Auch wegen des vergleichsweise hohen Lebensstandards – trotz Depression. In Amerika sah sie ihre Vision der »Zukünftigen Stadt« endlich verwirklicht. Wie ein Vermächtnis beschwört sie die Zivilisation ihrer Zeit, von Krieg und Vernichtung bedroht, herauf: »Dich zu verteidigen, dich zu verbessern, dich zu korrigieren; und dir treu zu sein, schwöre ich, für immer.«[66]

L'America ist Sarfattis politisches Testament. Ein Abgesang auf den italienischen Faschismus, dessen Mission sie für gescheitert hält. Was in Italien nicht gelinge – hier würde es Wirklichkeit werden. Nach wie vor bekannte sie sich zum Faschismus, aber dessen aktuelle Verwirklichung in Italien lehnte sie ab, vor allem dessen Verkörperung in der Person Benito Mussolinis. Diese Einschätzung – der Duce als der falsche Mann im richtigen System – wird sie in ihrer Artikelserie von 1945 im Exil noch zuspitzen.

Unterdessen beschleunigte sich die politische Entwicklung in Europa. In Deutschland kam es zum Röhm-Putsch, Reichspräsident Hindenburg starb, und Hitler übernahm die ganze Macht im Reich. Mussolini schrieb in mehreren Artikeln, dass er den deutschen Weg nicht für ein Vorbild halte. Noch verurteilte er den Antisemitismus und die Ambitionen Deutschlands auf Österreich. Doch sein imperiales Gehabe isolierte Italien zunehmend von den westlichen Demokratien.

Er und seine Familie sorgten dafür, dass Margherita Sarfatti weiter ins Abseits geriet. Schulenburg berichtet sogar von einer Intrige Edda Cianos. Eines Abends in Rom soll die Signora Sarfatti von einem speziell ausgesandten Herren in ein bedenkliches Lokal gelockt und schließlich von der Polizei verhaftet worden sein, da sie keine Papiere bei sich hatte. Sie habe sogar eine Nacht in Polizeigewahrsam verbringen müssen, und Edda sei am nächsten Morgen mit einem Ausdruck scheinheiliger Empörung, den Polizeibericht in der Hand, zum Duce gegangen, um ihm zu zeigen, was für ein verwerfliches Weib diese Jüdin sei.[67] Was auch immer an der Geschichte dran sein mag, sie lässt ahnen, in welcher Lage sich Sarfatti inzwischen befand.

Im folgenden Jahr widmete sie sich vor allem ihrer Familie. Fiammetta bekam am 19. August 1934 ihr erstes Kind und nannte es Roberto. Am gleichen Tag erhielt Sarfatti die Nachricht, dass man die sterblichen Überreste ihres Sohnes gefunden habe, ungefähr fünf Kilometer entfernt von seinem Sterbeort auf dem Col D'Echele. Ein gespenstisches Zusammentreffen der Daten. War das ein gutes oder ein schlechtes Omen? Sie musste sofort hin, bat Amedeo, sie zu begleiten. Eine lange, mühsame Reise lag vor ihr. Als sie endlich auf dem Col D'Echele stand, erschütterte

sie der weite Blick über die Bergkette. Hier wollte sie ein Monument bauen lassen, das immer an Roberto erinnern würde. Die Verwirklichung dieses Plans besprach sie mit einem jungen Architekten, den sie überaus schätzte und schon in Mailand kennengelernt hatte: Giuseppe Terragni. Terragni, jung und begabt, orientierte sich an Architekten wie Le Corbusier und Gropius. In Sarfattis Augen genau der richtige Mann für ein Grabmonument nach ihrem Geschmack. Er würde sie nicht enttäuschen. In einem Brief vom Dezember 1934 lobte sie seinen Entwurf: eine Grabanlage in T-Form, geschnitten von einer Treppe, die zu dem Felsblock mit der Inschrift führt. Von oben erinnert sie an einen liegenden Körper, der seine Arme ausstreckt. Den Granit baute man in einem Steinbruch ganz in der Nähe ab. Terragni persönlich überwachte die Arbeiten. Sarfatti konnte sich auf ihn verlassen, alles lief genau nach Plan. Sie war es Roberto schuldig, jetzt, da sich kaum einer mehr für ihn interessierte. Zwei Monate nach der Entdeckung seiner Überreste war bei Mondadori eine neue Ausgabe von *Roberto Sarfatti. Seine Briefe und Zeugnisse über ihn* erschienen und wurde nur wenig beachtet. Auch die 16. Auflage von *Dux*: schlecht gemacht und voller Druckfehler, dank Ciano, dem Minister für Kommunikation. »Ihm war seine noble Eitelkeit dermaßen zu Kopf gestiegen, dass er nach meinem Herausgeber Mondadori schickte und ihm sagen ließ, er müsse alle Abbildungen des Geburtshauses von Mussolini aus dem Buch *Dux* [...] herausstreichen; es zieme sich nicht, solch ein Elend der Abstammung zu zeigen. Die Leute denken sonst noch, wir seien aus dem Nichts geboren.«[68]
Mussolini ließ die neue *Dux*-Ausgabe einstampfen. Schritt für Schritt beseitigte er die Spuren seiner früheren Geliebten. Auch aus seinem Tagebuch, in dem er einst

so verliebt von Margherita, seiner Vela, seinem Segel, geschrieben hatte, riss er die entsprechenden Seiten heraus, ehe er es seiner Schwester übergab, die später Teile daraus veröffentlichte.[69] Margherita sollte endgültig der Vergangenheit angehören. Sie störte nur. Der Duce war frisch verliebt. Seine neue Beziehung wollte er nicht von unliebsamen Erinnerungen getrübt sehen. Clara Petacci war jung, schön – und Mussolini rettungslos verfallen. Schon als Teenager hatte sie den Duce verehrt und ihr Zimmer mit Bildern des Faschistenführers dekoriert. Der Zufall sollte ihre kühnsten Träume erfüllen: 1932 traf sie Mussolini bei einer Autofahrt, und er, geschmeichelt von ihrem Geständnis, ihm seit Jahren selbst verfasste Gedichte zu schicken, notierte ihre Telefonnummer. Vier Jahre später, nachdem sich Clara von ihrem Mann getrennt hatte, machte er sie zu seiner Geliebten. Er würde nicht mehr von ihr loskommen. Eine Leidenschaft, heftig und intensiv, wie er sie zuvor nur für Margherita Sarfatti empfunden hatte. Diesmal allerdings ohne politische Ansprüche der Geliebten. »Du wirst nicht auch noch die Präsidentin spielen wollen! Es gab schon mal eine Frau, die mich Mist machen ließ, und ich habe nicht vor, noch eine davon zu ertragen.«[70]

Sarfatti traf inzwischen Vorbereitungen für eine bedeutende Familienfeier: die Vermählung ihres Sohnes Amedeo mit Pierangela Daclon. Ganz Rom fragte sich damals, ob Mussolini wohl zur Hochzeit kommen würde. Das Verhältnis zwischen den beiden war – anders als bei Fiammetta – immer schwierig gewesen. Amedeo hatte die Beziehung zwischen seiner Mutter und dem Duce strikt abgelehnt. Nach Cesares Tod hatte Mussolini ihm schriftlich versichert, dass er jederzeit mit seiner Hilfe rechnen könne. Aber würde das auch die Anwesenheit bei der Hochzeit einschließen, jetzt, nachdem Sarfatti in Ungnade gefallen war? Mussolini entschied sich für einen Mittelweg. Niemals hätte er sich bei einer Familienfeier seiner Ex-Geliebten blicken lassen. Um sein Gewissen zu beruhigen, lud er das junge Paar zu sich in den Palazzo Venezia. Überliefert ist, dass es nach einem freundlichen Auftakt doch noch zu einer Verstimmung kam: Nachdem Pierangela gefragt hatte, wie Italien im Falle eines Krieges gegen Äthiopien mit einer Handelsblockade des Völkerbunds umgehen würde, soll Mussolini sich abrupt abgewandt und den Raum verlassen haben.

Am 13. Oktober 1935 versammelte sich die Familie Sarfatti unter königlichem Schutz am Col D'Echele. Die sterblichen Überreste von Roberto waren überführt, die feierliche Übergabe am Monument bestens vorbereitet.
Wie mögen sie dort hingekommen sein? Etwa siebzig Jahre später, an einem verregneten Tag im Juli 2005, nähern wir uns, vom Gardasee kommend, Robertos Grab. Damals gab es vermutlich nur eine Schotterstraße. Unwegsames Berggelände. Heute gibt es hier weite, gut ausgebaute Kehren mit Leitplanken. Wir fahren durch schmale, nebelverhangene Straßen ins Dorf Stoccaredo hinein. In einer Gastwirtschaft hängt das Plakat mit dem Terragni-Denkmal. Man weiß Bescheid, weist uns den Weg. Weiter geht es durch heftige Schauer, in steilen Serpentinen hinauf zu einem Plateau. Hier ereignete sich die sogenannte Schlacht der drei Berge Monto Rosso, Valbella und Col D'Echele. Am 23. Dezember 1917 wurde der Col D'Echele zum ersten Mal vom Gegner besetzt, am 28. Januar 1918 von den *Alpini* zurückerobert. Bei dieser Aktion fand Roberto den Tod.[71]
Der Blick bei freiem Himmel muss überwältigend sein.

Jetzt hängen Nebelschwaden tief im Tal. Die Fläche neben dem Monument wird als Abstellplatz für landwirtschaftliches Gerät genutzt. Der von Terragni sorgfältig ausgesuchte Granit ist schwärzlich verfärbt, die Treppe vermoost und rutschig. Robertos Foto hat Feuchtigkeit gezogen. Hier war lange niemand mehr, der seiner gedenken mochte.

Auch 1935 regnete es. Auf einem Foto sieht man Sarfatti unter einem Regenschirm. Daneben Fiammetta, Amedeo mit seiner jungen Frau. Sie sind eng an die Mutter herangerückt, die unter einer unsichtbaren Last fast zusammenbricht. Eine Kompanie junger Soldaten ist angetreten. Rekruten in Robertos Alter. Blasse, glatte Gesichter. »Duce!

Giuseppe Terragni, *Grabmonument für Roberto Sarfatti*, 1935

Duce!«, werden sie geschrien haben. Sie wissen nichts von Zerwürfnissen. In Anwesenheit des Königs, der darauf bestanden hatte, an der Zeremonie teilzunehmen, ziehen vor der Familie Sarfatti Veteranen der *Alpini*, lokale Verbände und Honoratioren auf. Dann geht Margherita Sarfatti die

Einweihung des Grabmonuments zu Robertos Andenken, 1935

Treppe hinauf. Regenschirme, Fahnen und Standarten umringen sie.

Die verwitterte Grabinschrift lautet:

»Roberto Sarfatti, siebzehnjähriger Freiwilliger, Träger der Goldmedaille, Corporal der 6. Einheit der Alpini, fiel hier, bei der Wiedereroberung dieses Fleckens Erde, für Italien. Venedig, den 10. Mai 1900, Col D'Echele den 28. Januar 1918.«

Fast alle waren gekommen, Roberto zu ehren. Der König, die Familie, die Freunde. Nur einer fehlte bei der Zeremonie. Einer, den Roberto angehimmelt, den er grenzenlos verehrt hatte, da dieser in ihm einen gleichwertigen Kameraden gesehen, ihn nicht wie ein Kind behandelt hatte: Mussolini, damals noch Chefredakteur des *Popolo*, später die große Hoffnung der Nation. Nach dem Krieg hatte er den Helden Roberto überschwänglich gepriesen und gefeiert. Jetzt kam von ihm nicht die leiseste Reaktion. Nicht mal zu einem Beileidstelegramm ließ er sich herab. Der Duce war sehr beschäftigt, hatte Wichtigeres zu tun. Er führte Krieg.

Am 3. Oktober 1935 waren italienische Truppen am Horn von Afrika eingefallen. Ein Feldzug, von dem Sarfatti vergeblich abgeraten hatte: »Sie haben in Apulien, Sizilien und Kalabrien genug zu kolonisieren. Da haben Sie noch viel positive Arbeit zu leisten. Wenn Sie nach Abessinien [ein altes, damals gebräuchliches Wort für Äthiopien] gehen, dann fallen Sie in die Hände der Deutschen und dann sind Sie verloren.«[72]

Sarfatti sollte recht behalten. Sieben Monate dauerte der Krieg. Um den Widerstand der Äthiopier zu brechen, ließ der Duce die Dörfer und Städte bombardieren, setzte Giftgas ein. Die Westmächte versuchten es mit »sanften« Sanktionen, deren Auswirkungen unerheblich blieben. Mussolini spuckte auf den Völkerbund, ließ sich als Imperator feiern. Da die meisten seiner Versprechungen, wie die Erhöhung der Geburtenrate oder die Trockenlegung der Pontinischen Sümpfe, nicht oder nur unzureichend erfüllt worden waren, setzte er nun auf außenpolitische Siege.

Auch Livio Gaetani, Sarfattis Schwiegersohn, war wegen des Krieges eingezogen und per Schiff nach Eritrea gebracht worden. Lange Zeit hörten sie nichts von ihm. Als Fiammetta im Mai ihre erste Tochter Sancia gebar, schickte sie ihm ein Telegramm. Er antwortete nicht. In großer Sorge bat sie ihre Mutter, etwas über ihn herauszufinden. Sarfatti setzte alles in Bewegung. Doch die alten Verbindungswege zu Mussolini funktionierten nicht mehr. Es blieb ihr nichts anderes übrig, als sich an den Propagandaminister Galeazzo Ciano zu wenden. Dieser beruhigte sie, Livio sei unverletzt. Früher hätte sie diese Information nur ein leichtes Augenzwinkern gekostet. Jetzt musste sie bitten und insistieren. Sie tat es für Fiammetta. Gern hätte sie darauf verzichtet. Ausgerechnet Ciano. Seit er ganz oben angekommen war, zeigte er sich zuvorkommender denn je. Wahrscheinlich hatte sie es ihm zu verdanken, dass sie zur Jubiläumsfeier der Proklamation des Königreiches eingeladen wurde. Sie selbst konnte es gar nicht glauben, dass sie an dieser üppigen Inszenierung teilhaben durfte. Wollte ihr der Duce vorführen, wie stark er ohne sie geworden war? »Duce! Duce!«, rief ihm die begeisterte Menge zu. Mussolini, der gefeierte Diktator. Auf Ratschläge von anderer Seite hörte er nicht mehr. Acht von dreizehn Ministerien hatte er inne, war Vorsitzender der faschistischen Partei, des faschistischen Großrates und Oberbefehlshaber der Miliz. »Italien wurde von einer Art Palastregierung beherrscht. Die Presse noch straffer ans Gängelband genommen. […] Selbst das kleinste Detail wurde von oben festgelegt.«[73]

Sarfatti sah sich damit konfrontiert, dass niemand mehr etwas von ihr veröffentlichen wollte. Ihre Monografie über den Maler Daniele Ranzoni wurde noch gedruckt. Aber *La Stampa* nahm ihr nur noch wenige Artikel ab. Viel zu dürftig für eine Sarfatti. So konnte sie nicht leben. Immer öfter überlegte sie, das Land zu verlassen und in die USA zu gehen.

Wenn nur nicht dieser Überfall auf Äthiopien gewesen wäre! Der belastete sämtliche Beziehungen zu ihren amerikanischen Freunden. Ihre Möglichkeiten, dort aufgenommen zu werden, wurden mit jedem Tag geringer. Der italienische Faschismus hatte sein hässlichstes Gesicht gezeigt. Auch Butler teilte ihr sein Entsetzen mit. Sarfatti selbst war zwar gegen den Krieg gewesen, aber das hinderte sie nicht daran, Italiens Vorgehen zu verteidigen: »Eine korrupte Sklaverei wurde zerbrochen, und ich hoffe und glaube zuversichtlich, dass Amerika die Unvermeidlichkeit des Fortschritts des weißen Mannes sehen wird.«[74] Butler überging ihre Rechtfertigungen mit Schweigen und bemühte sich, für ihr Amerika-Buch einen Verlag zu finden. Ohne Erfolg. Das Buch, in dem sie so überschwänglich für Amerika schwärmt, wird in den USA niemals erscheinen. Dabei war sie so stolz darauf, es selbst ins Englische übersetzt zu haben. Nur einige Auszüge wurden in Zeitungen veröffentlicht. Es gelang ihr gerade noch, die italienische Version bei Mondadori in Mailand unterzubringen. Immer dringlicher bat sie Butler, ihr Arbeit zu besorgen, schickte ihm Listen von Themen, die amerikanische Medien eventuell interessieren könnten. Butler blieb ihr freundschaftlich verbunden, wehrte sich nie offen gegen ihre Zumutungen. Aber er wies sie in aller Höflichkeit darauf hin, dass die Stimmung in den USA immer antiitalienischer wurde. Keine gute Ausgangslage für eine Frau, die auf einen sicheren und glänzend honorierten Platz im Exil hoffte.

Unterdessen schritt die Annäherung zwischen Rom und Berlin stetig voran. Die Diktatoren besuchten sich häufig, schienen Gefallen aneinander zu finden. Graf Ciano übernahm das Außenministerium. Der gemeinsame Einsatz im Spanischen Bürgerkrieg an der Seite Francos vertiefte die engen Beziehungen der faschistischen Staaten.[75]

Bedrohliche Anzeichen gab es auch in Bezug auf Rassismus und Antisemitismus. Nach dem Vorfall von Ponte Tresa war der Antifaschismus als eine vorrangig jüdische Verschwörung verurteilt worden. Eines der ersten schrillen Signale eines staatlich legitimierten Antisemitismus. Mussolini hatte inzwischen sämtliche Juden aus der Redaktion des *Popolo* entlassen, Farinacci forderte in einer antisemitischen Hetzkampagne, dass die Juden beweisen sollten, in erster Linie Faschisten und erst dann Juden zu sein.[76] In Ferrara tauchten an den Wänden Parolen auf wie: »Es lebe der Duce. Tod den Juden!« oder »Es lebe Mussolini – nieder mit den Juden!«

Zur »Verteidigung der Rasse« wurde im Januar 1937 ein Gesetz über das Verbot der Ehe von Italienern mit farbigen Bewohnern der italienischen Kolonien erlassen. Ab jetzt wurde immer häufiger davon gesprochen, dass man sich auch vor der Vermischung mit der jüdischen Rasse schützen müsse. 1937 erschien eine Neuausgabe der *Protokolle der Weisen von Zion*, das berühmteste Zeugnis grober Fälschung im Dienste antisemitischer Propaganda. Wie war dieses Schandwerk in die italienischen Buchhandlungen gekommen?

Offenbar gab es unter den radikalen Faschisten ein starkes Interesse, den Deutschen nachzueifern und das müde gewordene Italien mit der Rassenfrage neu aufzumischen. Bald wurde das Thema »Rasse« in der gesamten nationalen Presse aktuell, sogar in auflagenstarken gemäßigten Tageszeitungen wie dem *Corriere della Sera*. In dem von Mussolini inspirierten Buch *Die Juden in Italien* heißt es, dass nicht nur die zionistischen, sondern die Juden an sich Feinde der Faschisten seien, da sie deutsche flüchtige Glaubensbrüder unterstützten und Hitler kritisierten. Auch Halbjuden, Vierteljuden, als Christen verkleidete Juden oder Italiener, die mit Jüdinnen verheiratet seien, würden dazu zählen.[77] Das Buch wurde auch im *Popolo* abgedruckt, wo Mussolini am 19. Juni 1937 schreibt: »Indem Israel die Religion mit der Rasse und die Rasse mit der Religion gleichstellt, rettete man sich vor der Kontaminierung durch andere Völker. […] Israel ist ein äußerst gelungenes

Beispiel von Rassismus, das seit Jahrtausenden andauert, ein Phänomen, das tiefe Bewunderung hervorruft. Die Juden haben jedoch kein recht, sich darüber zu beklagen, wenn andere Völker den Rassismus betreiben.« Für Mussolini gab es daher nur eine Lösung: Die Juden sollten sich endlich zu Feinden ihrer antifaschistischen Glaubensbrüder erklären. Wenn nicht, müssten sie auf italienische Staatsbürgerschaft und Residenz verzichten.[78]

Diese Art von Drohung war neu, erschütterte die Juden in ganz Italien. Eilig unterwarfen sich die jüdischen Körperschaften mit einer entsprechenden Erklärung. In ihrem Neujahrsbrief beklagten die Rabbiner, dass ihre jahrelange treue Untertänigkeit umsonst gewesen sei. In ihnen würde man immer den Grund eines Übels finden. Überall stieße der Ruf »Tötet sie!« auf Resonanz.[79] Zwar erklärte Mussolini scheinheilig, dass sie nichts zu befürchten hätten, wenn sie die Gesetze einhielten, aber inzwischen war der offene Antisemitismus in Italien weit verbreitet.

In dieser Unheil drohenden Atmosphäre entschloss sich Sarfatti, die Briefe von Mussolini lieber in einem Schweizer Banksafe in Sicherheit zu bringen. Dort lagen sie gut verwahrt und würden ihr eines Tages vielleicht noch nützlich sein. Ihre Aktivitäten, auf Vorträge im In- und Ausland beschränkt, standen jetzt unter ständiger geheimdienstlicher Beobachtung, ohne ihr Wissen. In einer Notiz für den Unterstaatssekretär vom 1. April 1936 heißt es, dass Sarfatti vom Kulturbund nach Wien und Budapest eingeladen sei, um Konferenzen abzuhalten. Man habe jedoch ausdrücklich darauf hingewiesen, dass Sarfatti keine amtliche Persönlichkeit sei.[80]

Vorträge über italienische Kunst schienen noch im Bereich des Erlaubten zu liegen. Auch in Paris sprach sie im Louvre über Leonardo da Vinci und die Maler der Lombardischen Schule. Aber dabei blieb es dann auch. Keine Bücher, keine Artikel, keine Organisation von Ausstellungen mehr. Sarfattis Name stand auf der schwarzen Liste des Minculpop (Ministerium für Volkskultur), zusammen mit anderen intellektuellen Juden, die aus dem öffentlichen Leben zu entfernen seien. Dennoch ließ die Regierung es nicht gänzlich an Streicheleinheiten fehlen. Dezember 1937 erhielt sie den *Premio Galante* für ihr Amerika-Buch. Ein Ehrenpreis ohne Geldzuwendung, wie Sarfatti bedauerte. Mehr war ihr an öffentlicher Anerkennung nicht vergönnt. Ihr Salon wurde still und leer. Ihr Gästealbum staubte vor sich hin. Keiner wollte sich kompromittieren. Die Gefahr war zu groß. Wer sich mit einer Jüdin, die von ganz oben verstoßen worden war, einließ, musste mit Benachteiligungen rechnen. Der Dichter Corrado Alvaro schreibt: »Der letzte Freitags-Empfang Margherita Sarfattis fand in einem kleinen Studio statt. Ich und ein Politiker waren da, der mit der Polizei vertraut war. Die Polizei stand an der Tür. [...] Die Signora Sarfatti war in guter Verfassung, ohne ersichtlichen Gram. Früher war an einem Tag wie diesem halb Rom in ihrem Salon. [...] An jenem Tag, dem letzten Tag, an dem ich sie sah, kurz vor ihrer Abreise, war es, als ob sie ihre Gäste erwartete, die großen Namen auf der Durchfahrt nach Rom, die Botschafter, die Künstler, die Minister.«[81]

Da ihr der Zugang zu Mussolini verwehrt blieb, traf sich Sarfatti noch einige Male mit dem Grafen Ciano. Ciano notiert am 7. September 1937 in seinem Tagebuch: »Habe die Abordnung des Mussolini'schen Dichterkreises empfangen. Komische Szene: Die Sarfatti wollte ein ausgezeichnetes Gedicht von Fanny Dini nicht mit dem Preis auszeichnen, weil sie ein Plagiat an ihrer eigenen Lyrik begangen habe. Ein Gräuel, die literarischen Weiber.«[82]

Fünf Monate später berichtet er: »Frau Sarfatti möchte auf eine Vortragsreise nach Amerika gehen. Ich werde mit dem Duce darüber reden, da ich der Ansicht bin, dass sie eine der ganz wenigen Frauen ist, die für uns im Ausland eine gute Figur machen würden. Sie sprach mit mir in beträchtlicher Sorge über die jüdische Frage und war froh, als sie meine zurückhaltenden Ansichten kennenlernte. Im Übrigen war sie über den Plan, binnen Kurzem eine beruhigende, öffentlich gehaltene Erklärung abzugeben, bereits im Bilde.«[83] Diese Erklärung war von Mussolini selbst verfasst worden und dementierte, dass die Regierung eine antisemitische Politik einführen wolle. Beabsichtigt sei lediglich, durchzusetzen, dass der Anteil der Juden am Gesamtleben der Nation nicht überhandnähme.[84]

Wer jedoch das Bulletin aufmerksam las, war alles andere als beruhigt. Margherita geriet in höchste Aufregung. Der Ausschluss aller Juden aus öffentlichen Einrichtungen war zu befürchten. Jetzt konnte sie nur noch versuchen zu retten, was zu retten ging. Sie warnte ihre jüdischen Freunde: »Flüchtet! Flüchtet, solange ihr noch könnt!«[85] Bei einem ihrer nächsten Treffen mit Ciano protestierte sie gegen die grausame Behandlung der Wiener Juden nach der Annexion Österreichs. Man müsse sich unbedingt für Sigmund Freud und seine Familie einsetzen. Der Minister versprach, sich bei Hitler für die Rettung des Gelehrten starkzumachen und ihm freie Ausreise nach London zu gewähren. Ob diese oder andere Interventionen den Ausschlag gaben, ist hier nicht zu entscheiden. Jedenfalls konnte sich Freud mit seiner Familie in Sicherheit bringen. Nur wenige Juden in Wien hatten dieses Glück.

Sarfatti zog es von nun an vor, sich in der Öffentlichkeit

zurückzuhalten. Vorsicht war geboten. Auf keinen Fall wollte sie ihre Familie oder sich selbst in Gefahr bringen. Der Trauerfeier zu Ehren ihres alten verstorbenen Freundes Gabriele D'Annunzio blieb sie lieber fern. Die Zeiten waren nicht nach Gemeinsamkeiten mit dem Duce oder anderen staatlichen Vertretern. Sie würde in aller Stille um ihn trauern. Ohne Pomp, ohne falsche Sympathiebezeugungen. Die Anstrengungen der Reise hätte sie ohnehin kaum bewältigt. Ihr Bein quälte sie wieder. Die Operation in Berlin hatte die Schmerzen nur wenig lindern können. Sie würde nach Abano fahren, vielleicht würde ihr eine Schlammkur helfen. Aber kaum war sie hier angekommen, erreichte sie die Nachricht, dass sie von der OVRA, der italienischen Geheimpolizei, ständig überwacht wurde. Eine Postkarte von Freunden aus Venedig, abgefasst in englischer Sprache. Sie konnte es kaum glauben. Mussolini, ihr Benito, ließ sie Tag für Tag, Nacht für Nacht, bespitzeln. Was hatte er von ihr zu befürchten? Vermutlich wusste sie zu viel.

Am 14. Juni 1938 wurde das von Mussolini eigenhändig verfasste Dokument *Der Faschismus und das Rassenproblem* verbreitet. Darin wird behauptet, dass »die Rassen eine Realität sind, die auf der Biologie gründet«, und dass es eine »reine italienische Rasse« arischen Ursprungs gebe, der die Juden nicht angehörten. Der Text schließt mit der Verurteilung jeglicher »Rassenvermischung«.[86] Auch in den *Diplomatischen Informationen* betonte man die Notwendigkeit, das italienische Geschlecht vor dem »katastrophalen Übel des Mischlingtums« zu schützen. Die Teilnahme der Juden am Staatsleben solle weiterhin ihrer zahlenmäßigen Bedeutung »angepasst« werden. Anfang September wurden fünf konkrete Maßnahmen verkündet:

- die Ausweisung aller ausländischen Juden
- die Einrichtung eines Obersten Rates für Demografie und Rasse
- der Ausschluss aller Juden aus staatlichen Schulen, Lehrer wie Schüler
- die Einrichtung jüdischer Grundschulen
- die Anordnung einer ersten Judenzählung durch die Polizeireviere.[87]

In Zukunft wurden Mischehen untersagt, Juden aus der Partei ausgeschlossen, Arbeit in öffentlichen Institutionen für Juden verboten. Nur Träger von Kriegsauszeichnungen und Aktivisten der ersten Stunde blieben vorerst davon verschont.

Was hatte Mussolini bewogen, die judenfeindlichen Rassengesetze Deutschlands nachzuahmen? Hatte das nationalsozialistische Deutschland, fragen die Historiker, auf Italien Druck ausgeübt? Die Antwort nach sorgfältiger Forschung ist übereinstimmend ein eindeutiges Nein!

Plausibler sei dagegen das Argument der Nachahmung bzw. Angleichung an den Staat Hitlers und die Suche nach Sündenböcken für die ungünstige Wirtschaftslage. Außerdem hätten »die Vergreisungs- und Verkrustungserscheinungen des Regimes, speziell seiner Würdenträger, und die daraus resultierende Frustration junger Faschisten« dazu geführt, »dass der Diktator die Flucht nach vorn«[88] antrat.

Jetzt, da sich das offizielle Italien antisemitisch zeigte, begann eine neue Phase direkter Verfolgung, die in ihrem Extremismus unerwartet und voller Schrecken war. Für jeden Einzelnen ergaben sich ernste Folgen, besonders für die ausländischen Juden, die Flüchtlinge. Sie standen vor Diskriminierung, Ausweisung, vielleicht sogar Tod. Der Vatikan sah kein Problem in den neuen Bestimmungen, nur deren Radikalität fand man bedenklich. König Vittorio Emanuele – nachgiebig und schwach wie immer – wollte sich nicht einmischen. Lediglich seine Frau, Königin Elena, äußerte sich Margherita gegenüber voller Abscheu und Empörung. Einfluss auf das öffentliche Geschehen nahm sie nicht.

Überliefert ist, dass die Mehrheit der Italiener keine Rassisten wurden, was nicht zur Schönfärberei des Faschismus taugt, aber zur Ehre des italienischen Volkes. Der Widerwille der Mehrheit, die Juden aus der Solidaritätsgemeinschaft des Landes auszuschließen, zeigte sich u. a. in der – im Vergleich zu Deutschland – verschwindend geringen Zahl der Denunziationen und in den zahllosen solidarischen Schutzmaßnahmen für die Ausgegrenzten. Hannah Arendt spendet dieses Lob auch in ihrem Buch *Eichmann in Jerusalem*. Der Antisemitismus habe in Italien keine Chance gehabt, was das Ergebnis »einer fast automatisch gewordenen, alle Schichten erfassenden Humanität eines alten und zivilisierten Volkes«[89] sei. Auch deshalb hielt sich der Staat bei der Verfolgung der Juden vorerst zurück.

Der Familie Sarfatti half das wenig. Amedeo Sarfatti wurde sofort von seinem Posten als Direktor der Banca Commerciale abgesetzt. Für ihn und seine Familie blieb nur das Exil. Mithilfe eines Freundes fand er noch vor seiner Abreise einen Posten an der Nationalbank in Uruguay.

Und Margherita? Wie würde sie sich entscheiden? Sie musste mit allem rechnen. Fiammetta und die Kinder – was würde mit ihnen geschehen? Wie immer in schwierigen Lebenslagen zog sie Dante zu Rat, suchte die Antwort in der *Göttlichen Komödie*, dort, wo sie zufällig den linken Daumen in einem der drei Bände hinhielt. Diesmal schlug sie den Canto XIX aus dem Kapitel *Das Paradies* auf, eine vehemente Anklage gegen ungerechte Herrscher.[90]

Sarfatti nahm diesen Fingerzeig des Schicksals ernst. Bald dachte sie nur noch an Flucht. Vielleicht gaben ihr auch die Meldungen über die sogenannte »Kristallnacht«, die aktuellen Judenpogrome in Deutschland, den letzten Anstoß. Jedenfalls beauftragte sie Amedeo, einen Großteil ihres Geldes in Juwelen einzutauschen. Schmuck, Geld, Kleidung und einige kleinere Kunstwerke wurden in zwei Koffern verstaut. Ebenso der Pass, den sie für eine mögliche Amerikareise bekommen hatte.

Am 14. November 1938 bringt ihr Chauffeur sie in Pedrinate über die Schweizer Grenze nach Chiasso, wo sie in den Zug nach Paris steigt. Mussolini wird sie nie wiedersehen.

6 Im Exil

In Paris wurde Margherita Sarfatti mit einem dicken Blumenstrauß empfangen. Francis Carco, der Skandaldichter des Montmartre, stand auf dem Bahnsteig, als ihr Zug im Gare de l'Est einfuhr. Er begrüßte sie auf das Herzlichste und geleitete sie in ihr Hotel. Viele andere waren in diesen Wochen als flüchtende Namenlose in Paris angekommen. Sarfattis Ankunft aber war ein Ereignis, über das in den Zeitungen berichtet wurde. Man spekulierte: War sie im Exil? Oder nur zu Besuch?

Aus Sorge, ihr Aufenthalt in Paris könnte in Rom missverstanden werden und die Existenz ihrer Kinder gefährden, dementierte sie, emigriert zu sein. Sie sei lediglich zu einem Arbeitsaufenthalt in Paris, der Kunst wegen. Im Luxushotel Lotti, dicht bei den Tuilerien, empfing sie alte Freunde: Colette, Marie de Chambrun und Jean Cocteau, um nur einige ihrer prominenten Besucher zu nennen.

Margherita Sarfatti war wieder einmal weich gelandet, verfügte über genügend Geldmittel, um mit allem Komfort zu leben. Schon bald zog sie ins exklusive St James Hotel, um Gäste besser empfangen zu können. Sie führte ein nach außen sorgenfreies Leben. Und dennoch lebte sie in jener ständigen Angst, wie ein Exilant, der von der Hand in den Mund lebte und nicht wusste, was der nächste Tag bringen würde.

Besorgt schrieb sie an Butler in den USA, signalisierte »SOS«, klagte über den zukünftigen Geldmangel, obwohl sie ihren Sohn gerade beauftragt hatte, Diamanten über die Grenze zu schmuggeln, die er ihr in Paris übergeben wollte. »Vertraulich und persönlich für Präsident Butler«, schrieb sie auf die Briefumschläge. Eine traurige und im Herzen zerbrochene Frau sei sie. Butler möge die Briefe gut verstecken. »Viele Dinge können mir passieren, noch schlimmer, meinen Kindern, wenn es publik wird, was ich Ihnen schreibe. Sie wissen, was uns passiert ist.« Mit krakeliger Handschrift, kaum lesbar, notiert sie noch einmal die Themen, die sie für amerikanische Verlage bearbeiten will, um so schnell wie möglich in den USA zu Geld zu kommen. Sollte sie über Maria Theresia, Isabella von Spanien oder doch besser über Kleopatra schreiben?

Im Postskriptum heißt es: »Ich möchte noch mal klarstellen, dass das, was mir gegenwärtig passiert, nicht das Ergebnis irgendeiner speziellen und persönlichen Angelegenheit gegen meine Person ist, sondern das Ergebnis einer generellen Politik gegen alle Personen jüdischen Glaubens. Ich bin darunter kein besonderes Beispiel, im Gegenteil, ich gehöre sogar zu den privilegierten Juden, die, unterstützt von ihren faschistischen und patriotischen Verdiensten, noch Vermögen haben und gut leben können. Aber all die anderen Maßnahmen sind die gleichen, keinen Job bekommen, keine Erlaubnis haben, in die Oper zu gehen oder Dienstboten einzustellen oder ein Buch zu veröffentlichen.«[1]

Butler machte ihr wenig Hoffnung auf Arbeit in den USA. Er habe schon einiges versucht, schrieb er, aber bisher ohne Erfolg. In Amerika herrsche ein starker Widerwille gegen alles, was mit Deutschland oder Italien zu tun habe. Es bedürfe daher großer Überzeugungsarbeit, jemanden für ihr Projekt zu gewinnen.[2]

Sarfatti versuchte, sich vorerst in Geduld zu üben. Es ging ihr gut. Bis jetzt hatte sie großes Glück gehabt. Alles andere würde sich schon irgendwie ergeben. In Paris herrschte ein angenehmes, weltoffenes Klima. Da waren die vielen Freunde, die anregenden Gespräche in Alma Mahler-Werfels Salon. Halb Europa traf sich dort. Ab und zu hielt sie sogar Vorträge über italienische Malerei im Louvre. Nur dieses Nichtstun machte ihr zu schaffen. Dieser chronische Mangel an Terminen und festen Verpflichtungen. Zu lange schon war sie zu Untätigkeit und Muße verdammt. Sie wollte endlich wieder ernsthaft arbeiten. Für eine der großen Zeitungen schreiben oder ein Buch veröffentlichen. Immer öfter zog sie sich in die Nationalbibliothek zurück.

Was genau hätte ihr gedroht, wenn sie in Italien geblieben wäre? Die Antwort liegt auf der Hand: Diskriminierung, Verfolgung und letztlich die Vernichtung. Zuerst verordnete die italienische Regierung die »Arisierung« jüdischen Vermögens, dann das Verbot, »arische« Haushaltshilfen zu beschäftigen, das Verbot, etwas zu veröffentlichen, die ständige Observierung durch die Geheimpolizei, die Streichung aus den Telefonbüchern. Später mussten die Juden in Landgemeinden umziehen und sich dort täglich bei der Polizei melden. 1943 begannen unter deutscher Regie die Deportationen aus Nord- und Mittelitalien, dort, wo die Alliierten das Land noch nicht von den Faschisten befreit hatten. Die meisten Deportationen endeten in Auschwitz.

Davon konnte Sarfatti damals noch nichts ahnen. Aber viele der anderen Exil-Italiener waren Opfer faschistischer Gewalt gewesen. Wie ging eine Sarfatti damit um, wenn sie ihnen in Paris begegnete? Wie kamen die anderen damit zurecht, wenn sie der Faschistin Sarfatti gegenüberstanden? War sie Opfer oder Täter? Verdiente sie Mitleid oder Verachtung? Sarfattis Versuche, Kontakte zu Exil-Kreisen in Paris zu knüpfen, erwiesen sich als schwierig. Sie traf Emilio Lusso und andere Verfolgte, die sich ihr gegenüber distanziert freundlich verhielten. Paul Levi, antifaschistischer Herausgeber der Zeitschrift *Aux Écoutes*, veröffentlichte zwar ein sympathisches Porträt über Margherita Sarfatti, in dem er sie als zentrale Figur der antideutschen Opposition Italiens darstellte, die nun von einem »beleidigten und rachsüchtigen« Exgeliebten verfolgt würde.[3] Doch von anderen wurde sie als Galionsfigur des Faschismus heftig abgelehnt, manche sahen in ihr sogar eine Spionin Mussolinis.

Dennoch bot ihr Paris vorläufig das Wichtigste: Sicherheit. Mussolinis Geheimpolizei hatte schlecht aufgepasst. Sarfatti lebte schon einige Zeit in Frankreichs Hauptstadt, ohne dass die italienische Regierung davon wusste. Erst im Januar 1939 begann man ernsthafte Nachforschungen über ihren Verbleib anzustrengen.

»2. März 1939, Rom. An den Chef des Ministeriums für Volkskultur: Sarfatti ist am 28. Juli 1938 von Rom nach Cavallasca gefahren und nicht wieder nach Rom zurückgekehrt, sie hält sich in Frankreich auf. Amedeo hat in der ersten Dekade des Februar die Hauptstadt verlassen, von Turin aus ist er nach Frankreich gefahren. Frau und Tochter sind vor zwei Wochen zu der Mutter gezogen und warten auf die Pässe. Die Post der Sarfatti wird zur Tochter Fiammetta gesandt, die auch die Schlüssel für Sarfattis unbewohnte, aber möblierte Wohnung hat.«

»20. Mai 1939, Rom. […] Fiammetta hat mit der Ex-Sekretärin Laura Leonardi Wäsche, Kleider, Pelze, Strümpfe, Schuhe usw. aus Sarfattis Wohnung geholt, in drei Überseekoffern sind diese Sachen von der Leonardi zu einer Speditionsfirma gebracht worden, von wo sie nach Paris geschickt werden sollen.«[4]

Inzwischen berichteten die liberalen Zeitungen von Paris bis New York ausführlich über die berühmte Jüdin im

Exil. Sarfatti las diese Artikel mit Unbehagen, verordnete sich äußerste Zurückhaltung in politischen Fragen. Ständig verfolgte sie die Angst, dass ihre Kinder als Geiseln missbraucht werden könnten. Als Mussolini endlich im Bilde war, soll er sehr beunruhigt gewesen sein. Sie wusste zu viel, kannte ihn zu gut, hatte wahrscheinlich seine Liebesbriefe im Gepäck. In der Folgezeit ließ er sie ständig überwachen, beauftragte sogar seinen Minister Alfieri, Margherita – koste es, was es wolle – nach Italien zurückzuholen. Fiammetta wurde vom Minister für Volkskultur extra vorgeladen. Jahre später zeichnete sie dieses Gespräch auf:

FIAMMETTA: Livio sagte mir, dass der Duce möchte, dass wir nach Paris fahren.

ALFIERI: Nein, ich habe niemals den Duce erwähnt. Es war meine Idee.

FIAMMETTA: Oh, dann muss Livio sich geirrt haben. In jedem Fall werden wir nach Paris fahren, aber nicht, um meiner Mutter zu raten zurückzukehren. Warum sollte sie das tun – wo doch die Rassengesetze sie daran hindern, auch nur eine Hausangestellte zu haben, ein Radio zu besitzen oder etwas zu veröffentlichen?

ALFIERI: Gut, aber Ihr wisst, ihre Abwesenheit macht einen schlechten Eindruck …[5]

Hätte Mussolini notfalls auch Gewalt anwenden lassen? Auszuschließen ist es nicht. Sarfatti ahnte, in welch gefährlicher Lage sie sich befand. Als Fiammetta sie mit ihrem Mann in Paris besuchte und ihr die Botschaft des Ministers Alfieri übermittelte, reagierte sie sehr aufgebracht. Auf keinen Fall würde sie nach Italien fahren. Sie fürchtete um ihr Leben. Sollten die Zeitungen je über ihren

Selbstmord berichten, so Sarfatti, würde das bedeuten, dass sie umgebracht worden sei.

Juni 1939 schrieb sie an Minister Alfieri:

»Exzellenz, Livio Gaetani erzählte mir in diesen Tagen von Aussprachen, die Ihr wünscht, wegen Angelegenheiten, die mich betreffen, und dass Ihr ihn beauftragt habt, mir das zu übermitteln. Aber ich habe ihn nicht zu Ende erzählen lassen, denn innerhalb der Familie wünsche ich nicht, dass sich jemand in meine Angelegenheiten einmischt, genauso wenig, wie ich mich in seine einmische. Ich bin nicht Frau Dummkopf, die Schwiegermutter des Conte Gaetani, ich bin Margherita Sarfatti, Schriftstellerin und Mutter des jüngsten Trägers der italienischen Tapferkeitsmedaille, Ehefrau des seligen Cesare Sarfatti und Initiatorin des Marsches auf Rom [...], unkontrollierbar von Familienangehörigen oder anderen dieser Art. Wenn der Duce oder die Regierung meines Landes mir etwas mitzuteilen haben, möchte ich, dass das auf direktem Weg geschieht, auf explizite und verantwortliche Weise. Oben, Exzellenz, findet Ihr meine aktuelle Adresse (Hotel St James, Paris), in der Botschaft und im Konsulat bekannt, und außerdem kennt Ihr meine Adresse in Rom. Dies schicke ich voraus: Ich finde es befremdend, dass Ihr, Exzellenz, Euch mit freundlichen Absichten sorgt, was meine Rückkehr in die Heimat anbelangt, wart Ihr doch der Hauptgrund meiner legitimen Entrüstung, da Ihr an die Zeitungen das Verbot erlassen habt, meine Artikel zu veröffentlichen. Kein Vorwand, keine Vorkehrung entschuldigt diese Maßnahme, die den absoluten Charakter privater, persönlicher Verfolgung gegen mich hatte. Ich hätte das Recht auf wohlwollende Behandlung gehabt, bekam aber eine Behandlung, die von persönlichem Hass geprägt war. Wenn es jetzt Ihr oder anderer Wunsch ist, mir eine partielle Entschädigung anzubieten, auf die ich ein Recht habe, um die ich Euch aber nicht bitten würde, könnte ich einen Auftrag in Kunst, Literatur, Journalismus, Inspektion, Lehre oder Propaganda im Ausland akzeptieren, wo u. a. zurzeit zwei bedeutende Ausstellungen laufen, in New York und in San Francisco. Wie Ihr vielleicht zur Kenntnis nehmt, waren solche von mir erfüllten Aufträge immer ein Erfolg. Ich hoffe, Herr Minister, auf Eure höfliche Antwort und schicke Euch unterdessen freundliche Grüße.«[6]

»Liebe Freundin,
ich antworte schnell auf Euren Brief, um Euch zu sagen, dass ich absolut einverstanden bin mit Euch. Und dass, wenn ich mich an den Kollegen und Freund Livio Gaetani gewandt habe, ich es deshalb tat, weil ich nicht wusste, welchen anderen Weg ich wählen sollte. Ich tat es mit der Absicht, Eure Persönlichkeit zu ehren, mit einer Geste, die, sollte ich Eure Empfindlichkeit verletzt haben, von ehrlicher Freundschaft inspiriert war.
Diese Freundschaft wollte ich Euch antragen, so wie ich Euch einen Auftrag von Propaganda und Inspektion im Ausland vorschlage. Mit dem Ziel, sich über das Land zu einigen, dass Ihr bevorzugt und in welchem das Ministerium interessiert ist zu agieren, wäre eine Aussprache notwendig […]. Von Angesicht zu Angesicht verständigt man sich besser. Auch ist die Möglichkeit der französischen Zensur zu vermeiden. Abgesehen davon, dass ich es schätzen würde, mit Euch persönlich Missverständnisse zu klären. Wenn Ihr in der ersten Juliwoche nach Rom kommen könntet, wäre das sehr nützlich. Ich warte auf eine Antwort, stehe zu Eurer Verfügung und grüße Euch herzlich. Euer Dino Alfieri«[7]

»Exzellenz und lieber Minister, ich habe mit Freude Euren freundlichen Brief erhalten und akzeptiere zufrieden Eure zuvorkommenden Zusicherungen von Herzlichkeit und Freundschaft. Zu gegebener Zeit werdet Ihr mir erklären, was Ihr mit ›Missverständnissen‹ meint, aber das gehört zur Vergangenheit, die Zukunft ist interessanter.

Ich würde erfreut sein, Euch Anfang Juli zu sehen, aber niemand als Ihr kennt besser das komplexe Getriebe intellektueller Arbeit, von so schwierigem Gleichgewicht, leicht zu stören. Ich bin an einem entscheidenden Punkt der vorbereitenden Dokumentation meiner neuen Arbeit, ein Haufen von Büchern und Papier aus Bibliotheken ...

Ich fürchte, es wird unmöglich sein, diese aufwändige Arbeit zu unterbrechen, genau dann, wenn ich die Früchte meiner Arbeit ernte, auf der anderen Seite verstehe ich, dass Ihr es eilig habt. Ich denke, über die Botschaft könnte man gut und frei korrespondieren, auch schriftlich, findet Ihr nicht auch? Ich weiß nicht, ob ich mich irre, aber zwischen den Zeilen Eures Briefes glaube ich zu verstehen, dass Eure Gedanken Richtung New York und San Francisco orientiert sind. Sollte das so sein, muss ich frei bekennen, scheint mir das eine würdige Wahl gemäß den italienischen und faschistischen Direktiven zu sein, da das ein breites Feld von Studium und Inspektion bietet. Sagt mir, ob ich Eure Intentionen erraten habe und legt mir für diesen oder einen anderen Fall Eure Ideen und Bedingungen dar, und was Ihr mir anzubieten gedenkt, meine Aktivitäten zu erleichtern. Ich gebe Euch recht, dass die Aktualität und die Jahreszeit nahelegen, von den Urlaubsmonaten zu profitieren, ohne an Hitze zu sterben. Danke, Exzellenz und lieber Minister und Freund, für Eure schnellen, liebevollen Aufmerksamkeiten.«[8]

Als Alfieri Mussolini den Brief vorlegte, soll dieser:

»Questa nicchia!«[9] gesagt haben, was im übertragenen Sinne »diese Zicke« bedeutet. Würde er ihre Bitte um einen Auslandspass erfüllen? Das war die für Sarfatti entscheidende Frage. Ihr Plan, wie der Sohn nach Uruguay zu emigrieren, nahm inzwischen feste Formen an. Sie hatte Amedeo schon im März 1939 in Cannes verabschiedet, ließ es sich nicht nehmen, dort mit dem Filmemacher und Schauspieler Sacha Guitry ihren Spaß zu haben, im Casino von Monte Carlo zu spielen und mit seinem schnellen Auto über Land zu brausen. Bald würde zwischen Italien und Deutschland der sogenannte »Stahlpakt« geschlossen werden. Es roch nach Krieg. Was sollte sie noch in Europa? Am liebsten wäre sie in die USA emigriert. Aber die Amerikaner verweigerten ihr die Einreise. Im Spätsommer 1939 spitzte sich die Weltlage weiter zu. Minister Alfieri drängte erneut auf ihre Anwesenheit in Italien.

»Sehr geehrte Signora,

ich habe Euer Telegramm erhalten. Die Situation ist so, dass ich glaube, es ist besser, wenn Ihr nach Italien kommt. Wir werden uns über Eure Arbeit einigen. Ich küsse Eure Hand. Dino Alfieri«.[10]

Selbstverständlich blieb sie in Paris. Um sich etwas abzulenken, unternahm sie eine Schiffsreise, bei der sie zum ersten Mal die norwegischen Fjorde sah. Dort erfuhr sie vom Nichtangriffspakt zwischen Deutschland und der Sowjetunion. Ein Bündnis zwischen Hitler und Stalin! Dabei war der Faschismus angetreten, den Bolschewismus zu bekämpfen. Verwundert starrte die Welt auf die dreisten Diktatoren. Die Ereignisse überschlugen sich.

Im August 1939 schrieb der italienische Botschafter an den Minister für Volkskultur, dass Margherita Sarfatti Frankreich sofort verlassen möchte, um sich aus beruflichen

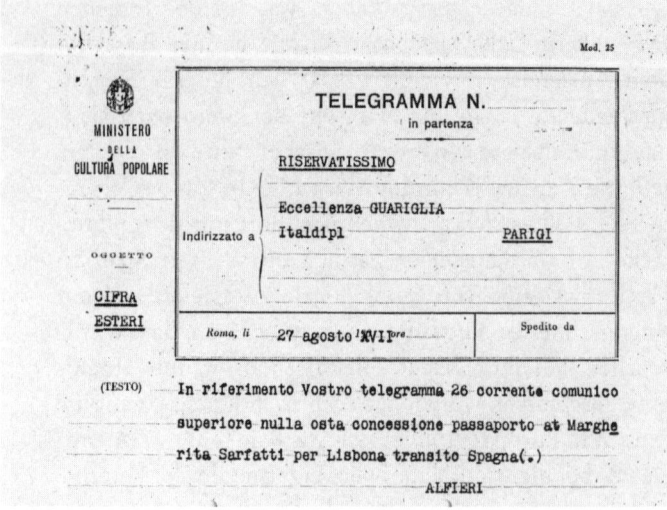

TELEGRAMMA N.

in partenza

MINISTERO
DELLA
CULTURA POPOLARE

RISERVATISSIMO

Indirizzato a

Eccellenza GUARIGLIA
Italdipl   PARIGI

OGGETTO

CIFRA
ESTERI

Roma, li   27 agosto XVIIore   Spedito da

(TESTO)   In riferimento Vostro telegramma 26 corrente comunico

superiore nulla osta concessione passaporto at Marghe

rita Sarfatti per Lisbona transito Spagna(.)

ALFIERI

Telegramm von Alfieri an den italienischen Botschafter in Paris vom 27.8.1939

Gründen nach Lissabon zu begeben. »Ich bitte darum, mich telegrafisch zu ermächtigen, ihr den Pass (Transit Spanien) auszustellen.«[11]

Mussolini segnete diese Bitte mit einem knappen »Ja/M« ab. Drei Buchstaben, von denen jetzt alles abhing: entweder als Jüdin und Exgeliebte Mussolinis verfolgt zu werden oder emigrieren zu können. Als Margherita davon erfuhr, atmete sie auf. Endlich! Der Duce ließ sie ziehen. Vielleicht eine letzte wohlmeinende Geste an seine alte Leidenschaft, der er so viel zu verdanken hatte. Beiden muss klar gewesen sein, dass sie sich wahrscheinlich nie wiedersehen würden.

Margherita fuhr nach Lissabon, *dem* Zufluchtsort tausender Emigranten, die wie sie eine Schiffspassage über den Atlantik ersehnten. Aber auf den überfüllten Auswandererschiffen war nichts mehr frei, auch nicht für eine Sarfatti. Nach Barcelona zurückgekehrt, saß sie nun bei Freunden fest, wartete ungeduldig auf eine Lösung für ihre unhaltbare Lage. Am 1. September fielen Hitlers Truppen in Polen ein, Großbritannien und Frankreich erklärten Deutschland den Krieg. Italien proklamierte – vorläufig – seine Neutralität. Aber wie lange noch? Sie musste schleunigst weg von hier. Raus aus Europa, raus aus diesem Irrenhaus.

Sarfatti konnte noch einmal ihre guten Beziehungen spielen lassen. Carlo Bossi, ein Freund der Familie, arbeitete in Barcelona als italienischer Konsul. Er versprach zu helfen und besorgte ihr eine Schiffspassage auf der Augustus, einem italienischen Schiff. Es würde nachts kurz in Barcelona anhalten und Margherita aufnehmen. Ein riskantes Unternehmen, denn auf dem Dampfer wäre sie der italienischen Staatshoheit unterworfen. Was, wenn Mussolini davon erfuhr und sie an Land holen ließ? Am Tag der Abreise aß Bossi mit ihr zu Abend, begleitete sie zum Kai und empfahl sie der ausdrücklichen Obhut des Kapitäns. Gut versorgt lief das Schiff nach Montevideo aus.

Zu diesem Zeitpunkt hatten Hitlers Truppen bereits Polen besetzt, rüstete die französische Regierung zum Krieg. Italien, durch den Stahlpakt verpflichtet, an der Seite Deutschlands zu kämpfen, zeigte sich in jeder Hinsicht unvorbereitet. Völlig überrumpelt verfolgte man die nächsten Schritte des übermächtigen Diktators. An Kriegsbeteiligung war nicht zu denken. Es fehlte an Waffen und Munition. Und trotzdem versuchte Mussolini, als treuer Vertragspartner dazustehen. Der Duce unterwarf sich bedingungslos dem »Führer«. Davor hatte sie, Margherita, ihn immer gewarnt.

Mitte September 1939 traf Sarfatti endlich in Montevideo ein. Nur schwer fügte sie sich in den folgenden Monaten in die neuen Verhältnisse. Hier, im rückständigen Uruguay, fühlte sie sich erst recht überflüssig, gierte geradezu nach Abwechslung. Sie wohnte in einem Hotel nahe der Unterkunft ihres Sohnes. Wenige Wochen nach ihrer Ankunft erlebte sie ein bizzares Echo des Krieges fast unmittelbar vor der Eingangstür ihres Hotels. Das Panzerschiff Admiral Graf Spee war mit einem britischen Kreuzer kollidiert und seeuntüchtig geworden. Der Kapitän bat um Aufnahme im Hafen von Montevideo. Uruguay galt zwar als neutral, war aber traditionell eng mit Großbritannien verbunden – und verweigerte dem deutschen Schiff die Karenzzeit. Auf Befehl Hitlers wurde die Admiral Graf Spee daraufhin am 18. Dezember 1939 in der Bucht von Montevideo gesprengt. Ein gigantisches Schauspiel. Sarfatti wird es beobachtet haben. An diesem Abend musste sie auf ihr regelmäßiges Schwimmen im Meer verzichten. Dafür war

Margherita Sarfatti mit Sohn Amedeo am Strand von Montevideo, ca. 1940

sie bereits bekannt, denn einmal war sie so weit hinausgeschwommen, dass Amedeo besorgt Hilfe geschickt hatte, um sie zurückzuholen. Nur widerwillig versprach sie ihm, in Zukunft vorsichtiger zu sein. Familiäre Einmischungen lehnte sie vehement ab. Niemals wäre sie zu Amedeo gezogen. Lieber wohnte sie in einer Hotel-Suite. Unabhängig und selbstbestimmt.

Montevideo war damals eine relativ junge Stadt, ohne nennenswerte kulturelle Traditionen. Ganz nett, aber für eine Sarfatti sterbenslangweilig. Tausende Emigranten, vor allem aus Deutschland, Spanien und Italien, begannen das Stadtbild zu beherrschen. Sarfatti schrieb an Butler und bat um seine Hilfe: »Ich bin sehr besorgt, dass Europa untergeht. Es ist an Amerika, zu retten, was noch von der Zivilisation zu retten ist. […] Sie müssen jetzt die Arche Noah sein, die die neue Sintflut übersteht. […] Könnte ich vielleicht einen Essay über die neue Lage schreiben?«[12] Butler versicherte ihr, dass er versuchen würde, etwas in Südamerika für sie zu finden. Aber aus seinem Vorschlag, eine Lesereise durch Argentinien zu organisieren, wurde nichts. Nach langem Hin und Her bot man ihr nur einen einzigen Auftritt ohne Honorar an.

Empört schrieb sie an Butler, dass sie »diesen lächerlichen Vorschlag« nicht annehmen könne. Sie sei kein junges Mädchen mehr, das auf eine Möglichkeit warte, vor einigen Schülern zu referieren und eventuell in einer Zeitung erwähnt zu werden. Man habe ihr nicht einmal Geld für ein Schiffsticket nach Buenos Aires angeboten. »Es kostet mich Zeit und Nerven, und vielleicht verpasse ich deshalb andere Möglichkeiten von Lesungen in Buenos Aires. Jetzt aber ist es zu spät, und die Saison ist vorbei. Das Leben und die Menschen sind seltsam, wenn sie nicht bösartig sind, sind sie lächerlich.«[13]

Es blieb Sarfatti nichts anderes übrig, als sich mit dem zu begnügen, was sich ihr an kargen Möglichkeiten bot. Wenige Zeitungsartikel, Entwürfe für ein neues Buch, Briefe. Solange Italien nicht in den Krieg eintrat, gestaltete sich der Briefkontakt mit der Familie problemlos. Sie bekam sogar Post von Ada Negri, zum ersten Mal seit ihrer Flucht. Negri behauptete, ihre Adresse nicht gewusst zu haben. Zwei Jahre hatte sie von Ada nichts gehört. Ärgerlich schrieb sie zurück: »Ich verstehe nicht, was du mir über das Gerede oder die Stimmen […] oder Geheimnisse um meine Adresse sagst. […] Auf jeden Fall wusste von dem schrecklichen Geheimnis nicht nur Fiammetta, sondern sogar mein Pförtner von dem Haus in Rom, der mir die Korrespondenz immer nachsenden ließ.«[14]

Was Ada Negri daraufhin antwortete, wissen wir nicht. Aber in ihrem Brief vom März 1940 reagierte Sarfatti schon viel versöhnlicher: »Liebste, danke für deinen Brief. Natürlich hatte mich dein ›Fernbleiben‹, vor allem, was das schreckliche Drama meines Lebens betrifft, sehr überrascht und sehr verletzt. Es wäre nicht ehrlich, wenn ich es dir nicht klar und rundheraus sagen würde. Das ist kein ›Sarkasmus‹ wie du meinst, sondern legitime Bitterkeit einer gekränkten Liebe. Was beweist, dass es diese Zuneigung gab. Jedenfalls akzeptiere ich deine lieben Worte, reden wir nicht mehr davon, punto e a capo. Kannst du – nein, du kannst nicht, es ist sogar unmöglich! Du kannst dir *nicht* vorstellen, was ich durchgemacht habe und durchmache. Insgesamt bedrückt das Fernsein jeden Tag mehr, und jeden Tag wird es mit neuen Sorgen der besonderen Umstände wegen komplizierter und schlimmer. Das Leben hier ist angenehm und süß. Es ist ein echtes Paradies. Aber – das Aber gibt es – es ist nicht mein Haus, mein Haus ist weit weg […]. Ich schicke dir einen Teil meiner neuen zahlreichen Arbeiten. Es ist sehr unterhaltsam, direkt in Spanisch zu schreiben, sogar zu denken. Es ist eine ziemlich schwierige Sprache, sehr schwierig sogar, wenn man sie gut lernen will, denn man wird durch ihre trügerische Ähnlichkeit irregeführt. […]

Grüße an die Deinen. Sei umarmt. Herzlichst deine Margherita.«[15]

In den nächsten Jahren hielten die Freundinnen – solange das möglich war – weiterhin Kontakt. Aber die alte Intimität und Herzlichkeit blieb für immer verloren. Obwohl Margherita alles andere als nachtragend war. Schuld und Versagen vergangener Tage interessierten sie einfach nicht. Sie wollte das Jetzt und die Zukunft bewältigen.

Nach einigen Monaten dachte Sarfatti nur noch an Flucht. Sie musste unbedingt etwas unternehmen. Dieses Montevideo war viel zu provinziell, völlig ungeeignet für ihre journalistischen Ambitionen. Sie wollte Buenos Aires erkunden, eine Stadt mit einer langen kulturellen Tradition. Schon einmal, 1930, war sie dort gewesen, um die *Novecento*-Ausstellung zu eröffnen. Auch kannte man sie hier als Autorin des *Dux*. Ihre Mussolini-Biografie war 1940 in spanischer Übersetzung erschienen. Als Nächstes würde das Buch in Portugiesisch veröffentlicht werden, was einigen diplomatischen Wirbel auslöste. Die Botschaft in Rio de Janeiro hatte beim italienischen Kulturministerium angefragt, ob es einen namhaften faschistischen Autor gäbe, der die Biografie durch zusätzliche Kapitel über das Leben des Duce der letzten zehn Jahre ergänzen könne. Leider nein, bedauerten die Italiener. Man möge jedoch dafür sorgen, dass die Zeitungen in Rio de Janeiro in ihren Rezensionen vor allem über den Duce und nicht so sehr über die Autorin berichten.[16]

Inzwischen hatte man in Italien die Anordnung erlassen,

sämtliche Sarfatti-Bücher vom Markt zu nehmen. Von der einst gefeierten ungekrönten Königin gab es nichts Gedrucktes mehr zu kaufen.

Nach ihrer Ankunft in Buenos Aires im August 1940 stürzten sich die Reporter sofort auf die Signora Sarfatti. Diese Sensation wollten sie sich nicht entgehen lassen. In den späten Dreißigerjahren lebten circa zwei Millionen Italiener in Argentinien.[17] Potenzielle Leser und Käufer, die zufriedengestellt werden mussten. Schade nur, dass die Ex-geliebte des Duce in ihren Interviews die Politik aussparte. Da musste man – wie so oft – etwas nachhelfen. Sie sei ein Opfer der Rassengesetze, schrieben die Journalisten, und beklage die Undankbarkeit des faschistischen Regimes. Sarfatti habe tiefes Mitleid »mit dem armen italienischen Volk, das auf den Rand großer Abgründe geschleift wird, in eine unklare Zukunft, von einem Mussolini, der nicht mehr der Gleiche wie früher ist und seine Flugbahn verlassen hat«[18].

Als Sarfatti diese Berichte las, geriet sie in große Sorge und sah sich unverzüglich zu einem Dementi gezwungen. An die italienische Botschaft in Buenos Aires schrieb sie: »Ich wünsche, mein Land davon in Kenntnis zu setzen, dass das in der *Noticias Gráficas* veröffentlichte Interview vom 27. August nicht der Wirklichkeit des von mir gewährten Interviews an den Repräsentanten dieser Zeitung entspricht, das unter Zeugen zwischen 19.30 und 19.55 Uhr in meinem Hotel gegeben wurde und sich ausschließlich auf künstlerische und literarische Themen bezog. Mit Hochachtung. Margherita G. Sarfatti.«[19]

Der Botschafter glaubte ihr »angesichts der Methoden der Sensationspresse«, Fiammettas Familie musste wegen der Presseberichte keine Nachteile erleiden. Dennoch blieb Sarfatti auf der Hut. Auf keinen Fall durfte sie Mussolini

Margherita Sarfatti auf dem Balkon in Argentinien, ca. 1942

den kleinsten Anlass geben, sich an ihrer Familie zu rächen.
Kein Wort über Politik! Es gab genug andere Themen.

Sarfatti fiel es nicht schwer, in den intellektuellen Kreisen
von Buenos Aires Fuß zu fassen. Schon bald nach ihrer
Ankunft lernte sie Victoria Ocampo kennen, Tochter
einer der ältesten und angesehensten Familien Argenti-
niens, in deren Salon sie über künstlerische und literarische Themen referierte. Den größten Ruhm erwarb sich
Ocampo mit der literarischen Zeitschrift *Sur*, die sie 1930
mit Persönlichkeiten wie dem Schriftsteller Jorge Luis
Borges ins Leben rief. *Sur* überlebte trotz finanzieller und
politischer Bedrohungen vierzig Jahre als Plattform für die
internationale intellektuelle Elite. Alle großen Namen der
Zeit sind hier zu finden: James Joyce, Virginia Woolf, Vla-
dimir Nabokov, Aldous Huxley, Jean-Paul Sartre, Henry
Miller, Thomas Mann, Albert Camus, Graham Greene. Pa-
rallel erschienen deren Bücher im gleichnamigen Verlag.

Ähnlich wie Sarfatti verehrte Ocampo die *Göttliche Komödie* von Dante, suchte sie Wege aus der Enge des Lebens im »goldenen Käfig«.

Doch trotz ihrer Freundschaft zu Ocampo und anderen Intellektuellen, trotz der neuen kulturellen Möglichkeiten in

Margherita Sarfatti mit unbekannten Damen in Buenos Aires, ca. 1942

Buenos Aires – für Margherita Sarfatti blieben die USA nach wie vor das Ziel all ihrer Bemühungen. Sie beantragte ein Visum, bat ihren Freund Butler erneut, Arbeit für sie zu besorgen, Lektorate, Übersetzungen, alles wäre ihr recht, wenn sie nur endlich in ihr »Land der Träume« ziehen könnte.

Ohne dass sie etwas ahnte, stand sie unter geheimdienstlicher Beobachtung. Am 30. Oktober 1940 wird in der Akte Margherita Sarfatti beim Federal Bureau of Investigation, dem FBI, festgehalten, »dass diese Frau verdächtig, aber nicht wirklich gefährlich ist«[20].

Für Oktober 1940 hatte sie die Erlaubnis für eine Touris-

Federal Bureau of Investigation

Freedom of Information / Privacy Acts

Release

SUBJECT: <u>SARFATTI, MARGHERITA</u>

Deckblatt der FBI-Akte Margherita Sarfatti

tenreise in die USA erhalten, die sie jedoch nicht antrat.
»Infolge der generellen Unsicherheit und Unruhe in der
Welt und vor allem der Kriegslage habe ich mich entschlossen, meine Reise in die USA zum gegenwärtigen
Zeitpunkt aufzugeben.«[21]
Sie rechnete aber fest damit, zu einem späteren Zeitpunkt
fahren zu können. Vielleicht war sie durch die zunehmend
schlechte Versorgungslage in Italien zu sehr beunruhigt,
als dass sie hätte reisen können. An Butler schrieb sie im
gleichen Monat, dass Fiammetta und ihre Kinder dringend
Hilfe bräuchten.

»Lieber Freund,
es ist Ihre Freundin Margherita, die heute mit einem ängstlich aufgeregten Herzen an Sie appelliert. Sie wissen, dass
meine Tochter, an die Sie sich sicher gut erinnern, Fiammetta, immer noch in Italien lebt, [...] und eine große Familie mit drei kleinen Kindern hat, das kleinste ist gerade
mal eineinhalb Jahre, ich kenne es gar nicht. [...] Mein
Herz ächzt und stöhnt für meine liebe Familie, unter
diesen schrecklichen Bedingungen des Lebens.
Können Sie mir helfen? Können Sie mit Ihrer hohen Autorität vielleicht ein Paket mit Kondensmilch, Zucker, Kakao,
Tee oder Ähnlichem über das Amerikanische Rote Kreuz
oder einen anderen Kanal schicken? [...] So bald wie möglich und so viel wie nur irgend möglich ist. [...] Um Himmels willen, lassen Sie keine Zeit verstreichen.«[22]
Butler gelang es dieses eine Mal, über das Rote Kreuz
Lebensmittel an Fiammetta zu schicken. Danach verbot
die politische Lage Paketsendungen zwischen Italien und
den USA. Die Länder waren zu Kriegsgegnern geworden.
Für Sarfatti eine unerträgliche Situation. Fiammettas
Kinder litten Not, und sie lebte in Luxushotels, satt und
übergewichtig, mal in Montevideo, mal in Buenos Aires.
Ein Glück, dass es noch Amedeo und seine Familie gab.
Sie wäre verrückt geworden, allein, ohne Familie. Im No-
vember 1941 wurde sie zum vierten Mal Großmutter.
»Liebste Ada, am 17. Oktober ist Amedeo Vater eines schö-
nen, kräftigen Kindes geworden, das Roberto Sarfatti heißt.
Ich glaube, es wird dich freuen und rühren, es zu erfahren.
Gott sei Dank sind alle wohlauf. Danke für deinen lieben
Brief, schreib mir und erzähl mir von dir und deiner Ar-
beit und deinen Gedichten, die du zuweilen verfasst. [...]
Ich schreibe in Spanisch, arbeite, atme diese wunderbare
Luft und diese schönen Landschaften. Ich habe einen sehr

aktiven, interessanten und hyperergiebigen Winter in Buenos Aires verbracht. Beste Wünsche.

Herzlichst deine Margherita.«[23]

Immer seltener drangen Nachrichten aus Italien nach Südamerika. Niemand wusste Genaueres. Gerüchte verbreiteten sich und verunsicherten die Menschen. 1942 erregte ein Artikel in der *Time* Sarfattis ganze Fantasie. Darin wurde erzählt, dass die Italiener großen Hunger leiden würden und dass Mussolini in seiner Villa allein und krank über den Kriegszustand grübelte. Solche Berichte trieben Margherita erneut an, überall, wo es noch möglich schien, Hilfe für Fiammetta zu erbitten. Doch ohne Erfolg.

Ihr ruhiges und komfortables Leben ödete sie immer mehr an. Sie sehnte sich nach »einer regelmäßigen Anstrengung ihres Gehirns«[24]. In ihren Briefen an Butler bedauert sie ihren Bedeutungsverlust. Schreiben ohne eine unmittelbar applaudierende Öffentlichkeit war nicht ihre Sache. Ein Blick in die argentinische und uruguayische Presse der Jahre 1940 bis 1943 zeigt jedoch ein anderes Bild. In zahlreichen Artikeln schrieb man über Sarfattis Leben und ihre Vergangenheit. Mehrseitige Interviews und Lebensbeschreibungen mit Bildern überschütteten sie geradezu mit Aufmerksamkeit. Man erinnerte sich an 1930, als sie als Botschafterin des *Novecento Italiano* in Buenos Aires die Ausstellung eröffnet hatte, nannte sie die »Mutter des Faschismus«, die »Exfreundin des Duce«, »die treue Biografin Mussolinis« oder auch die »Pompadour Italiens«. In einer argentinischen Zeitung wurde eine Karikatur von ihr veröffentlicht: Sarfatti mit Kapotthütchen und einem Nudelholz im Arm, aus dem ein Beilschaft hervorragt, vermutlich eine Anspielung auf das Liktorenbündel. Die südamerikanische Öffentlichkeit schien fasziniert und ab-

nos Aires *Para Toda la República* ★

QUIEN ES OU

Margherita Sarfatti

Sarfatti-Karikatur in der Noticias Gráficas, Juni 1940

gestoßen zugleich von ihr. *Los Diarios* in Argentinien bezeichnete sie sogar als Sprachgenie.

Sie selbst schrieb in makellosem Spanisch über das zivilisierte Bürgertum Europas, den Karneval in Montevideo, die Gefahr, dass die Deutschen den Eiffelturm einschmelzen könnten, sie porträtierte den Dirigenten Toscanini und andere Persönlichkeiten, die sie selbstverständlich alle persönlich gekannt hatte. Manch ein Vertriebener hätte sich glücklich geschätzt, so gute Kontakte und Möglichkeiten zu haben. Nur ihr genügte das alles nicht.

Angesichts des Kriegszustands beobachtete der FBI weiterhin die Signora Sarfatti. Doch konnten die Informanten nichts wirklich Auffälliges entdecken: »Sie verbringt die meiste Zeit mit Schreiben und hat gerade ein Buch über das Leben des Casanova beendet. Niemals erwähnt sie den Namen von Mussolini und spricht nie über Politik.«[25] Dass sie als Spionin für den Duce arbeitet, wird ausgeschlossen. Ein spezielles Dossier enthält einen Artikel aus der *Washington Daily News,* der in den verschiedensten Zeitungen der USA nachgedruckt wurde. Unter der Überschrift *Fair enough* wird Sarfatti als eine korrupte, arrogante und selbstverliebte Frau beschrieben. »Wenn wir Ernst machen mit unserer Drohung, nicht nur den Faschismus, sondern alle, die schuldig am Faschismus sind, zu bestrafen, dann würde Sarfatti in einem fairen Prozess gegen eine Wand gestellt werden, weil sie eine der niedrigsten und gemeinsten der ganzen begierigen Bande gewesen ist.«[26]

Margherita Sarfattis Verantwortung für die Entwicklung des Faschismus ist unbestritten. Ihre Ignoranz gegenüber den Leiden der Antifaschisten, ihre Gier nach materieller Sicherheit, ihre moralische Schuld bei der Orientierung der künstlerischen Elite auf das faschistische System und ihre konsequente Verharmlosung der faschistischen Gewalttaten sind Anklagepunkte genug. Und dennoch musste sie als Jüdin das Land verlassen und um ihr Leben fürchten. Sollte dem Autor die Judengesetzgebung in Italien entgangen sein? Der Artikel erscheint alles andere als »fair enough«. Er wurde Bestandteil der FBI-Akte. Falls Sarfatti noch einmal einen Antrag auf ein Visum stellen würde, hätte sie keinerlei Chance.

Im Sommer 1943 kamen aufregende Neuigkeiten aus Italien, verwirrend, aber auch hoffnungsvoll. Vom Sturz Mussolinis und von Freudentänzen auf den Straßen wurde berichtet. Auch von Badoglio, dem neuen Regierungschef. Margherita Sarfatti kannte den alten General von früher, wusste nicht, ob sie sich freuen oder für ihr Land fürchten sollte. An Butler schrieb sie: »Die Ereignisse überschlagen sich gegenwärtig. Ich hoffe, dass Mussolini schließlich fallen wird. Aber die Dinge sind schwierig, und ich glaube, Badoglio ist nicht der richtige Mann für eine so schwierige Aufgabe. Vor allem fürchte ich, er wird Italien nicht zum Frieden führen.«[27]

Sie hörte ständig Radio, kaufte alle verfügbaren Zeitungen, um sich ein genaueres Bild von der Heimat zu machen. Anfang Juli waren die alliierten Truppen in Sizilien gelandet. Der faschistische Großrat hatte Mussolini abgesetzt. Selbst Ciano hatte gegen den Schwiegervater gestimmt. Nach einer Audienz beim König war der Duce verhaftet und Marschall Badoglio zum Regierungschef ernannt worden. Im September kapitulierte die neue italienische Regierung. Alle hofften auf Frieden, wurden aber kurze Zeit später bitter enttäuscht.

Hitler ließ Mussolini »befreien« und setzte ihn als Regierungschef in der sogenannten »Republik von Salò« am Gardasee ein. Rom wurde okkupiert, die italienischen Soldaten ließ er zu Kriegsgefangenschaft und Zwangsarbeit nach Deutschland verschleppen. Ein grausamer Bürgerkrieg gegen die Partisanen der Resistenza begann. Tausende italienische Juden wurden deportiert und ermordet.

Margheritas Sorge um ihre Tochter wuchs von Tag zu Tag. Nachrichten trafen jetzt nur noch spärlich ein. Kein Telegramm, kein Brief von Fiammetta. Dafür Berichte über die Judenverfolgungen der Deutschen, die alles bisher Gehörte an Grausamkeit übertrafen. In ihrer Angst schrieb sie an Tacchi Venturi, den Pater, der sie einst getauft hatte, und bat ihn, Fiammettas Familie als Flüchtlinge in den Vatikan zu holen. Auf eine Antwort wartete sie vergebens.

Wie würde es nun weitergehen? Was würde aus ihrer Familie, ihrem geliebten Italien werden? Ein Leben in ständiger Ungewissheit und Angst. Den genauen Ablauf der Ereignisse wird Sarfatti erst später erfahren.

September 1943: Himmler gibt an Major Kappler den Befehl, die römischen Juden zu verhaften und nach Deutschland zu deportieren. Kappler erzwingt von den Juden eine enorme Summe Gold. Hektisch wird in der jüdischen Gemeinde gesammelt, in der Hoffnung, durch die Erfüllung der Forderung Schlimmeres zu verhindern.

16. Oktober 1943: Ohne Vorwarnung besetzt die SS am Abend des Sabbat das alte Ghettogebiet in Rom, bricht in die Wohnungen ein und zwingt die Menschen, sich zu einem Zug auf der Straße zu formieren und auf die Lastwagen zu steigen. An diesem Tag verhaften die Deutschen 1259 Juden. Die meisten werden über das italienische Auffanglager Fossoli nach Auschwitz deportiert. Fiammetta ist mit ihren Kindern in großer Gefahr. Am Tag der Deportationen werden sie und Livio von der Polizei vergebens gesucht. Der Pförtner ihres Hauses warnt die Gaetanis. Sie fahren sofort los, bringen ihre drei Kinder zu sizilianischen Freunden. Die Kleinste, Ippolita, wird dort bleiben, die beiden Älteren, Roberto und Sancia, kommen unter falschen Namen in katholische Internate. Ihre Eltern können sich mithilfe antifaschistischer Freunde in einer Hautklinik verstecken, wo sie bis zur Befreiung ausharren.

Acht lange Monate erfährt Margherita Sarfatti nichts über Fiammettas Schicksal. Alle Versuche, durch Butlers Vermittlung etwas über Tochter und Enkelkinder in Erfahrung zu bringen, bleiben ergebnislos. Erst einen Monat nachdem die Alliierten im Juni 1944 Rom befreit haben, erhält sie endlich die erlösende Meldung: Fiammetta und ihre Kinder sind in Sicherheit.

Andere Mitglieder ihrer Familie hatten weniger Glück. Ihre Schwester Nella und deren Ehemann wähnten sich außerhalb von Venedig in ihrer Villa in Sicherheit. Doch die SS spürte die beiden Anfang 1944 auf und verhaftete sie. Auch sie wurden in das Auffanglager Fossoli gebracht und von dort nach Auschwitz deportiert. Sie starben unterwegs im Viehwaggon.

Etwa ein Jahr später schlug in Italien die Stunde der Abrechnung. Mussolini war auf der Flucht in die Schweiz von Partisanen entdeckt und wenig später erschossen worden. Ohne Verfahren, rücksichtslos, so wie er selbst mit Tausenden seiner Landsleute umgegangen war. Was mochte das für Margherita Sarfatti, Mitbegründerin des faschistischen Systems und Ex-Geliebte des Duce, bedeutet haben, wenn sie die Berichte las über Lynchmorde und aufgebrachte Volksmengen, die sich an den Faschisten grausam rächten?

Schuld schien keine persönliche Kategorie für sie zu sein. Der Titel ihres geplanten Mussolini-Buches *Mea Culpa, Meine Schuld* täuscht. Ein fragwürdiges Bekenntnis, um das die verschiedensten Gerüchte kreisen. Schon in Frankreich soll Sarfatti einen Text mit gleichem Titel geschrieben haben. Er ist nirgends auffindbar. 1943, als Mussolini als Ministerpräsident abgesetzt und gefangen genommen worden war, begann Sarfatti nach eigenem Bekunden sofort mit der Niederschrift, in Englisch, wie sie Butler stolz berichtet. Der Verlag Scribner's in New York zeigte großes Interesse. Ihr langes Schweigen über ihre Vergangenheit und die weltpolitische Lage erhöhten den Wert ihrer Äußerungen. Nach der Besetzung Norditaliens durch die Deutschen wusste sie Fiammetta und die Kinder jedoch erneut in Gefahr und lehnte eine Zustimmung zur Veröffentlichung ihrer autobiografischen Bekenntnisse ab. Erst nach Mussolinis Tod ging sie erneut an die Erinnerungsarbeit. Das Buch sollte nun ausschließlich für den südamerikanischen Markt bestimmt sein. Wahrscheinlich wollte Sarfatti die Aufmerksamkeit der Weltöffentlichkeit nicht zu stark auf ihre Person gerichtet wissen. In Italien rechnete man mit einer fast 23-jährigen Diktatur ab. Auch sie und ihre Familie hätten in den Sog des Volkszorns gelangen können.

Meine Schuld wurde nie veröffentlicht. Auszüge daraus erschienen im Juni und Juli 1945 als 14-teilige Serie in der populären Zeitung *Crítica* mit dem Titel *Mussolini cómo lo conocí, Mussolini, wie ich ihn kannte*. Das klang schon vom Titel her eher nach Auseinandersetzung mit Mussolini und nicht nach einem Eingeständnis von Schuld.

Mussolini steht im Mittelpunkt. Schon in der ersten Folge heißt es, der Duce habe »Italien in eine Irrenanstalt und ein Reich der Langeweile und Dummheit verwandelt«.[28] Sarfatti überschüttet die Leser mit einer nicht endenden Fülle von Hintertreppengeschichten, persönlichen Anekdoten und Namen berühmter Personen, die sie selbstverständlich alle gekannt hat. Nirgends dringt sie zu einer tiefer gehenden Kritik oder gar Selbstkritik vor. Mussolini sei Italiens Schicksal gewesen, eine Alternative gab es nicht. Er habe die in ihn gesetzten Hoffnungen nicht erfüllt. Als Kronzeugen für die Unabwendbarkeit eines Mussolini führt sie sogar Lenin und Trotzki an. Lenin soll zu den Genossen der Sozialistischen Partei Italiens gesagt haben: »Warum habt ihr Mussolini aus euren Reihen fallen lassen? Er war der Einzige, der sie zu führen fähig war.«

Sarfatti standen in der *Crítica* mehrere Seiten pro Tag zur Verfügung. Die argentinischen Zeitungsmacher setzten

Jahre zuvor kennengelernt hatte, und dem anderen gab es weniger Gemeinsamkeit als zwischen Krebszellen und dem ursprünglich gesunden und reinen Gewebe, das von den kranken Zellen heimlich zerfressen und von morbider Schwellung ersetzt wurde. Das gestattet es mir, die Vergangenheit heraufzubeschwören, so wie sie gewesen ist, voller Trauer, aber ohne Hass. […] Mussolini hatte sich in den brutalen, den deutschen Übermenschen verwandelt, der versuchte, den Roboter, den Sklaven des totalitären Staates zu erschaffen: sozusagen sich selber.

Für diesen Kult haben wir zugelassen – und das war ebenso mein Irrtum wie meine Schuld –, dass Mussolini sich erneut als ›der gute Tyrann‹ erschuf, intelligenter, gerechter und rechtschaffener als die Standardkandidaten des Wahlvolks.«[29]

Gegen Ende der Artikelserie wehrt sich Sarfatti gegen falsche Deutungen ihres Schweigens. Sie habe Rücksicht auf ihre Familie nehmen müssen, jetzt noch zittere sie bei dem Gedanken, was mit ihren Enkelkindern passiert wäre, wenn sie Mussolini den geringsten Vorwand gegeben hätte.

»Es gibt keine schlimmere Feigheit, als aus der Nachhut unschuldige Wesen in die Feuerlinie zu schicken. Und das hätte es bedeutet, wenn ich geredet hätte, während Mussolini meine Familie als Geisel hatte. Wer eine Familie hat und diese liebt, der wird mich verstehen. Nein, deshalb werde ich niemals sagen: ›Meine Schuld‹.«[30]

Das klingt, als hätte die von Sarfatti erlittene Angst um Fiammetta alle Irrtümer der Vergangenheit wettgemacht. Eine Andeutung über ihren persönlichen Beitrag an der Entwicklung des Faschismus sucht man in der Artikelserie vergebens. Kein einziges Wort über die Opfer der faschistischen Gewalt, geschweige denn Respekt vor ihnen. Nur ein einziges Mal benutzt Sarfatti den Begriff der »Verantwortung«, bezogen auf sich selbst:

»Denn ich bin verantwortlich – und ich bin fern davon, mich dieser Verantwortung zu entziehen – dafür, dass ich in dem ehemaligen Faschismus aufgewachsen bin und in seinen Anfängen ein Buch geschrieben habe über die Interpretation seiner Ziele, datiert 1925.«[31]

Gemeint ist die Mussolini-Biografie *Dux*. Das ist alles. Nichts über Margherita Sarfatti, die den Marsch auf Rom mit finanzierte und organisierte, nichts über knüppelnde Squadre, Folter oder Mord.

Noch einmal beschwört sie Roosevelts Programm gegen Angst und Elend, für Arbeit, Brot, ein Dach über dem Kopf und ein ehrfürchtiges Leben. Mussolini steht als das Gegenbild zum guten Präsidenten da. Er ist das Monster, das zerstört werden musste. Zwar gesteht sie ihm zu, anfangs auch für Gerechtigkeit und Menschenwürde eingetreten zu sein, aber die Fackel, die er entzündete, wurde in die verzehrende »Flamme von Habsucht und Ungerechtigkeit verwandelt, mit der er dazu beitrug, die Welt in Flammen aufgehen zu lassen, und an der er sich am Ende selbst verbrannte«[32].

Sarfatti wird nach der Veröffentlichung von *Mussolini, wie ich ihn kannte* nur noch selten publizieren. Wahrscheinlich wollte sie ihre mögliche Rückkehr nach Italien nicht belasten oder war in Sorge, dass man ihr Vermögen wegen ihrer Vergangenheit beschlagnahmen könnte. Ganz gegen ihre Gewohnheit zog sie sich ins Private zurück, schrieb *Il canzoniere del mare*, eine Gedichtsammlung, aus der sie ihrem Biografen Marzorati und Freunden im Soldo später vorlas. Das Skript ist nicht mehr auffindbar.

Von ihrem Gemütszustand in dieser Zeit zeugt ein Brief an ihre Tochter aus dem Jahre 1945:

»Fiammetta, Schatz, mein lieber Liebling, endlich treffen deine Briefe ein, mit Verspätung, aber wenigstens habe ich an meinem Herzen ein Stück Papier, das du berührt, gestreichelt mit dem Blick, mit den Fingern und wer weiß was? Vielleicht auch gestreift mit den Lippen, wie ich es mit diesem Blatt mache, damit du darin die Wärme meines Atems findest. Ja, wenn es auch eine Albernheit ist, ich bekenne mich dazu und schäme mich nicht dafür. Ich habe deinen Brief am 15. bekommen, als ich mich für die Siesta vorbereitete. Ich hab ihn gelesen, nicht schnell, oh nein! Ihn langsam auskostend, gewissenhafterweise, Wort für Wort ihn genießend, mit all seiner Süße und, oh weh, seiner großen Bitterkeit. Dann, um das Vergnügen zu verlängern und zu erneuern, habe ich Amedeo in der Bank angerufen, und ihm den Brief vorgelesen, langsam, Silbe für Silbe, den Teil, der ihn betraf und den ganzen Rest. Dann hab ich ihn ins Kuvert gelegt und an mein Herz, zwischen Hemd und Haut, um zu schlafen. Amedeo sagt nicht viel, wie du weißt, aber seine Stimme schien mir bewegt. Der Brief, der mich heute erreichte, ist der von Pedemonte, vom 10. August, während ich schon vor über 100 Tagen den aus Rom, vom 6. September, erhielt, der schlägt einen Rekord, wohl, weil er ohne Umschlag war. In diesem hast du gesagt, dass du endlich meinen Brief erhalten hast. Du sagtest mir auch, dass du ohne Geld bist. Also hatte Amedeo sofort die Idee, es dir zu schicken, er überwies dir 100 Dollar und ich 200 über die Chase Bank. Außerdem habe ich sofort an meinen lieben alten Freund Nicholas Murray Butler geschrieben, Präsident der Columbia University, damit er dir zwei Lebensmittelpakete der UNRA schickt. […] Eines ließ ich an Livio, das andere an Ippolita schicken! Arme liebe Kleine, es würde mir besser gefallen, dir das Überflüssige als das Notwendige zu schicken, aber hoffen wir, dass etwas ankommt. Könntest du die Terrasse nicht benutzen, um, wenn möglich, Kaninchen zu halten oder wenigstens Kartoffeln und Salat anzupflanzen? Gebe Gott, dass es möglich ist, wenigstens etwas aus Reggio Emilia zu bekommen, sobald es befreit ist. Gott sei Dank habt ihr Gas … Ich denke auch an Soja, das man in einem Kasten aussäen und das dir etwas helfen kann, man sagt, es hätte mehr Proteine als anderes Gemüse … […]

Sprechen wir von mir! Mir geht's gut, ich mache meine Gymnastik, die Bäder, das Schwimmen etc. … Ich arbeite gerade an einem Buch über Vasari, danach an meinen Memoiren, und an einem Buch über Cézanne in Englisch, die anderen in Spanisch. Ob jemals der Tag kommt, an dem ich in Italienisch schreibe? Armes Italien! Gesundheitlich geht's mir gut, ästhetisch auch, sagen sie, ich kämpfe Körper an Körper, um mich einiger überflüssiger Kilo zu entledigen. Letztes Jahr hatte ich viel abgenommen, ich wog 66 Kilo! Dann fühlte ich mich immer müde, sie untersuchten mich, fanden mich anämisch, und die Injektionen für die Leber ließen mich enorm zunehmen. Jetzt bin ich bei meinem normalen Gewicht, aber ich würde gern noch weiter runtergehen. Um dir alles zu sagen, ich habe gelitten und leide sehr unter diesen Krämpfen an den Armen, die '25 begannen, dann waren sie mit der Nervenentzündung am schlimmsten, dann kamen sie von Zeit zu Zeit. Jetzt quälen sie mich sehr, und ich werde wieder die Bestrahlung machen lassen, die mir sehr half. Ein anderes Problem, das ich habe, ist eine Verschlechterung meines Gehörs. Wie du weißt, habe ich nie ein sehr scharfes gehabt, jetzt bin ich, wie der Doktor sagt, gehörweitsichtig. Keine ernste Sache, die man bemerkt, scheint mir. Hoffen wir, dass es nicht schlimmer wird, es scheint mir sogar, dass es ein bisschen besser geworden ist.«[33]

In einem anderen Brief heißt es:

»Jetzt, da ich dir über mich berichtet habe, sprechen wir über dich und euch. In all dieser Zeit kann ich versichern, dass ich nie einen Bissen hinuntergeschluckt habe, ohne dass sich mir das Herz zusammenzog, da ich ihn nicht herausnehmen und an dich und an euch schicken konnte. […] Ich war im Kino, um die Befreiung Roms zu sehen, die Leute schienen mir mager zu sein, aber ziemlich gut gekleidet und insgesamt weniger verschlissen als ich befürchtete …«[34]

Nach der Befreiung Roms im Juni 1944 nutzte Sarfatti ihre Beziehungen, um für Fiammetta und ihre Familie Visa für Brasilien oder Argentinien zu bekommen. Sie hoffte, dass ihre Tochter auswandern würde, und empfahl ihr dringend, Spanisch zu lernen.

Als der ihr gut bekannte Ferruccio Parri zum italienischen Ministerpräsidenten einer Allparteienregierung berufen wurde, reagierte sie voller Euphorie. Etwa zwanzig Jahre zuvor hatte sie mit ihm ausgiebig über Kunst und Künstler debattiert. Parri gelang es jedoch nicht, das Land zu beruhigen und wirtschaftlich zu stabilisieren. Erst die Regierung von De Gasperi und das Plebiszit gegen die Monarchie ermöglichten einen Durchbruch zu neuen Verhältnissen. Besonders aufmerksam registrierte Sarfatti die vom kommunistischen Justizminister Togliatti initiierte Amnestieerklärung, nach der alle vor dem 31. Juli 1945 begangenen Verbrechen bis auf besonders unmenschliche Delikte straffrei ausgehen sollten.

So wie es aussah, gab es für eine Sarfatti in Italien nichts mehr zu befürchten. Der Weg für eine Rückkehr war frei. Dagegen sprach, dass sie sich inzwischen in der südamerikanischen Literatur- und Künstlerszene behauptet hatte. Wer konnte schon wissen, ob sie in Italien jemals wieder etwas publizieren würde.

Doch ihre Überlegungen fanden bei der Familie kein Echo. Die Tochter lehnte eine Übersiedlung nach Argentinien strikt ab, auch Amedeo dachte über eine Rückkehr nach Europa nach. Da Margherita nicht allein bleiben wollte, gab es nur eine Lösung: zurück in die Heimat, nach Rom, ihrer geliebten Stadt, die voller verstörender Erinnerungen war. Was würde sie dort erwarten? Wie würde man sie, die Faschistin der ersten Stunde, dort behandeln? Sie sehnte sich nach Fiammetta und den Enkeln, nach ihrem Soldo, den Kirchen und Museen. Neun Jahre Exil lagen hinter ihr. Und vor ihr eine Umbruchsphase in einem Land, das sich seit ihrer Flucht sehr verändert hatte. Vorsichtshalber würde sie sich ein Rückflugticket kaufen. Man konnte nie wissen. Das Leben hatte es sie gelehrt. Nichts blieb von Dauer. Alles war nur eine Frage der Zeit.

D as Kulturzentrum Spazio Oberdan liegt unweit des
Corso Venezia. Abgase, Motorenlärm, das Rattern
der Untergrundbahn. Nur wenige Schritte von hier hatte
Sarfatti während ihrer produktivsten Mailänder Jahre
gewohnt. In einem der großzügigen Appartements mit
hellen, hohen Räumen, Dienstpersonal, einem wachsamen
Pförtner. Heute lebt hier, wer sich eine Wohnung in grüner
Lage nicht leisten kann. Grünflächen sind in Mailand rar.
Schon Jahrzehnte zuvor malte Mario Sironi in seinen *Stadtlandschaften* Beton, Asphalt und geometrische Strenge.
Il »Novecento« milanese (Der Mailänder Novecento) – so
lautet der Titel einer Ausstellung im Spazio Oberdan. Sarfattis bevorzugte Künstler werden hier im Frühjahr 2003
gezeigt. Marussig, Dudreville, Tosi, Funi, Malerba, Salietti
und andere, Bild an Bild, drei Monate lang.

Gleich am Eingang hängen Sarfatti-Porträts von Sironi
und Tosi. Eine schöne, stolze Frau blickt den Betrachter
an. Unter den Skulpturen auch die Büste des italienischen
Königs von Adolfo Wildt, leblos und starr, abstoßend.
Schweigend tauchen wir in eine ferne, altertümlich anmutende Welt ein, voll befremdlicher Sujets. Liebliche Landschaften, Stillleben mit Früchten und Tieren – wie konnte
man noch so malen nach einem grausamen, die Welt verän-
dernden Krieg? Eine ganze Serie von Frauenbildern, ernst
und abwesend. Als hätte Sarfattis Ruf nach Form und
Struktur ihnen die Seele herausgesogen. Perfekte Hüllen,
die eine seltsame Leere umschließen, neben römisch-an-
tiken Ornamenten. Ein Anachronismus, der an den Bildern des *Novecento* seltsam befremdet. Man scheint sich

auf eine glorreiche vergangene Zeit zu besinnen. Mit wenigen Ausnahmen, allen voran Sironi. Sarfatti hielt ihn für den Begabtesten, für einen der wenigen ernst zu nehmenden italienischen Maler.

Im Rahmen der Ausstellung wurde im Kinosaal des Spazio Oberdan eine Konferenz organisiert. Auf der Bühne sitzen hinter einem Tisch zwei Frauen und ein Mann, Experten des *Novecento*. Man spricht von einem großen Kapitel der italienischen Kunst, bedauert, dass diesen Werken immer noch der Gestank des Faschismus anhafte. Es sei an der Zeit, den Schaden wiedergutzumachen. Den Künstlern vorwerfen, dass sie einer faschistischen Staatskunst dienten? Ihre Werke schufen sie für die, die bezahlten, basta! Kein Wort von Kulturdiktatur, kritischer Auseinandersetzung oder gar faschistischen Verbrechen. Man ist zufrieden, wünscht sich einen schönen Abend – und geht seiner Wege. Nach Hause oder zurück in die Ausstellungsräume, vorbei an den Gemälden, die jetzt wieder die ihnen gebührende Anerkennung finden sollen. Eines davon fiel uns schon bei unserem ersten Rundgang auf. Das Selbstporträt einer melancholischen Frau in grau-grünen Farbflächen, gemalt von Paola Consolo, Margherita Sarfattis Nichte. 1933, fünfundzwanzigjährig, starb sie bei der Geburt ihres ersten Kindes. Nur wenige Kilometer entfernt wurde sie auf dem Monumentale, Mailands kunsthistorischem Freilandmuseum, beigesetzt. Ein Friedhof besonderer Art, Kunstwerke neben Kitschobjekten, Wildt-Skulpturen zusammen mit fettleibigen, schmachtenden Putten. Persönlichkeiten aus Kunst, Literatur, Wissenschaft und Politik sind hier begraben. In der Mitte der Gedenkkapelle steht der Sarkophag des großen Manzoni. An den Wänden die Namen der wichtigsten Persönlichkeiten. Eine Liste, die sich wie das Gästebuch von Margherita Sarfatti liest: Antonio Fogazzaro, Ada Negri,

Anna Kuliscioff, Umberto Boccioni, Filipo Tommaso Marinetti, Mario Sironi und viele andere mehr.

Mailand, der Beginn von Sarfattis Karriere, Endstation der beiden von ihr am meisten geliebten Männer. Der eine, Cesare, wurde im jüdischen Abschnitt des Monumentalfriedhofs begraben. Die Grabstele ist verwittert, die Inschrift unleserlich geworden. Der andere, Mussolini, wurde Ende April 1945 nach seiner Erschießung in einem Möbelwagen nach Mailand gebracht und zusammen mit Clara Petacci und 15 weiteren Leichen auf den Piazzale Loreto gekippt.

Wenige Monate zuvor waren hier auf deutschen Befehl fünfzehn italienische Geiseln von faschistischen Milizionären ermordet und zur Schau gestellt worden. Jetzt sollte Gleiches mit Gleichem vergolten werden. Das Volk strömte herbei, trampelte auf den Menschenleibern herum, spuckte, schoss, urinierte auf die toten Körper. »Starace! Wo ist er? Holt ihn her!«

Der ehemalige Generalsekretär der faschistischen Partei war einen Tag zuvor festgenommen worden. Er musste dem Schauspiel zusehen, anschließend wurde er selber hingerichtet und zu den anderen geworfen. Mailands Bürger johlten. Dreiundzwanzig Jahre faschistische Diktatur, fünf Jahre Krieg, zwei Jahre deutsche Besatzungsmacht. Angst, Hunger und Zerstörung. Kopfüber wurden die Leichen an der Tankstelle des Piazzale Loreto aufgehängt. Zuerst baumelte Mussolini, mit Steinen und Müll beworfen. Dann Petacci und die anderen. Es war der Auftakt der sogenannten wilden Säuberungen. Italien im Abrechnungstaumel. Zügellos, willkürlich, brutal.

Die antifaschistische Untergrundbewegung, die *Resistenza*, war von deutschen Besatzern und radikalen Faschisten während der Zeit der Salò-Republik mit allen

Mitteln bekämpft worden. Folter, Mord, Massenerschie-
ßungen. Ganze Dörfer wurden ausgelöscht. Mithilfe der
Alliierten gelang es den Partisanen, die deutsche Besatzungsmacht immer mehr auszuhebeln. Ein mutiger, ent-
behrungsreicher Kampf, an dem sich auch viele Frauen beteiligt hatten. Nie wieder Faschismus! Die faschistischen
Verbrecher mussten bestraft werden – und zwar sofort,
noch ehe gesetzliche Maßnahmen und Bestimmungen
eingeführt wurden. Man hatte ja gesehen, wohin das
führte. In den befreiten Gebieten gingen die Säuberungen
nur schleppend voran. Überall saßen noch Faschisten in
hohen Positionen. Das würde in Norditalien anders sein.
Wer sich nicht freiwillig ergab, wurde kurzerhand nie-
dergeschossen. Volkstribunale, Todesurteile im Schnell-
verfahren, Lynchmorde waren an der Tagesordnung.
Etwa 8000 Menschen fielen den illegalen Säuberungen
zum Opfer. Viele kommunistische Partisanen sahen die
Chance eines politischen Neubeginns. Ihre Aktionen richteten sich nicht nur gegen die Faschisten, sondern gegen
Priester, Landbesitzer und Industrielle. Das Volk stimmte
ihnen zu, vorerst, doch bald sehnte es sich immer mehr
nach Normalität. Es hungerte. Der Winter stand bevor.
Die Regierung versprach Besserung. Maßnahmen, die die
Italiener wieder miteinander versöhnen würden. Im Juni
1946 wurde eine Amnestie erlassen. Hauptnutznießer
waren die Faschisten. Eine Art Generalrehabilitierung.
Die Verfolgten des Regimes verstanden die Welt nicht
mehr. Im Laufe der Zeit erschöpften sich auch die staatlich
gelenkten Säuberungsverfahren. Eine Gesellschaft, die
gegen sich selbst ermittelt – und kläglich daran scheitert.
Mussolinis schneller Tod und die Verstümmelung seiner
Leiche hatten die Auseinandersetzung mit der eigenen
verbrecherischen Vergangenheit so gut wie unmöglich ge-

macht. Verschleierung statt Offenlegung. 1948 waren fast alle Faschisten entlastet. Für sie gab es längst nichts mehr zu befürchten. Schon gar nicht für eine aus dem Exil zurückkehrende Sarfatti.

Es war der 18. Juli 1947, ein heißer Sommertag, als Margherita Sarfatti auf dem Flughafen von Rom landete. Acht lange Jahre hatte sie ihre Tochter nicht gesehen. Mit Päckchen beladen stieg sie die Gangway hinunter, hielt Ausschau nach Fiammetta. Als sie sie von Weitem erkannte, ließ sie alles fallen, rannte ihr entgegen und umarmte sie stürmisch. Endlich! So oft hatte sie von diesem Augen-

Fiammetta mit Ehemann und Kindern, 1943

blick geträumt, war sie schier verrückt geworden bei dem Gedanken, dass ihrer Tochter und deren Familie etwas zustoßen könnte und sie sich nie wiedersehen würden. Jetzt stand sie vor ihr, in Rom, ihrer geliebten Stadt. Da waren die Enkelkinder, der dreizehnjährige Roberto und seine Schwestern Sancia, Ippolita und Margherita. Die beiden Jüngsten hatte Sarfatti noch nie gesehen.

Sie verteilte ihre Geschenke. Mitbringsel aus Südamerika. Von der erzwungenen Ruhe ihres Exils kehrte sie mit einem Schlag in das bunte Treiben ihrer römischen Familie zurück. Um sie herum ununterbrochenes Kindergeschrei, dazu die Sommerhitze, Taschendiebe, die ihr im Autobus das Portemonnaie stahlen. Neun Jahre Exil! Die ließen sich nicht einfach wegstecken wie ein altes verblichenes Foto. Sie brauchte Zeit und Ruhe. Aber würde sie die hier finden, inmitten der Kinder, in dieser heißen, stickigen Stadt?

Rom, eine kleine Straße, Via dei Villini, nur wenige Autominuten vom Hauptbahnhof entfernt. Das Appartement ist großzügig geschnitten. Die Räume sind lichtdurchflutet. Rauschende Empfänge und Stunden trauter Gemeinschaft hatte Sarfatti hier durchlebt. Mussolini, der, erschöpft nach einem langen Arbeitstag, vor ihr im Sessel saß und ihren Ausführungen lauschte. Daneben Fiammetta, klug und zurückhaltend, erwartungsfroh. Nach Sarfattis Tod hatten Amedeo und Fiammetta je eine Hälfte der Wohnung geerbt. Heute lebt ihre Tochter Ippolita darin. Sie und ihre Schwestern Sancia und Margherita sitzen mit uns am Tisch, haben sich zu einem gemeinsamen Interview bereit erklärt. Es ist angenehm kühl. Von ferne dringt das Tosen der Großstadt herein. Innen umgibt uns Stille in einer von Anekdoten gesättigten Atmosphäre. Der Geruch nach Erinnerungen. Großmutters Artikel, gegen ein geringes Entgelt abgetippt, die Sorge, wie so oft nach der *Enciclopedia Treccani* geschickt zu werden, Butter und Zitronenscheiben auf Großmutters Lidern, ihr vom vielen Färben stumpf und kraus gewordenes Haar. Ihr Geiz, ihr Optimismus, ihr Egoismus, ihre Unabhängigkeit. »Ich hab nie verstanden, wie sie es im Faschismus ausgehalten hat«, sagt Ippolita. »Wie konnte sie überleben, mit dieser Offenheit, dieser Toleranz?«[1]

Damals, im Sommer 1947, wurde Sarfattis Toleranz auf eine harte Probe gestellt. Nur etwa eine Woche blieb sie in Rom, dann packte sie ihre Koffer und fuhr mit der Familie zu ihrem Landhaus. Soldo – das würde ihre Rettung sein. Der einzige Ort, an dem sie sich immer rundum wohl gefühlt hatte, ihr Zuhause. Auch Amedeo und dessen Familie kamen zu Besuch. Hier konnte Sarfatti sich in ihre Zimmer zurückziehen und ihre eigenen Regeln aufstellen. Die streitenden Kinder machten sie auf Dauer nervös, lieber aß sie allein, man konnte sich noch nicht vernünftig mit ihnen unterhalten. Aber ihr Glück dauerte nur kurz. Bald nach der Ankunft brach sie sich den linken Fuß, der monatelang eingegipst blieb. Keine Wanderungen, keine einsamen Erkundungsgänge im Wäldchen Paradiso. Als wollte ihr Körper sie zwingen, stillzuhalten nach all der Aufregung, inmitten der Rastlosigkeit ihrer Umgebung.

Inzwischen hatte es sich herumgesprochen, dass sie zurückgekehrt war. Die Journalisten belagerten ihr Haus, wollten wissen, wie Mussolinis Ex-Geliebte sich ihr neues Leben in Italien vorstellte. Zwar galt ihr Rückflugticket nach Argentinien für ein ganzes Jahr, aber Südamerika rückte in immer weitere Ferne. Sie würde sich der Presse stellen müssen, damit man sie und ihre Familie endlich in Ruhe ließ. In einem rostroten Kleid und weißer Strickjacke, einen Rubinring am kleinen Finger – Mussolinis einziges

Geschenk –, Zigarette im Mund, das eingegipste Bein hoch gelagert, empfing sie die Journalisten, die sie mit Fragen bestürmten. Nein, mit Politik wolle sie nichts mehr zu tun haben. Mussolini? Ja, sicher, sie sei ihm freundschaftlich sehr verbunden gewesen. Aber nur bis zum Abessinien-Krieg.

Margherita Sarfatti, wahrscheinlich in Rom, ca. 1950

Das war alles. Mehr ließ sich beim besten Willen nicht aus ihr herausholen. Irgendwann, verkündete sie, würde sie ihre Memoiren schreiben. Im Übrigen sei es bemerkenswert, dass viele der Journalisten, die für die faschistische

Presse gearbeitet hatten, immer noch tätig seien. Ende des Interviews. Keine brisanten Neuigkeiten, keine skandalträchtigen Enthüllungen. Mussolinis einstige Geliebte zog es vor zu schweigen. Da blieb nur die Hoffnung auf ihre Memoiren. Bestimmt würde es noch einiges zu entdecken geben.

Nur ein Jahr später wurde die italienische Öffentlichkeit von der Pressemitteilung aufgeschreckt, Sarfatti habe ihre Mussolini-Briefe an einen amerikanischen Gesichtschirurgen verkauft. Doch Margherita stritt alles ab. Es hätte nur Verhandlungen gegeben – mehr nicht. Ein grelles Aufblitzen ihrer faschistischen Vergangenheit. Ein heimlicher Schnappschuss, veröffentlicht in der Zeitung: Sarfatti, die die Briefe von Mussolini küsst. »Darüber hat sie sich ziemlich aufgeregt«, berichtet Ippolita. »Das war eine Falle gewesen. Danach war Schluss.«[2]

Margherita Sarfatti wird die Briefe ihres Geliebten niemals in fremde Hände geben. Wegen der Kinder und Enkel, die sie schützen muss. Und vor allem wegen Mussolini, mit dem sie ihren inneren Frieden geschlossen hat. Seine eindringlichen, zärtlichen Worte, seine Beschwörungen und Geständnisse waren nur für sie bestimmt. Intimitäten, die niemanden etwas angehen. Heute noch befinden sich die Briefe im Familienbesitz.

In den ihr verbleibenden Jahren hält sich Sarfatti auffällig zurück. Sie schreibt für wenige unbedeutende Zeitungen. 1950, als die Siebzigjährige in einem Autobus nach Venedig fährt und von Fahrgästen erkannt wird, nötigt man sie auszusteigen. Sie ist unerwünscht. Vor allem bei denen, die früher mit ihr zu tun hatten. Niemand will jetzt, da sich die Zeiten geändert haben, riskieren, zusammen mit der Faschistin Sarfatti gesehen zu werden. Auf der Straße, in den Museen, im Theater weichen ihr die alten Freunde und Bekannten aus. Auch privat kennt man sie nicht mehr. Mit Ausnahme von Carlo Carrà und Mario Sironi verleugnen die von ihr protegierten Künstler ihre einstige Mäzenin. »Sie haben Angst, jemand könnte sich daran erinnern, was ich alles für sie getan habe«[3], schreibt sie an ihren Freund Bernard Berenson. Der englische Kunsthistoriker ist einer der wenigen, der den Austausch und die Gespräche mit ihr nach wie vor schätzt und dem sich Margherita in ihren Briefen anvertraut. Bei ihm beklagt sie sich über die Gefahr der Atombombe, die unendliche Dummheit, den Irrsinn und die Schlechtigkeit der Menschen. »Das Leben ist ein verdammter Wahnsinn. Aber trotzdem liebe ich es, und es bleibt uns keine andere Wahl.«[4] Die Menschen, bedauert sie, würden danach streben, unglücklich zu sein. Dies sei das einzige dauerhafte Element, welches die Geschichte der Menschheit durchziehe. Drei fundamentale Instinkte existierten in Mann und Frau: die Selbsterhaltung, die Fortpflanzung und die Zerstörung. »Aber weshalb sollte ich deswegen deprimiert sein?«[5] Sosehr sie sich Berenson auch verbunden fühlte – über Mussolini und den Faschismus äußerte sie sich ihm gegenüber nicht. November 1956 schreibt Berenson in sein Tagebuch: »Sie hätte ein Vermögen verdienen können, wenn sie über Mussolini geschrieben hätte; sie lehnte es trotz nachdrücklicher Anregungen und finanzieller Versprechungen ab, und dafür respektiere ich sie. Ich habe nicht vermocht, etwas über Mussolini aus ihr herauszukriegen; nur einmal rutschte ihr heraus, dass Mussolini sehr eitel war.«[6] Berenson war nicht der Einzige. Auch andere versuchten immer wieder, Sarfatti zum Reden zu bringen. Doch sie zeigte sich unbeirrt. Ihre Familie hatte wegen ihrer Vergangenheit genug gelitten. Die Enkel blieben lange Zeit ahnungslos. »Ich hab erst auf dem Gymnasium von dem Verhältnis zu Mussolini erfahren«, sagt Margherita, Fiammettas jüngste Tochter. »Ein jüdischer Mitschüler hatte mich darauf aufmerksam gemacht. Ich fiel aus allen Wolken. Ich wusste überhaupt nichts davon. In der Familie sprach man darüber nicht.«[7]

Zu reden hätte bedeutet, sich selbst infrage zu stellen. Es passt nicht zu einer Sarfatti, sich anzuklagen oder gar zu verurteilen. Der Faschismus – so wie sie ihn sich vorgestellt hatte – blieb ihr höchstes Ideal. Aber das hätte sie niemals sagen dürfen. Auch, wenn andere ähnlich dachten wie sie, egal ob Juden oder Christen. Heute noch würde man vom Faschismus schwärmen, empört sich Sancia. Von pünktlichen Zügen, einem Italien, das im Ausland geschätzt und respektiert wurde. Für viele eine wunderbare Zeit, wären da nicht diese Rassengesetze gewesen.

Margherita Sarfatti lebte bis zu ihrem Tod in Rom und im Soldo. Sie mietete sich eine kleine Suite im Hotel Ambasciatori. Keine eigene Wohnung, zu lange hatte sie in Hotels gelebt. Es war beruhigend, jederzeit die Koffer packen und fliehen zu können. Die heißen Sommermonate verbrachte sie jedes Jahr im Soldo. Hier herrscht ein angenehmes Klima, und bis zur Schweizer Grenze ist es nicht weit. Carla Porta Musa, Schriftstellerin und Herausgeberin der Zeitschrift *Como*, besuchte sie hier regelmäßig. Auch ein katholischer Priester, Padre Pigato. Sarfatti hatte ihn, beeindruckt von seiner Predigt, zu sich nach Hause eingeladen. Ihm stellte sie Fragen über Moral und Religion. Was es mit der Erbsünde auf sich habe. Und wie er den Fall Mortara interpretieren würde, die Geschichte von dem jüdischen Jungen, der von der Dienerin ohne Wissen der Eltern getauft wurde. Padre Pigato diskutierte gern mit ihr. Einer der wenigen, der ihrem Hunger nach geistigem Austausch gewachsen war. Nach wie vor las sie viel und besuchte Ausstellungen, ging ins Kino und Theater, reiste gern. Oft fuhr sie nach Paris, zu Amedeo und seiner Familie, bis dieser im Jahre 1956 nach Lateinamerika zurückkehrte.

Für eine Sarfatti gab es in der italienischen Kulturszene nicht mehr viel zu tun. Als Koryphäe in Kunst und Literatur sah sie sich auf sich selbst zurückgeworfen. Wenn sie die Bilder einer Ausstellung beurteilte, ein neues Buch las, blieben nur die wenigen Freunde, die ihren Sachverstand, ihren Esprit, ihre scharfe Zunge schätzten. Dennoch wird sie nie aufhören zu kritisieren, zu analysieren, zu debattieren. Und vor allem wird sie eines niemals aufgeben können: zu schreiben.

1950 erscheint ihr Buch *Casanova contro Don Giovanni (Casanova gegen Don Giovanni)*. Zwei Frauenhelden, Abenteurer, immer unterwegs, eroberungssüchtig. Zwei Männer, wie sie unterschiedlicher nicht sein könnten. Casanova, der heitere, aufrichtige Venezianer, verabscheue die Gewalt. Seine Devise: lieben und geliebt werden, leben und leben lassen, genießen und genießen lassen. Weder Reichtum noch Macht interessierten ihn. Nur die Liebe um der Liebe willen. Anders dagegen Don Giovanni. Dieser liebe vor allem sich selbst, sei kalt, berechnend, oberflächlich. Eine spanisch-arabische Klinge, der sich die Frau fasziniert nähere, befangen in dem Irrglauben, sie sei die Erste und Einzige, die sich daran nicht verletze. »Ein Casanova gefällt, weil er gefallen *will*«, schreibt Sarfatti. »Wie die Frauen ihn beschäftigen, wie er sie versteht, ihnen schmeichelt, sie streichelt, wie sie sein Leben ausfüllen, wie er sie verwöhnt, indem er die zarten Aufmerksamkeiten und Freuden um sie herum vervielfacht!«[8] Don Giovanni oder Don Juan hingegen empfinde in Wirklichkeit eine tiefe Abneigung gegen alles Weibliche, da er an ihr seine Vitalität verschwende. Es sei die alte Geschichte: Adam, der Eva für die Vertreibung aus dem Paradies verantwortlich mache. Daher würde jede Frau ihren Don Juan irgendwann hassen. Erst verführe er sie zu höchster Ekstase, dann verweigere er sich mit frecher, brutaler Missachtung. Es ist Sarfattis ewiges Thema: Casanova, der ultra-zivilisierte Typus, Abkömmling des Römischen Reiches, klassisch, aristokratisch. Don Juan, der zweihundert Jahre zu früh geborene Romantiker, Gotteslästerer, Antihellenist, ewig unzufrieden. *Casanova gegen Faust* lautet eine Kapitelüberschrift in Sarfattis Buch. Ein Bekenntnis zum bejahenden Glück des Augenblicks, gegen den faustischen Zweifel und das miesepetrige Deutschtum. Sogar ältere Frauen habe Casanova nicht verschmäht. Ihn würden die einstigen Geliebten in dankbarer Erinnerung behalten, wusste er doch besser als jeder andere, dass die Frau »mehr nach Anerkennung als nach Brot hungere«, denn »obwohl wir es nicht zugeben, würden viele von uns ein ganzes Leben häuslicher Monotonie für ein Jahr oder einige Monate schillerndes Abenteuer hergeben, in dem man sich intensiv lebendig fühlt, gern würden wir Lauheit gegen Glut eintauschen, Grau gegen Purpur, das Tröpfeln des von der Pipette abgemessenen Affekts gegen die Freigebigkeit einer schwungvoll eingegossenen Leidenschaft, auch wenn diese sich hernach erschöpft«.[9]

Casanova contro Don Giovanni ist Sarfattis persönliches Bekenntnis zu einem prallen Leben, das sie, sei es auch voller Fehltritte und Irrtümer, dem Dasein eines angepassten Bürgers jederzeit vorzog. Ein mehr oder weniger unbewusstes, unausgesprochenes Bekenntnis zu ihrer Vergangenheit. Zu ihren faschistischen Idealen und vor allem zu dem Mann, den sie am leidenschaftlichsten geliebt hatte, zu Benito Mussolini. Niemals würde sie die gemeinsame Zeit mit ihm, die schönsten Jahre ihres Lebens, missen oder gar verleugnen wollen. Er war ihre große Chance. Die hatte sie gepackt und ausgekostet. An seiner Seite hatte sie Geschichte geschrieben, die Welt verändert, so verheerend das Ergebnis auch gewesen sein mochte. Zwar war es ihr nicht gelungen, die grausamen Folgen des in ihren Augen fehlgeleiteten Faschismus zu verhindern, aber deswegen würde sie sich nicht zerfleischen. »Ich habe mich geirrt? Was soll's, ich habe gelebt!«[10] Keine Reue, kein Schuldbekenntnis, keine Anklage. Mussolini hatte ihr Augenblicke höchster Lust und Erfüllung beschert – weshalb sollte sie ihn verteufeln?

1955, fünf Jahre nach *Casanova contro Don Giovanni*, erschienen endlich Sarfattis Memoiren, das Buch, worauf man in Italien seit Langem wartete. Endlich würde Mussolinis Egeria ihr Schweigen brechen und Farbe bekennen, hoffte man. Ein großer Irrtum. Schon der Titel *Acqua passata (Schnee von gestern)* verweist auf die mangelnde Brisanz dieser Veröffentlichung. Sarfatti ergeht sich in ausführlichen Beschreibungen berühmter Persönlichkeiten, die sie gekannt und geschätzt hatte. Fogazzaro, Don Casciola, Boccioni, D'Annunzio, Marinetti, die königliche Familie, den amerikanischen Präsidenten. Nur über das, was die Italiener am meisten interessierte, verliert sie kein Wort: über den Faschismus und Benito Mussolini. Es ist, als hätten ihr Geliebter und ihr Ideal von einem neuen Staat nie existiert. Zehn Jahre Liebesbeziehung und dreiundzwanzig Jahre Faschismus: wie ausgelöscht. Ein weißer Fleck auf der Landkarte ihres bis dahin 75-jährigen Lebens. Stattdessen nur ermüdende Beschreibungen und verklärende Betrachtungen. Ein Text ohne Spannung, ohne pulsierendes Leben. Da sie ihren Erinnerungen das Herzstück herausschnitt, bleibt nur ein toter Stapel bedrucktes Papier. Es ist wie bei manchen Bildern des *Novecento*. In Stil und Form nahezu vollkommen, doch inhaltlich leer, steril, leblos. Auch Cesare, ihre erste große Liebe, erwähnt Sarfatti nur ein einziges Mal. Indem sie über ihn und Mussolini schweigt, offenbart sie mehr, als sie selbst vielleicht wollte. Gerade die Aussparung dessen, was ihr am wichtigsten war, verleiht diesen beiden Männern umso größeres Gewicht. Mussolini, gemessen an der Leidenschaft, die Sarfatti für ihn empfand, erscheint neben Cesare ebenbürtig, wenn nicht sogar überlegen. Eifersüchtig behält Sarfatti ihre Erinnerungen für sich. Keiner wird ihr dieses Juwel, die Krönung eines aufregenden, bewegten Lebens, nehmen oder gar in den Schmutz ziehen. Indem sie ihrer beider Aktivitäten und Intimitäten in sich bewahrt, erscheint alles in einem diffusen, rosigen Licht, ihre eigene Person mit eingeschlossen. Dem Maler George Biddle gegenüber äußerte Sarfatti sogar, dass der Faschismus eine soziale Bewegung, eine Reformbewegung gewesen sei, die »von Anfang an antikommunistisch, aber nicht antidemokratisch war«[11].

Sarfatti begleitete das Ehepaar Biddle Ende 1951 auf eine Reise nach Apulien und an die adriatische Küste. Die Freunde hatten sich seit Mitte der Dreißigerjahre nicht mehr gesehen. George Biddle äußerte sich über Sarfattis Ansichten schockiert. Sie sei voller Vorurteile, schrieb er in sein Tagebuch. Eine unglückliche Frau, die sich in ihrer Eitelkeit und ihrem Hunger nach Macht enttäuscht und verletzt sehe. »Sie hat Mühe zu laufen wegen eines gebrochenen Knies, und manchmal ist sie schwerhörig wie eine Glocke. […] Aber das, was mich an dieser einst so lebhaften, vitalen und herrischen Frau am meisten betroffen machte, war der erschreckte Blick in den Augen, verwirrt und flehend, der Blick einer alten Frau.«[12]

Trotz ihrer Knieprobleme setzte Sarfatti die Reise mit den Biddles fort. Auch ihr Fußgelenk war stark geschwollen, nur mühsam humpelte sie durch die Gassen der Städte. Aber was bedeutete dieser Schmerz gegen das Vergnügen, ihren amerikanischen Freunden Italiens Kunstschätze zeigen und erklären zu können? Sie ist in ihrem Element, ihre andere große Leidenschaft hält sie stärker denn je in ihrem Bann. Der Fuß wird mit Taschentüchern umwickelt. Gegen die Dezemberkälte trägt sie zwei Paar Socken und einen alten hausgemachten Mantel über dem Pelz. Ein paar Zeitungen, sorgfältig vor die Brust gestopft, helfen gegen die feuchte Luft. Diese Begeisterung und Liebe für die italienische Kunst, hinter der alles andere verblasst und nichtig wird, ist es, die die Biddles an Sarfatti so schätzen. Ihre »menschliche Wärme, dank derer man die gelegentlichen Vorurteile, den Dogmatismus der Ausführungen, die intellektuelle Arroganz verzeiht«. Und ihre »große geistige Vitalität und eine ungeheure Neugier für Ideen und Personen«[13].

Sarfatti besuchte in ihren letzten Jahren nicht nur Ausstellungen, Kirchen und Museen. Sie erweiterte auch ihre eigene Sammlung um das eine oder andere Bild. Mit ihrer Enkeltochter Magalì ging sie 1952 in Sironis Atelier, kaufte eines seiner Gemälde. In Paris erwarb sie Toulouse-Lautrecs Prostituierten-Bilder ein zweites Mal, nachdem sie sie in Südamerika verkauft hatte. Der MOMA in New York lieh sie 1949 zwei Bilder von Casorati und Russolo für die erste Ausstellung italienischer Kunst nach dem Krieg. Den größten Teil ihrer Sammlung bewahrte sie im Soldo auf. Einige werden später gestohlen, der Rest wird unter den Enkelkindern aufgeteilt.

Ein Mal noch wollte sie verreisen. Das war ihr größter Wunsch. In die Ferne, und zwar bald, solange sie sich noch zutraute, weiter als nach Paris zu fahren. Dort zog es sie immer seltener hin. Amedeo lebte wieder in Südamerika, und Colette, ihre geliebte Colette, war 1954 verstorben. Den Orient kannte sie noch nicht. Indien, Ceylon, Malaysia … Sarfatti war 76 Jahre alt, die Familie zeigte sich alles andere als begeistert von dieser verrückten Idee. Da keiner ihrer Freunde sie begleiten wollte, machte sie sich allein auf den Weg. Ein Kreuzschiff brachte sie in verschiedene Länder, bis nach Japan. Wohlbehalten kehrte sie zurück, empfing ihre Gäste in Seidenjacken aus Hongkong. Ihr Elan schien ungebrochen, ihre körperliche und geistige Energie geradezu unerschöpflich. 1958 wurde ihr letztes Buch veröffentlicht: *L'amore svalutato (Die entwertete Liebe)*. Ein Bändchen von 80 Seiten, »Frucht eifriger Studien« in Autobussen, Bäckereien, Friseursalons und »anderen beachtenswerten Orten der Meditation«[14], wie Sarfatti in ihrem Vorwort schreibt. Das Resümee einer knapp 80-jährigen alten Dame über das moderne Miteinander von Mann und Frau und den drohenden Zerfall von Kunst und Moral.

Enttäuscht äußert sie sich über die Mode von kurzen Röcken, knappen Bikinis und Nackten am Strand. Wenn die Beine oder der entblößte Körper für jedermann sichtbar seien, würden sie damit entwertet. Die Fähigkeit oder vielmehr die Berufung, eine Frau zu umwerben, zu hofieren und zu erobern, sei verloren gegangen. Es gäbe quasi keine Hindernisse mehr für zwei Verliebte. Keine Elternverbote, keine moralische Instanz, keine Scham. »Gegen wen also kämpfen in einer Liebesaffäre? Das Gefecht gibt es nicht mehr aus Mangel an Kämpfern. Die Barrieren von einst nimmt keiner mehr ernst.«[15] Daraus ergäben sich Gleichgültigkeit und Egoismus. Die Ehe sei eine provisorische Sache geworden. Eigenliebe statt Verantwortung für den anderen. Der Jugend fehle das Gravitationszentrum. Und vor allem Respekt vor sich selbst. Ein allgemeiner Mangel an Form, Ordnung und Synthese. Wie in der Kunst. »Alles fließt, und alles wird. Aber nichts *IST*.«[16]

Die entwertete Liebe erscheint wie der etwas antiquiert anmutende Streifzug einer vergessenen Diva durch Vergangenheit und Gegenwart. Das Bedauern über verlorene Werte, eigene Größe und Schönheit, aber auch die Besinnung auf das in ihren Augen Wesentliche: die Liebe in ihrer reinsten und auf sich selbst konzentrierten Form. Sarfatti war sehr betrübt darüber, nicht noch einmal geheiratet zu haben. Sie sehnte sich nach einem Partner. »Denn der Gefährte jedes Tages und jeder Stunde ist der Ehemann. Eine gebildete Person, natürlich.«[17] Bildung als Bindemittel des menschlichen Zusammenlebens, wie Sarfatti ihrer Freundin Carla Porta Musa gegenüber äußerte. Ohne das intellektuelle Gespräch mochte sie nicht leben. Sie wäre verhungert. Gestorben an geistiger Auszehrung.

Mit Magalì, der Tochter ihres Sohnes Amedeo, sprach sie viel über Kunst, Bücher und Philosophie. Doch derjenige, den sie am meisten liebte und verehrte unter den Enkeln, war Roberto, Fiammettas Ältester. Er hatte Jura studiert. Jeden Sommer besuchte er seine Großmutter im Soldo, brachte Freunde, Lachen und Schwung in das alte lombardische Haus. Sarfatti versammelte die jungen Leute um sich, gab ihnen Rätsel auf. Mit ihrer Mimik imitierte sie berühmte Persönlichkeiten, die diese erraten mussten, während der Kellner, den sie den »gottlosen Pharao« nannte, mit weißen Handschuhen einen Imbiss servierte. Lange noch zehrte sie von diesen ausgelassenen Stunden, wenn der Lieblingsenkel längst wieder abgereist war. Roberto, Namensvetter des jüngsten italienischen Kriegshelden. Sein Porträt hing in Sarfattis Arbeitszimmer. Niemals versäumte sie, einen Strauß frischer Blumen vor das Bild ihres toten Sohnes zu stellen. Offenbar wollten beide, Fiammetta und Amedeo, den gefallenen Bruder ehren, indem sie ihre Söhne nach ihm benannten. Etwas von ihm sollte in ihren Kindern weiterleben. Eine Mahnung, ein Schwur. Nie wieder Krieg! Nie wieder Gemetzel und Tod! Wie oft mag Sarfatti dem Enkelsohn von ihrem Sohn erzählt haben? Wollte er davon hören? Oder lehnte er diese alten Geschichten ab? War er stolz auf seinen Namen oder verfluchte er ihn insgeheim? Sieben Buchstaben, an denen Blut klebte. Eine Art Fluch, dem man möglicherweise nicht entkommen konnte. Am Tage seiner Geburt hatte man die sterblichen Überreste seines Onkels gefunden, oben auf dem Col D'Echele. Roberto, Sarfattis Enkelsohn, litt an Epilepsie. Im Frühjahr 1960, sechsundzwanzigjährig, stürzt er von einer Terrasse und verunglückt tödlich. Sarfatti bricht zusammen, als sie davon erfährt. Die Nachricht muss sie um 42 Jahre zurückversetzt haben. Eine grausige Parallele, verursacht durch einen Namen und ein Datum, abergläubisch, wie sie war. Sie wird sich nicht mehr davon erholen. Es ist, als hätte der Tod ihres Enkels sie ihrem eigenen Ende näher gebracht. Um es genauer zu wissen, schlägt sie an ihrem 81. Geburtstag, dem 8. April 1961, Dantes *Göttliche Komödie* auf. Ihr Finger zeigt auf einen Vers aus dem *Fegefeuer*:

> Quando Lachèsis non ha più del lino,
> solvesi dalla carne, ed in virtute
> ne porta seco e l'umano e 'l divino.

> Und wenn dann Lachesis den Flachs versponnen
> Dann löst sie sich vom Fleische, doch behält sie
> bei sich die menschlichen und göttlichen Kräfte.[18]

Lachesis ist eine der drei griechischen Schicksalsgöttinnen, der Moiren oder auch Parzen. Klotho spinnt den Lebensfaden, Lachesis teilt ihn zu und Atropos zerschneidet ihn. Im Mittelalter gehörten die Parzen zur Welt des Todes, in der Neuzeit galten sie als die Personifikation des Schicksals. Für Sarfatti gibt es nur eine mögliche Deutung. Sie sieht sich am Ende ihres Fadens, dem irdischen Leben entfremdet, dem Fegefeuer oder Läuterungsberg zugewandt. Neben Dantes Text notierte sie in ihrer ausschweifenden Schrift: »Aristoteles sagt, der Tod, der im Alter kommt, ist ohne Traurigkeit. Es ist also klar, dass ich den nächsten 8. April nicht mehr erleben werde. Aber Gott sei Dank sagt er [Dante], ich werde nicht leiden. Amen. So sei es.«[19]

An einem Samstagabend, Ende Oktober, rief Margherita Sarfatti vom Soldo aus ihre Freundin Carla Porta Musa an und bat sie, zu ihr zu kommen. »Ich erwarte dich. Enttäusch mich nicht. Ich fahre Montag ab und möchte mich von dir verabschieden.«[20] Sarfatti pflegte um diese Zeit nach Rom zurückzukehren. Ein Abschied wie jeden Herbst. Doch vorher wollte Sarfatti ihrer Freundin den eben beendeten Artikel noch vorlesen. Sie las mit lauter, lebhafter Stimme. So, als würde sie in Zukunft noch viele andere Artikel schreiben. Dann plauderten die beiden Frauen über verschiedene Themen. Sarfatti bot Carla Porta Musa an, zum Abendbrot einen Teller Ravioli mit ihr zu essen, fatti in casa. Aber ihre Freundin lehnte ab, sie müsse wieder zurück nach Hause. Wie immer ließ Sarfatti ihr von einem Diener einen Strauß Hortensien pflücken. Die Hortensien des Soldo haben eine besondere Farbe um diese Zeit, ein herbstliches Rot, das Margherita besonders liebte.

Als sie allein ist, spielt sie noch ein paar Runden Solitaire, sortiert ihre Papiere, das Geld, die Juwelen. Alles soll seine

Ordnung haben. Die Rechnungen müssen bezahlt sein. Niemand soll klagen können. Es ist der 29. Oktober, der Tag, an dem Mussolini zum Ministerpräsidenten ernannt wurde. Dreiundzwanzig Jahre später wurde er in Mezzegra, einem verschlafenen Bergdorf am Comer See, etwa 30 Kilometer vom Soldo entfernt, von einem Partisanen erschossen. Heute erinnert eine unscheinbare Tafel an dieses historische Ereignis. Ein paar Blumen stecken im Rahmen. Ihre Stängel sind vertrocknet, aber ihre blasslila Blüten sind noch frisch. Auf der Tafel steht in weißer Schrift: »fatto storico, site of historical event, 28. April 1945«. Kein Name, kein Hinweis, worauf sich dieses Datum bezieht. Ein Schild nur für Eingeweihte. Geschichte als Ratespiel. In Italien sei das nichts Ungewöhnliches, sagte Sancia. Fiammettas Töchter sprechen sogar von Revisionismus. Berlusconi vergleiche den Faschismus mit einem Urlaubstrip. Eine Art Sommerfrische. Und ein kommunistischer Abgeordneter habe verkündet, dass die Jungfaschisten von Salò im Grunde genommen wie die Partisanen gewesen seien. Auch diese hätten ihre Ideale gehabt. »Was politisch in Italien geschieht, ist eine Tragödie«, klagt Ippolita. »Eine echte historische Aufarbeitung gibt es nicht.«[21]

Den Dorfbewohnern von Mezzegra ist die geheimnisvolle Tafel, geschmückt mit ein paar halb verwelkten Blumen, sehr vertraut. Täglich fahren oder laufen sie daran vorbei. Sie wissen, was sich hier am Straßenrand abgespielt hat. So wie Donna Margherita, die an einem 29. stirbt, genau 39 Jahre nach dem Marsch auf Rom.

Sie küsst die Wände des Hauses, so wie sie das immer tut, bevor sie wieder zurück nach Rom fährt. Anschließend lässt sie sich ihren Tee bringen. Es ist Lindentee, wie jeden Abend. Mit Ruhe und Bedacht trinkt sie Schluck für Schluck. Danach kleidet sie sich aus, löscht das Licht und schläft ein. Am nächsten Morgen, als die Dienerin in ihr Schlafzimmer tritt, die Rollläden hochzieht und sie ruft, antwortet sie nicht.

Wenige Tage später wird sie in Cavallasca auf dem Dorffriedhof begraben. Auf ihrem Grabstein stehen in Großbuchstaben ihr Name und ihre Lebensdaten. Mehr nicht. Darüber eine Maske, der Skulptur mit dem Titel *Sieg* von Adolfo Wildt nachgebildet. Es ist das scharf geschnittene Profil einer Frau, die nach Westen blickt, hin zum Soldo, das nur wenige Meter entfernt auf einem Hügel liegt. Vor dem Grabstein steht ein Hortensienbusch. Im Winter bietet er einen traurigen Anblick. Braune, kahle Stängel. Im Frühjahr treibt er neu aus, trägt fein geäderte Blätter und schwere Blüten. Alle im Dorf kennen dieses Grab. Die Angestellte im Rathaus, die Bäuerin von nebenan, die Kinder auf der Straße. Wer danach fragt, bekommt sofort Auskunft. Hier weiß man Bescheid.

Das Grab von Margherita Sarfatti

Anhang

Anmerkungen

1 Kindheit und Jugend

[1] Margherita Sarfatti: Acqua passata. Bologna 1955, S. 1
[2] Ebenda
[3] Ebenda, S. 3
[4] Ebenda
[5] Ebenda, S. 7
[6] Siehe auch: Elisabeth Dickmann: Die italienische Frauenbewegung im 19. Jahrhundert, Band 1. Frankfurt 2000, S. 5 f.
[7] Israel Zangwill: Chad Gadja. In: Träumer des Ghetto, Band 2. Berlin 1908, S. 250 f.
[8] Zitiert in: Dickmann: Die italienische Frauenbewegung, S. 24
[9] Natalie Ginzburg: Familienlexikon. Berlin 1993, S. 40
[10] John Ruskin: Seven Lamps on Architecture. London 1849
[11] Sarfatti: Acqua passata, S. 58
[12] Alessandro Manzoni: Die Verlobten. I promessi sposi. Neu übersetzt von Burkhart Kroeber. Bergisch-Gladbach 2003, S. 854
[13] Sarfatti: Acqua passata, S. 19
[14] Ebenda, S. 21
[15] Zitiert in: Veronika Beci: Verdi. Ein Komponistenleben. Düsseldorf, Zürich 2000, S. 124
[16] Sarfatti: Acqua passata, S. 25
[17] Margherita Sarfatti. In: Il Secolo Nuovo. Venezia. 27. April 1901

2 Schmelztiegel Mailand

[1] Margherita Sarfatti: Daniele Ranzoni. Rom 1935, S. 5
[2] Sarfatti: Acqua passata, S. 85
[3] Zitiert in: Sergio Marzorati: Margherita Sarfatti. Saggio biografico. Como 1990, S. 99

4 Zitiert in: Annarita Buttafuoco: Cronache femminili.
  Siena 1988, S. 160

5 Giovanni Papini: Un programma nazionalista. In: Ingo Bartsch:
  Die Malerei des Futurismus in Italien. Dissertation 1977,
  S. 113 f.

6 Angelica Balabanoff: My Life as a Rebel. London 1938, S. 44

7 Ebenda, S. 45

8 Margherita Sarfatti: Le operaie cotoniere. In: Unione Femminile. Milano, Juli–August 1902, S. 113. Zitiert in: Simona Urso:
  Margherita Sarfatti. Venezia 2003, S. 41–42

9 Margherita Sarfatti: Due dolori. In: Unione Femminile. Milano,
  März 1905

10 Dickmann, S. 26

11 Filippo Turati/Anna Kuliscioff: Carteggio. Torino 1977. Zitiert
   in: Urso, S. 36

12 Margherita Sarfatti: Mussolini. Lebensgeschichte. Leipzig 1926,
   S. 145

13 Margherita Sarfatti: Le ore della quindicina. In: Avanti!.
   Milano, 1. Januar 1908

14 Ebenda, 16. August 1908

15 Ebenda, 18. September 1908

16 Kardinal Ferrari: Brief an Kardinal De Lai. In: Urso, S. 73

17 Marzorati: Margherita Sarfatti, S. 62

18 Sarfatti: Acqua passata, S. 71

19 Balabanoff: My Life as a Rebel, S. 56

20 Libero Altomare: Incontri con Marinetti e il Futurismo.
   Rom 1954. In: Christa Baumgarth: Geschichte des Futurismus.
   Reinbek bei Hamburg 1966, S. 9

21 F. T. Marinetti: Manifest des Futurismus. In: Baumgarth, S. 26

22 Ebenda

23 F. T. Marinetti: Mafarka il futurista. Milano 1910, S. 10

24 F. T. Marinetti: Distruzione. Milano 1911, S. 93

25 Sarfatti: Acqua passata, S. 98

26 Ebenda, S. 100

27 Margherita Sarfatti: Brief vom 5. Juni 1910 an Antonio
   Fogazzaro. Archivio Fogazzaro. Vicenza

28 Margherita Sarfatti: In: Il Tempo. Milano, 30. Juli 1906. In:

Elena Pontiggia (Hg.): Da Boccioni a Sironi. Il mondo di Margherita Sarfatti. Milano 1997, S. 28

[29] Umberto Boccioni. Zitiert in: Sarfatti: Acqua passata, S. 93

[30] Ebenda, S. 94

[31] Margherita Sarfatti: Gli artisti lombardi alla Permanente. In: Il Tempo, 20. April 1909

[32] Margherita Sarfatti. In: Gli Avvenimenti. Milano, 24. September 1916

[33] Ardengo Soffici. In: La Voce. Firenze, 3. November 1910. Zitiert in: Urso: Margherita Sarfatti, S. 57

[34] Zitiert in: Baumgarth: Geschichte des Futurismus, S. 71

[35] Margherita Sarfatti: Il bianco e il nero alla Ottava Mostra di Venezia. In: Avanti!, 2. August 1909

[36] Umberto Boccioni: Brief an Vico Baer vom 15. März 1912. Zitiert in: Urso, S. 68

[37] F. T. Marinetti: Zweites politisches Manifest. Zitiert in: Baumgarth, S. 78

[38] Sarfatti: Mussolini, S. 162 f.

[39] Ebenda, S. 150 f.

[40] Margherita Sarfatti: Quel che pensa dell'istruzione sessuale una mamma. In: La Voce. Firenze, 10. Februar 1910, S. 264

[41] Margherita Sarfatti: Perché le donne hanno bisogno del voto. In: La Difesa delle Lavoratrici. Milano, 16. November 1913. Zitiert in: Urso, S. 93

[42] Margherita Sarfatti: Le scuole nell'Agro Romano. In: La Voce, 21. August 1913, S. 1147

[43] Margherita Sarfatti: Mussolini cómo lo conocí. In: Crítica. Buenos Aires, 18. Juni 1945

[44] Zitiert in: Ivone Kirkpatrick: Mussolini. Frankfurt/M.-Berlin 1997, S. 46

[45] Sarfatti: Mussolini, S. 156

[46] Margherita Sarfatti: Brief vom 20. September 1913 an G. Prezzolini. Archivio Prezzolini. Lugano

[47] Margherita Sarfatti: Le suffragiste inglesi. In: La Voce, 2. Oktober 1913, S. 1169

3 Krieg, Liebe und Tod

[1] Sarfatti: Mussolini, S. 169

[2] Ebenda, S. 170

[3] Zitiert in: Marina Addis Saba: Anna Kuliscioff. Vita privata e passione politica. Milano 1993, S. 289

[4] Zitiert in: Bartsch: Die Malerei des Futurismus in Italien, S. 98

[5] Zitiert in: Sarfatti: Mussolini, S. 171

[6] Ebenda

[7] Prezzolini: Partiti e gruppi italiani davanti alla guerra. In: La Voce, 13. September 1914

[8] Prezzolini: I socialisti non sono neutrali. In: La Voce, 13. Oktober 1914

[9] Zitiert in: Sarfatti: Mussolini, S. 176 f.

[10] Angelica Balabanoff: Wesen und Werdegang des italienischen Faschismus. Wien Leipzig 1931, S. 186

[11] Balabanoff: My Life as a Rebel, S. 144

[12] Sarfatti: Mussolini, S. 179

[13] Kirkpatrick, S. 58

[14] Ebenda

[15] Ebenda

[16] Sarfatti: Mussolini, S. 180

[17] Margherita Sarfatti. In: Avanti!, 23. Dezember 1914

[18] Kirkpatrick, S. 57

[19] Georg Scheuer: Mussolinis langer Schatten. Marsch auf Rom im Nadelstreif. Köln 1996, S. 53

[20] Zitiert in: Sarfatti: Mussolini, S. 185

[21] Margherita Sarfatti: La milizia femminile in Francia. Milano 1915, S. 41

[22] Ebenda

[23] »Alle donne d'Italia questo libro è dedicato come un atto di fede.« In: Sarfatti: La milizia, S. 3

[24] Ebenda, S. 102

[25] Benito Mussolini: Gli Sarfatti. In: Il Popolo d'Italia. Milano, 23. März 1915

[26] In: Margherita Sarfatti (Hg.): Roberto Sarfatti: Le sue lettere e testimonianze di lui, Milano, 1919, S. 25 f.

27 Ebenda, S. 27

28 Margherita Sarfatti: Lettera ad un giovane italiano. In:
La Difesa delle Lavoratrici, 7. März 1915. Zitiert in: Urso, S. 94

29 Mussolini. In: Il Popolo d'Italia, 17. Februar 1918

30 In: M. Sarfatti (Hg.): Roberto Sarfatti: Le sue lettere, S. 44

31 Volker Reinhard: Geschichte Italiens. Von der Spätantike bis
zur Gegenwart. München 2003, S. 248

32 Helmut Lethen: Der Sound der Väter. Gottfried Benn und seine
Zeit. Berlin 2006, S. 106

33 Gottfried Benn: Wie Miss Cavell erschossen wurde. Gesammelte Werke, Band IV. Wiesbaden München 1977, S. 194 f.

34 Zitiert in: Cannistraro/Sullivan: Il Duce's other woman. New
York 1993, S. 147

35 Zitiert in: Guido Ballo: Boccioni und Mailand. Katalog zur
Ausstellung: Boccioni a Milano. Hannover 1983, S. 19

36 Margherita Sarfatti: La fiaccola accesa. Milano 1919, S. 205 f.

37 Fernand Léger: Une correspondance de guerre. In: Cahiers du
Musée National d'Art Moderne. Paris 1990, S. 36

38 Zitiert in: Ballo, S. 76

39 Wolfgang Altgeld (Hg.): Kleine italienische Geschichte.
Stuttgart 2002, S. 360

40 In: M. Sarfatti (Hg.): Roberto Sarfatti: Le sue lettere, S. 13

41 Ebenda, S. 54

42 Ebenda, S. 50

43 Ebenda, S. 15

44 Margherita Sarfatti: I vivi e l'ombra. Milano 1934, S. 13

45 Sarfatti: Brief an D'Annunzio vom 22. Februar 1918. Archivio
Il Vittoriale. Gardone

46 Ebenda

47 Margherita Sarfatti: I vivi e l'ombra, S. 157

48 Sarfatti: Ada Negri. In: Avanti!, 27. Februar 1914

49 Ada Negri: Für Margherita Sarfatti. Widmung. In: Le solitarie.
Milano 1917

50 Margherita Sarfatti: Considerazioni sulla pittura a proposito
dell'Esposizione »Arte«. Zitiert in: Elena Pontiggia:
Il Novecento Italiano. Milano 2003, S. 65 f.

51 Sarfatti: Mussolini, S. 202

[52] Kirkpatrick, S. 62
[53] Sarfatti: Mussolini, S. 195
[54] Maria Gazzetti: Gabriele D'Annunzio mit Selbstzeugnissen und Bilddokumenten. Rowohlts Monografien. Reinbek 1989, S. 105
[55] Ebenda
[56] Sarfatti: Mussolini, S. 220
[57] Zitiert in: Cannistraro/Sullivan: Margherita Sarfatti. L'altra donna del Duce. Milano 1993, S. 179
[58] Sarfatti: Mussolini, S. 213 f.
[59] Edvige Mussolini: Mio fratello Benito. Firenze 1957, S. 163 f.
[60] Roberto Sarfatti: Le sue lettere e testimonianze di lui
[61] Sarfatti: Mussolini, S. 221
[62] Sarfatti: I vivi e l'ombra, S. 117
[63] Mussolini an Margherita Grassini Sarfatti. Zitiert in: Cannistraro/Sullivan, S. 181

4 Aufstieg und Niedergang

[1] Sarfatti: Mussolini, S. 237
[2] »Giornale dei combattenti e dei produttori«
[3] Sarfatti: Mussolini, S. 217 f.
[4] Ebenda, S. 235
[5] Margherita Sarfatti: Clima di decennale. In: Gerarchia. Milano 1932, S. 935 f.
[6] Ebenda, S. 936
[7] »Le cronache del venerdì«
[8] Margherita Sarfatti: Rubè. In: Popolo d'Italia, 10. April 1921
[9] Roberto Sarfatti: Le sue lettere e testimonianze di lui
[10] »I vivi e l'ombra«
[11] Margherita Sarfatti: Brief an Gabriele D'Annunzio vom 1. Juli 1922. Archivio Il Vittoriale
[12] Sarfatti: Brief an Gabriele D'Annunzio vom 26. September 1922. Archivio Il Vittoriale
[13] Leone Kochnitzky: La quinta stagione o i centauri di Fiume. In: Renzo de Felice: D'Annunzio politico 1918–1938. Roma-Bari 1978, S. 60

14 Gabriele D'Annunzio: Brief an Margherita Sarfatti vom
   17. März 1918.

15 Margherita Sarfatti: Perchè il voto alle donne? In: La Rivista di
   Milano, 4. Dezember 1918. In: Urso, S. 142

16 Zitiert in: Sarfatti: Mussolini, S. 242

17 Sarfatti: Mussolini cómo lo conocí. In: Crítica, 20. Juni 1945

18 »Contro tutti i ritorni in pittura«

19 »Sintesi di paesaggio urbano«

20 Margherita Sarfatti: La nuova Galleria Arte. In: Il Popolo
   d'Italia, 3. April 1920. In: E. Pontiggia (Hg.): Il »Novecento«
   milanese. Da Sironi ad Arturo Martini. Milano 2003, S. 303

21 Sarfatti: Mussolini, S. 256

22 Ebenda, S. 266

23 Ebenda, S. 263 f.

24 »Natale di sangue«

25 Margherita Sarfatti: Problemi dello stile moderno. In: Gerarchia, Nr. 8, 1925, S. 504. Zitiert in: Anna Nozzoli: Margherita
   Sarfatti – organizzatrice di cultura. In: Marina Addis Saba: La
   corporazione delle donne. Firenze 1988

26 Leonardo Dudreville: Manuskript des Archivio Dudreville. In:
   Rossana Bossaglia: Il »Novecento italiano«. Milano 1979, S. 66

27 Margherita Sarfatti: Der Novecento. In: Italien. Heidelberg 1928, Heft I, S. 22

28 Sarfatti: Mussolini, S. 289

29 Zitiert in: Emilio Lussu: Marsch auf Rom und Umgebung.
   Wien Zürich 1991, S. 61

30 Sarfatti: Mussolini, S. 293

31 Cannistraro/Sullivan: Margherita Sarfatti. L'altra donna, S. 283
   (Fußnote 35)

32 Ebenda, S. 288

33 Ebenda, S. 287

34 Ebenda, S. 289 (Fußnote 51)

35 Sarfatti: Mussolini, S. 301

36 Sarfatti: Mussolini, S. 310

37 Cannistraro/Sullivan: L'altra donna, S. 300

38 Ebenda, S. 301

39 Thomas B. Morgan: Spurs on the boot. London 1942, S. 105

[40] »La Rivista Illustrata del Popolo d'Italia«

[41] Fiammetta Gaetani-Interview. In: Cannistraro/Sullivan: L'altra donna. S. 303 (Fußnote 35)

[42] Margherita Sarfatti: Segni, colori e luci. Bologna 1925

[43] Margherita Sarfatti: Brief an Medardo Rosso von 1913. Archivio Medardo Rosso. Barzio. Zitiert in: E. Pontiggia (Hg.): Da Boccioni a Sironi, S. 37

[44] Zitiert in: M. Sarfatti: Alla mostra del Novecento. In: Il Popolo d'Italia, 27. März 1923

[45] Sarfatti: Brief an Gabriele D'Annunzio vom 26. Februar 1924. Archivio Il Vittoriale

[46] Ada Negri: Canti dell'isola. Milano 1924

[47] Ada Negri: Finestre alte. Milano 1923

[48] Zitiert in: Leonardo Dudreville: Manuskript. In: Bossaglia, S. 87

[49] Margherita Sarfatti: Dove va l'arte d'Italia? In: La Rivista Illustrata del Popolo d'Italia, Nr. 4, 1924, S. 15. Zitiert in: Nozzoli, S. 246

[50] Margherita Sarfatti: Mostra di »Sei pittori del '900«. In: Dal Catalogo della Biennale di Venezia 1924, S. 76 f. Zitiert in: Bossaglia, S. 85

[51] Margherita Sarfatti: Mussolini cómo lo conocí. In: Crítica, 22. Juni 1945

[52] Mussolini: Scritti e discorsi, Band IV, S. 166. Zitiert in: Kirkpatrick, S. 185

[53] Sarfatti: Mussolini cómo lo conocí. In: Crítica, 22. Juni 1945

[54] Ebenda

[55] Ebenda

[56] Ugo Guspini: L'orecchio del Regime. Milano 1973, S. 48 f.

[57] Sarfatti: Mussolini, S. 17

[58] Ebenda, S. 87

[59] Zitiert in: Marzorati: Margherita Sarfatti, S. 143

[60] Sarfatti: Segni, colori e luci, S. 226

[61] Zitiert in: Bossaglia, S. 97

[62] Zitiert in: Bossaglia, S. 27

[63] »Critica Fascista«

1   Brunello Mantelli: Kurze Geschichte des italienischen
    Faschismus. Berlin 1998, S. 165
2   Zitiert in: Kirkpatrick: Mussolini, S. 136
3   Renzo de Felice: Der Faschismus. Ein Interview. Stuttgart 1977,
    S. 20 f.
4   Margherita Sarfatti: Brief an Ada Negri vom 12. Dezem-
    ber 1927.
    Archivio Ada Negri, Lodi
5   Ebenda, Brief vom 23. Dezember 1927
6   Michele Sarfatti: Gli ebrei nell'Italia fascista. Turin 2000, S. 62
7   Morgan: Spurs on the boot, S. 106
8   Werner von der Schulenburg: Mussolini. Unveröffentlichtes
    Manuskript. In: Nachlass Schulenburg. Archivio Biblioteca
    Comunale. Como, o. J., S. 9
9   Ebenda, S. 11
10 Ebenda, S. 25
11 Alain Elkan/Alberto Moravia: Vita di Moravia. Ein Leben im
    Gespräch. Freiburg 1991, S. 85
12 Margherita Sarfatti: Gli indifferenti. In: Italien. Heidelberg,
    1930, Heft V, S. 18
13 Elkan/Moravia, S. 85
14 Margherita Sarfatti: Letters to Nicholas Murray Butler. Butler
    with his carbon replies. 1930–1943. Columbia University
    Libraries. New York
15 Kirkpatrick: Mussolini, S. 254
16 Zitiert in: Vito Salierno: Margherita Sarfatti e Gabriele
    D'Annunzio. In: Rassegna Dannunziana Anno XIII, N. 27,
    Maggio 1995, S. VII
17 Zitiert in: Kirkpatrick, S. 37
18 Mantelli, S. 87
19 Sarfatti: Mussolini cómo lo conocí. In: Crítica, Juni/Juli 1945
20 Sarfatti: Acqua passata, S. 213 ff.
21 Cannistraro/Sullivan stützen sich hier auf Briefe von Marghe-
    rita Sarfatti an Foà und New York Times vom 4. Februar 1929;
    ebenso auf Sarfatti: Acqua passata, S. 213 f.

22 Michele Sarfatti: Gli ebrei, S. 55 (Fußnote 77)

23 Zitiert in: Cannistraro/Sullivan, S. 344 (Fußnote 57)

24 Ebenda, S. 245

25 Paul Friedrich: Die Juryfreie 1929. In: Berliner Börsenzeitung. Berlin, 31. August 1929

26 Margherita Sarfatti: Brief an Sironi vom 3. Februar 1928. In: E. Pontiggia: Il Novecento Italiano, S. 73

27 Cannistraro/Sullivan: L'altra donna, S. 425

28 Margherita Sarfatti: Storia della pittura moderna. Roma 1930

29 Ebenda, S. 9

30 Ebenda, S. 139 f.

31 Ebenda, S. 142

32 Benito Mussolini: Agli artisti della Quadriennale. In: Il Popolo d'Italia, 4. Januar 1931. Zitiert in: Urso, S. 189

33 Roberto Farinacci: Il Novecento e le esposizioni all'estero. In: Il Regime Fascista. Cremona, 15. Juni 1931

34 F. T. Marinetti: Lettera a Farinacci. In: Il Regime Fascista, 30. Juni 1931. Zitiert in: Bossaglia, S. 45

35 Luci ed ombre del »900«

36 Zitiert in: Bossaglia, S. 46

37 Margherita Sarfatti: Brief an Farinacci vom 19. Juli 1931. In: Bossaglia, S. 138

38 Ebenda, S. 139

39 Ebenda, S. 141

40 Corrado Alvaro: Quasi una vita. Varese 1959, S. 123

41 Zitiert in: Cannistraro/Sullivan: Il Duce's, S. 365

42 Vittorio Mussolini. Frauen im Leben meines Vaters. Düsseldorf 1973, S. 42

43 Jens Petersen: Hitler–Mussolini. Die Entstehung der Achse Rom–Berlin 1933–1936. Tübingen 1973, S. 157

44 Ebenda, S. 159

45 Regine Wagenknecht: Judenverfolgung in Italien 1938–1945. Berlin 2005, S. 16

46 Renzo de Felice: Storia degli ebrei italiani sotto il fascismo. Torino 1988, S. 152 f.

47 Emil Ludwig: Gespräche mit Mussolini. Berlin Wien Leipzig 1932, S. 75

48 Werner von der Schulenburg: Margherita Sarfatti.
In: Unterhaltungsbeilage der Vossischen Zeitung. Berlin,
Nummer 139, 21. Mai 1933, S. 1

49 Ebenda

50 Margherita Sarfatti: Das faschistische Italien. In: Unterhaltungsbeilage der Vossischen Zeitung, Nummer 143, 25. Mai 1933,
S. 3

51 Joseph B. Phillips: Italy's Heroine of fascism. In: New York
Herald Tribune Sunday Magazine, 8. Oktober 1933;
derselbe: Margherita Sarfatti: Women of fascism.
In: Ebenda, 12. November 1933

52 Butler: Brief an Sarfatti vom 10. November 1933.
In: Briefwechsel Sarfatti–Butler 1930–1943

53 Ginzburg: Familienlexikon. Berlin 2001, S. 90

54 Ebenda

55 Margherita Sarfatti: L'America, ricerca della felicità.
Milano 1937, S. 6

56 Sarfatti: L'America, S. 81

57 Sigrid von Fischern: Spiele der Illusion. In: Berliner
Zeitung. Berlin, 10. Mai 2004

58 Zitiert in: Cannistraro/Sullivan, S. 425 (Fußnote 16)

59 Giuseppe Prezzolini: Diario 1900–1941. Milano 1978, S. 518

60 Cannistraro/Sullivan, S. 447 f.

61 Zitiert in: Petersen, S. 356

62 Sarfatti: Mussolini cómo lo conocí. In: Crítica, 3. Juli 1945

63 Sarfatti: L'America, S. 156

64 Ebenda, S. 214

65 Ebenda, S. 214 f.

66 Ebenda, S. 90

67 Schulenburg, S. 37

68 Sarfatti: Mussolini cómo lo conocí. In: Crítica, 29. Juni 1945

69 Edvige Mussolini, S. 74

70 Paolo Monelli: Mussolini, piccolo borghese. Milano 1954, S. 230

71 Marina Sommella Grossi: Sarfatti e Terragni. In: Jeffrey T.
Schnapp (Hg.): »In cima«. Giuseppe Terragni per Margherita
Sarfatti. Venezia 2004. Katalog zur Ausstellung mit dem

gleichen Titel im Museo Palladio. Vicenza, 27. Juni 2004 –
9. Januar 2005, S. 67

[72] Zitiert in: Schulenburg, S. 36
[73] Kirkpatrick, S. 306
[74] Sarfatti: Brief an Butler vom 31. Dezember 1936
[75] Siehe: W. Altgeld (Hg.): Kleine italienische Geschichte, S. 406
[76] Michele Sarfatti, S. 118
[77] Ebenda, S. 127
[78] Ebenda, S. 129
[79] Ebenda, S. 136
[80] Dokument vom 1. April 1936. In: Nachlass Sarfatti. Archivio Como
[81] Alvaro: Quasi una vita, S. 123
[82] Galeazzo Ciano: Tagebücher 1937/38. Hamburg 1949, S. 11
[83] Ciano, S. 102
[84] Mantelli, S. 118
[85] Ippolita Gaetani im Interview vom 10. April 2007 mit Sancia, Ippolita und Margherita Gaetani, geführt von Uta Ruscher in Rom. Persönliche Aufzeichnung
[86] Mantelli, S. 118 f.
[87] Mantelli, S. 119
[88] Ebenda
[89] Hannah Arendt: Eichmann in Jerusalem. Ein Bericht von der Banalität des Bösen. Reinbek 1978, S. 220
[90] Dante Alighieri: Die Göttliche Komödie. Übersetzt von Hermann Gmelin. Stuttgart 1951, S. 340

6 Im Exil

[1] Sarfatti: Brief an Butler vom 28. November 1938. In: Brief-wechsel Sarfatti–Butler 1930–1943
[2] Butler: Brief an Sarfatti vom 30. Dezember 1938
[3] Paul Levi: Sarfatti, Margherita, L'exilée. In: Aux Ècoutes, 7. Januar 1939
[4] Bericht vom 2. März und 20. Mai 1939. In: Nachlass Sarfatti. Archivio Como

5 Cannistraro/Sullivan, S. 526

6 Sarfatti: Brief an Dino Alfieri vom 9. Juni 1939. In: Nachlass Sarfatti. Archivio Como

7 Alfieri: Brief an Sarfatti vom 14. Juni 1939. In: Nachlass Sarfatti. Archivio Como

8 Sarfatti: Brief an Alfieri vom 22. Juni 1939

9 Zitiert in: Cannistraro/Sullivan, S. 527

10 Alfieri: Brief an Sarfatti vom 24. August 1939

11 Telegramm der italienischen Botschaft von Paris an Alfieri vom 26. August 1939. In: Nachlass Sarfatti. Archivio Como

12 Sarfatti: Brief an Butler vom 3. Juni 1940.

13 Sarfatti: Brief an Butler vom 26. September 1940

14 Sarfatti: Brief an Ada Negri vom 20. Dezember 1939. Archivio Lodi

15 Sarfatti: Brief an Ada Negri vom 8. März 1940.

16 Brief des italienischen Kulturministeriums an die Botschaft in Rio de Janeiro vom 7. November 1940. In: Nachlass Sarfatti. Archivio Como

17 Holger M. Meding: Die argentinische Einwanderungspolitik von 1933 bis 1945. In: Nationalsozialismus und Argentinien. Frankfurt a. M. 1995, S. 120

18 In: Noticias Gráficas. Buenos Aires, 27. August 1940

19 Sarfatti: Brief an die italienische Botschaft von Buenos Aires vom 28. August 1940. In: Nachlass Sarfatti. Archivio Como

20 Memorandum für Mr. H. H. Clegg, 30. Oktober 1940. In: FBI-Akte Sarfatti

21 Sarfatti: Brief vom 6. Oktober 1940. In: FBI-Akte Sarfatti

22 Sarfatti: Brief an Butler vom 18. Oktober 1940

23 Sarfatti: Brief an Ada Negri vom 17. Oktober 1941

24 Sarfatti: Brief an Butler vom 12. Juni 1942

25 Mitteilung an Hoover vom 22. Juli 1943. In: FBI-Akte Sarfatti

26 Westbrook Pegler: Fair enough. In: Washington Daily News, 24. August 1943

27 Sarfatti: Brief an Butler vom 25. August 1943

28 Sarfatti: Mussolini cómo lo conocí. In: Crítica, 18. Juni 1945

29 Ebenda, 26. Juni 1945

30 Ebenda, 3. Juli 1945

[31] Ebenda

[32] Ebenda

[33] Sarfatti: Brief an Fiammetta Gaetani vom 3. September 1945. Archivio Gaetani. Roma

[34] Sarfatti: Brief an Fiammetta Gaetani vom Juli 1944. Archivio Gaetani

7 Die letzten Jahre

[1] Interview vom 10. April 2007

[2] Ebenda

[3] Cannistraro/Sullivan. L'altra donna, S. 621

[4] Ebenda, S. 620

[5] Ebenda, S. 633

[6] Bernard Berenson: Tramonto e crepuscolo. Milano 1966, S. 402

[7] Interview vom 10. April 2007

[8] Margherita Sarfatti: Casanova contro Don Giovanni. Milano 1950, S. 68

[9] Ebenda, S. 113 f.

[10] Margherita Sarfatti. Zitiert in: Barbara Sarfatti: Lo studio del mercoledì sera. In: E. Pontiggia (Hg.): Da Boccioni a Sironi, S. 186

[11] George Biddle: Diary. Eintragung vom 21. Dezember 1951. In: George Biddle Papers. Library of Congress. Washington

[12] Biddle: Diary. Eintragungen vom 27. und 29. Dezember 1951

[13] Biddle: Diary. Eintragung vom 7. Februar 1952

[14] Margherita Sarfatti: L'amore svalutato. Roma 1958, S. 7

[15] Ebenda, S. 30

[16] Ebenda, S. 75

[17] Margherita Sarfatti. Zitiert in: Carla Porta Musa: Incontri. Como 1982, S. 58

[18] Dante Alighieri, S. 232

[19] Musa, S. 60

[20] Ebenda, S. 55

[21] Interview vom 10. April 2007

Chronik Margherita Sarfatti

1880	8. April, Geburt von Margherita Grassini im Eltern-haus (im alten Ghetto); 4. Kind von Emma Levi (aus Triest) und Amedeo Grassini (aus Conegliano); beide jüdischer Herkunft; Vorfahren und Verwandte u. a.: Emmas Onkel: Arzt am Wiener Hof, Natalia Ginzburg: Kusine 2. Grades; Geschwister: Lina (1871), Marco Oscar (1873), Nella (1874).
1885–1894	Unterricht bei Hauslehrerin und Mutter. Keine öffentliche Schule.
1894–1898	Drei bedeutende Privatlehrer: Pietro Orsi (Geschichte), Pompeo Molmenti (venezianische Kultur) und Antonio Fradeletto (Philosophie); entdeckt Liebe zur Kunst, schreibt auf Englisch, Deutsch und Französisch; bevorzugte Lektüre: Kipling, Stendhal und Balzac, rezitiert Shelley, liest Dante und Carducci; lernt bedeutende Denker kennen: Schopenhauer, Nietzsche, Manzoni, Machiavelli, Petrarca, Ibsen, Pascoli und John Ruskin.
1894	Familie zieht zum Palazzo Bembo am Canal Grande.
1895	An der Adria Bekanntschaft mit Professor für Marxismus, der ihr den Sozialismus nahebringt; 1. Biennale in Venedig, initiiert von Fradeletto; sie verteidigt moderne Malerei, attackiert seinen Konservatismus.
1898	Heirat mit dem Advokaten Cesare Sarfatti, Familie stammt von französischen Juden; Wohnung in Venedig in der Nähe von San Marco in der Fondamenta San Lorenzo.
1900	Cesare kandidiert für Sozialisten in Lonigo; die schwangere Margherita Sarfatti unterstützt seinen Wahlkampf; ihre Mutter stirbt; Roberto wird geboren; Cesare schlägt in ihrem Namen auf

dem 4. Kongress der PSI die Gründung eines Journals für Frauen vor; sie lernt Gabriele D'Annunzio kennen.

1901   Gründung der Zeitschrift *Unione Femminile*, für die sie Artikel schreibt (politische, soziale und zur Kunst).

1902   2. Sohn <u>Amedeo</u> Giovanni Giosuè Percy geboren; Teilnahme an Tagung über Lohngleichheit für Frauen; Oktober: Umzug nach Mailand; Besuch in Residenz von Filippo Turati und Anna Kuliscioff im 4. Stock der Dom-Arkaden, Sitz der Zeitschrift *Critica Sociale*; Mittwoch-Salon bei Anna Kuliscioff; Margherita Sarfatti arbeitet für feministische Zeitschriften; sie lernt Ada Negri kennen.

1904   Jury der Biennale verleiht ihr den 3. Kritikerpreis; sie schreibt für *Avanti! della Domenica* (Wochenzeitschrift der PSI), wie u. a. auch D'Annunzio, Turati und Ojetti.

1905   Mitglied des Internationalen Künstlerkongresses im Palazzo Ducale in Venedig.

1906   Artikel für *Il Tempo*; Cesare wird Präsident der Volksuniversität von Mailand; Ehepaar fährt nach Brüssel zum Internationalen Zionisten-Kongress, Cesare vertritt Mailandgruppe; sie führt Interview mit Maler Fernand Khnopff.

1907   Schwester Lina stirbt durch Freitod.

1908   Vater Amedeo Grassini stirbt; Cesare kandidiert für Consiglio Comunale di Milano (bis 1914 Mitglied); sie wird Kunstkritikerin des *Avanti!* mit fester Rubrik unter dem Pseudonym El Sereno.

1909   Tochter <u>Fiammetta</u> Emma Chiara Anna geboren; eigener Mittwochabend-Salon; Kauf des Landhauses Soldo, Nähe Como; Bekanntschaft mit Maler Umberto Boccioni.

1910   Reise nach Paris; Treffen mit zahlreichen Persönlichkeiten der Kultur; in Mailand entstehen die berühmten Futuristenabende.

1911	Im Soldo malt Boccioni die Bilder von Fiammetta und ihr; sie übersetzt Werke von Israel Zangwill, u. a. *La terra permessa* (Das versprochene Land) für *La Voce* (von Prezzolini gegründete Zeitschrift und Verlag).
1912	Erste Nummer von *La Difesa delle Lavoratrici (Die Verteidigung der Arbeiterinnen)* erscheint, Konzentration auf Wahlrechtsforderung, sie schreibt darin u. a. gegen den Krieg in Libyen; im Büro des *Avanti!* lernt sie Mussolini kennen, er wird im Dezember Chef des *Avanti!*.
1913	In Paris Bekanntschaft mit Philosophen Charles Péguy und Künstler Amedeo Modigliani; Übersetzung weiterer Beiträge von Zangwill; nach Wien zur Sezessionisten-Ausstellung; nach Amsterdam wegen van Gogh, nach München zur Ausstellung Blauer Reiter; Cesare kandidiert ohne Erfolg für Parlament von Oleggio Arona; Mussolini veröffentlicht *Utopia*, Zeitschrift des italienischen revolutionären Sozialismus, für die sie arbeitet und die sie sponsert.
1914	Artikel für *Avanti!*; Cesare gründet in Mailand Klinik für Gesichtsverstümmelte; Rezension der Ausstellung der Gruppe *Nuove Tendenze* (Neue Richtungen) im *Avanti!*; Beginn des 1. Weltkrieges; Margherita Sarfatti hilft bei Evakuierung der ersten Flüchtlinge aus Deutschland; Einsatz für Stadtrandbesiedlung armer Familien als Präsidentin der Kommission; Mussolini für Intervention an der Seite der Alliierten; er wird aus der Partei ausgeschlossen und gründet *Il Popolo d'Italia*.
1915	Wegen Kriegswirren gefährliche Reise nach Paris, lernt Lebensverhältnisse der französischen Frauen kennen; schreibt *La milizia femminile in Francia (Die weibliche Armee in Frankreich)*; trifft Diego Rivera, Severini und D'Annunzio; in Mailand aktiv bei Konferenz *Die Frau und der Krieg*; Bekannt-

schaft mit Maler Sironi; Rede bei Gedenkfeier für Edith Cavell, die von den Deutschen wegen Spionage erschossen wurde; Folge: Sie wird aus der Sozialistischen Partei ausgeschlossen, auch Cesare und Ada Negri treten aus der Partei aus.

1916   Arbeit in der futuristischen Zeitung *Gli Avvenimenti (Ereignisse)*.

1917   Sohn Roberto meldet sich 17-jährig freiwillig an die Front; Übersetzung des Werkes von Jules Laforgue; Mitarbeit im *Popolo*.

1918   Roberto stirbt am 28. Januar auf dem Col D'Echele; sie schreibt gegen die Trauer Gedichte; enge Beziehung zu Mussolini beginnt.

1919   Zum ersten Todestag erscheint: *Roberto Sarfatti. Le sue lettere e testimonianze di lui (Seine Briefe und Zeugnisse über ihn)*; Sammlung von Artikeln über moderne Kunst *La fiaccola accesa (Die brennende Fackel)* veröffentlicht; gründet mit Mussolini *Ardita* (Name kommt von Elitekampftruppe), Dudreville, Salietti und Bucci gestalten die Deckblätter; Marinetti organisiert in Mailand Ausstellung der Futuristen, für die sie 4 Bilder ihrer Privatsammlung zur Verfügung stellt; Besuch in London, lernt George Bernhard Shaw kennen.

1920   Eröffnet Ausstellung mit Werken von Marussig, Funi, Martini; bei Biennale in Venedig als Kritikerin akkreditiert.

1921   Gedichtband *I vivi e l'ombra (Die Lebenden und der Schatten)* zum Andenken an Roberto, Cover von Sironi gestaltet; unterstützt Mussolini bei Wahlkampagne, Mussolini scheitert.

1922   Mit Mussolini Monatszeitschrift *Gerarchia (Hierarchie)* gegründet; sie wird Direktorin; in Galerie Pesaro Ausstellung von 7 Künstlern, daraus geht die Gruppe *Novecento* hervor; nach dem Marsch auf Rom und Mussolinis Machtübernahme als Ministerpräsident weiten sich ihr Einfluss und ihre

journalistische Tätigkeit aus; leitet den ausländischen Pressedienst von Mussolini; alle zwei bis drei
Wochen Aufenthalt in Rom.

1923   Konferenz: Über die Quellen der modernen Kunst;
in Galerie Pesaro erste Ausstellung des *Novecento*;
Reise nach Tunesien, sie schreibt darüber das Buch
Tunisiaca; König macht Cesare zum Präsidenten der
Banca Commerciale; von der Königin wird Marghe-
rita Sarfatti zur »Gesellschaftsdame« ernannt.

1924   Cesare stirbt an akuter Blinddarmentzündung;
Adolfo Wildt gestaltet den Grabstein; bei Biennale
präsentiert sie 6 Künstler des *Novecento*; Mussolini
hält von ihr entworfene Rede, bestätigt die Freiheit
der Künstler; Tage später treten Dudreville, Bucci
und Malerba aus; sie beteiligt sich an Kampagne
zugunsten des Frauenwahlrechts; schreibt Mussolini-Biografie *Dux*; wird Mitglied im Consiglio
Nazionale del Teatro (Nationaler Theaterrat).

1925   Der *Novecento Italiano* wird geboren, den sie leitet
und protegiert; französische Regierung lädt sie zur
Vizepräsidentschaft der Weltausstellung ein; sie orga-
nisiert die italienische Teilnahme, ist Direktorin von
Architekturjurys; trifft Josephine Baker (später zu
Gast im Soldo); in Bologna Teilnahme am Kongress
der faschistischen Intellektuellen; Erscheinen von
Segni, colori e luci (Zeichen, Farben und Licht); *The
Life of Mussolini* erscheint in London; sie erhält für
ihren Sohn posthum die Tapferkeitsmedaille; schreibt
Monografie über Achille Funi; wird Direktorin der
Zeitschrift *La Rivista Illustrata del Popolo d'Italia*.

1926   Idee der Akademie wird von ihr propagiert, sie wird
nicht Mitglied (1940 wird ihre Freundin Ada Negri
als erste Frau Mitglied werden); italienische Version
des *Dux* erscheint; fünf Auflagen bis Jahresende, in
19 Sprachen übersetzt; sie erhält den Orden der Eh-
renlegion aus Frankreich; große *Novecento*-Ausstel-
lung in der Permanente in Mailand mit 114 Künst-

lern; Ausstellung geht nach Paris; mit Mussolinis Bruder Arnaldo Mitglied der Kommission zur Alphabetisierung, gründet jährliches Festival des Buches, zieht mit Fiammetta nach Rom.

1927   Mitglied des Komitees der Biennale von Monza; *Novecento*-Ausstellung geht nach Genf, Zürich, Amsterdam; Ausstellung des *Novecento* in Mailand; Mussolini akzeptiert Gründung von deutschsprachigem Journal *Italien* zur positiven Darstellung des Faschismus, Herausgeber: Werner von der Schulenburg.

1928   Umzug in die Residenz in der Via Nomentana (nahe Wohnung Mussolinis, Villa Torlonia); Salon am Freitagnachmittag; Kunstsammlung aus Mailand nach Rom geholt; Briefwechsel mit D'Annunzio über Kampf für die Kunst und u. a. den Erhalt der Piazza von Faenza aus dem 16. Jahrhundert; *Gruppo novecentesco toscano* in Mailand vorgestellt; Mussolini besetzt Komitee der Biennale mit Gegnern des *Novecento*; zur Operation des Knies bei Prof. Katzenstein in Berlin, Begegnung mit Einstein; unter dem Eindruck der Debatte um das Judentum in Italien konvertiert sie (ebenso ihre Kinder) zum Katholizismus.

1929   Konferenz zum Thema *Novecento* im Saal der Faschistischen Partei von Mailand; Roman *Il Palazzone (Der Palast)* erscheint; mit Bernhard Shaw in Venedig; 2. Nationale Ausstellung des *Novecento* wird von Rom nach Mailand verlegt; Mussolini gegen *Novecento*; 140 Künstler eingeladen, viele lehnen ab (u. a. alle Futuristen); Ausstellung geht nach Budapest, Genf und Berlin.

1930   Fahrt nach London zur Ausstellung *Italian Art 1200–1900,* an der sie nicht mitwirken durfte; Buchreihe *Prisma* für moderne Kunst gegründet; dort erscheint ihre *Storia della pittura moderna (Geschichte der modernen Malerei); La Stampa* lobt Literaturpreis mit ihr als Vorsitzende der Jury aus; schwedischer Prinz lädt nach Stockholm zur Ausstellung; *Novecento*-Ausstellung in Basel, Bern, Buenos Aires, Stockholm, Helsinki; Fahrt nach Rio de Janeiro, hält in Brasilien Vorträge zu moderner Architektur und *Novecento*.

1931   Erste Quadriennale in Rom mit ihr im Komitee; publiziert eine Sammlung literarischer Schriften: *Segni del meridiano (Zeichen des Meridians)*; Reise nach London und Paris; *Novecento*-Ausstellung in Stockholm, Helsinki; Farinacci beginnt Kampagne gegen sie und *Novecento*; Mussolini entlässt sie aus allen Kommissionen für Ausstellungen im Ausland; noch ist ihr Name in der Auswahlkommission der Biennale; Beziehung zu Mussolini erkaltet; in Paris Jurymitglied; Tosi erhält den Grand Prix der Malerei.

1932   Reise auf Luftkissenboot von Rom nach Konstantinopel.

1933   Ihr Bruder stirbt in Ägypten, sie fährt zur Beerdigung; 4. Triennale in Mailand; schreibt für *New York Herald Tribune*; gibt Interviews; Fiammetta heiratet Conte Livio Gaetani; Artikel für *Herald Tribune*: *Frauen und Faschismus*.

1934   Erhält Visum für USA; Reise nach New York, Atlantikküste, Kuba, Mexiko und Kalifornien; große Wertschätzung ihrer Person einschließlich Tee im Weißen Haus bei Präsident Roosevelt; während ihrer Amerika-Reise ohne ihr Wissen als Direktorin der *Gerarchia* abgesetzt, Mussolinis Sohn Vito übernimmt ihren Posten; der erste Sohn von Fiammetta, Roberto, geboren; Überreste von Margherita Sarfattis Sohn Roberto auf dem Col D'Echele gefunden; Grabmonument von Terragni als T gestaltet; 2. Auflage von *I vivi e l'ombra* und 16. Auflage des *Dux* bleiben unbeachtet.

1935   Monografie über Daniele Ranzoni erscheint (trotz

des Verbots öffentlicher Nennung durch Mussolini); in Paris Ausstellung über italienische Kunst, 650 000 Besucher; Einweihung des *Monumento Roberto*, gestaltet von Terragni, am Col D'Echele in Anwesenheit des Königs und der Alpini-Soldaten.

1936 Diverse Konferenzen und Symposien in Neapel, Sardinien, Wien, Budapest über Faschismus und moderne Kunst; Tochter von Fiammetta, Sancia, geboren, Livio Gaetani an der Front in Äthiopien; Treffen mit Kritiker Bernard Berenson; zur Jubiläumsfeier der Proklamation des Imperio in Rom eingeladen; Amedeo heiratet Pirangela Dalcon, Mussolini lädt das junge Paar zum Gespräch.

1937 *America, ricerca della felicità (Amerika, Suche nach dem Glück)* erscheint bei Mondadori; Freund Marconi stirbt; Beschäftigung mit Tintoretto in Venedig.

1938 Reise nach Istanbul und Paris; Konferenz über Leonardo da Vinci und Maler der Lombardischen Schule; Schlammkur in Abano; geheime Nachricht über ihre Bespitzelung durch die OVRA; Mussolini entfernt Seiten seines Tagebuchs, auf denen er über Sarfatti als sein »Vela« (Segel) schreibt, und überlässt Schwester Edvige das Tagebuch.
14. November: Flucht über Pedrinate und Chiasso nach Paris; empfangen von Colette, Jean Cocteau, Marie de Chambrun; schreibt Artikel für Zeitungen, u. a. für *Le Temps* über die jüdischen Wurzeln der Familie; dauernde Bespitzelung durch italienischen Geheimdienst; Briefwechsel mit Butler, Präsident der Columbia-Universität New York.
17. November: Rassengesetze veröffentlicht; Amedeo als Direktor der Banca Commerciale abgesetzt.

1939 Amedeo trifft seine Mutter in Paris; sie macht eine Kreuzfahrt durch die Fjorde von Norwegen; beantragt Visum für Spanien und Portugal; Verwandter

besorgt ihr einen Platz auf der Augustus von Barcelona nach Uruguay; Ankunft in Montevideo; lernt
Spanisch.

1940   Symposien in Spanisch; wechselt Wohnsitz, mal in
Uruguay, mal in Buenos Aires; arbeitet für englisch-
und spanischsprachige Zeitungen; Hoffnung auf
Visum für USA sind zerschlagen; Fiammetta und
Familie bleiben in Rom; Geburt von Fiammettas
Tochter Ippolita.

1941   In Montevideo publiziert sie ihr erstes spanisches
Buch: *Asì veo jo el Uruguay*.

1942   Sie wird vom FBI überwacht; Treffen mit Victoria
Ocampo in Buenos Aires.

1943   Arbeit an *Mea culpa (Meine Schuld: Mussolini,
wie ich ihn kannte)* in Englisch, soll in den USA
erscheinen; Plan zerschlägt sich wegen politischer
Wirren in Italien und der Sorge, die Familie von
Fiammetta zu gefährden.

1944   Schwester Nella und deren Ehemann Paolo Errara
werden nach Deutschland deportiert und ermordet;
kein Lebenszeichen von Fiammettas Familie, die
wegen der Judendeportationen untergetaucht ist.

1945   Nachricht von der Tochter, ihre Familie hat überlebt;
Erscheinen der 16-teiligen Artikelserie *Mussolini
cómo lo conocí* in der *Crítica*, Buenos Aires.

1946   Sarfatti überlegt, nach Italien zurückzukehren; Sorge
wegen Enteignung als Faschistin; nach Amnestie-
Erklärung Togliattis beruhigt; 3. Tochter von Fiammetta, Margherita, geboren.

1947   Kehrt nach Italien zurück; erst Rom, dann Soldo;
nach Venedig zu Tintoretto-Ausstellung und Film-
festival; in Rom Hotelwohnung im Ambasciatori,
kleine Treffen mit wenigen Freunden; gelegentlich
Artikel für *Scena Illustrata, Il Giornale di Roma,
L'Elefante* und *Como*.

1948   Verschiedene Reisen zu Ausstellungen; Besuch der

ersten Nachkriegsbiennale in Venedig; Gerücht über Verkauf der Briefe Mussolinis.

1949   In New York erste Ausstellung nach dem Krieg über italienische Kunst; sie stellt zwei Werke ihrer Sammlung zur Verfügung.

1950   Publikation von *Casanova contro Don Giovanni (Casanova gegen Don Giovanni)*; unangenehmer Vorfall bei der Anreise zur Biennale, sie ist unerwünscht.

1951   Reise mit Ehepaar Biddle nach Apulien und an die adriatische Küste.

1952   Begleitet Enkelin Magalì (Tochter von Amedeo) zum Atelier von Sironi, kauft ein Bild; fährt häufig nach Paris, besucht Familie von Amedeo.

1955   *Acqua passata (Schnee von gestern)* erscheint; öffentliche Enttäuschung über Schweigen zu Mussolini.

1956   Reise nach Indien, Malaysia, Hongkong, Japan; Amedeo kehrt nach Lateinamerika zurück.

1958   *L'amore svalutato (Die entwertete Liebe)* erscheint in Como.

1960   Lieblingsenkel Roberto, Sohn von Fiammetta, stirbt.

1961   Margherita Sarfatti stirbt in der Nacht vom 29. auf den 30. Oktober im Soldo und wird in Cavallasca begraben.

Personenregister

367

Literaturverzeichnis

Altgeld, Wolfgang (Hg.): Kleine italienische Geschichte. Stuttgart 2002

Alvaro, Corrado: Quasi una vita. Milano 1959

Andreoli, Annamaria: Das Vittoriale degli Italiani. Milano 2004

Arendt, Hannah: Elemente und Ursprünge totaler Herrschaft. Frankfurt 1955; dieselbe: Eichmann in Jerusalem. Ein Bericht von der Banalität des Bösen. Reinbek 1978

Aumüller-Roske (Hg.): Frauenleben – Frauenbilder – Frauengeschichte. Pfaffenweiler 1988

Balabanoff, Angelica: Wesen und Werdegang des italienischen Faschismus. Wien Leipzig 1931; dieselbe: My Life as a Rebel. London 1938

Bandini, Bruno (Hg.): Il pensiero reazionario. La politica e la cultura dei fascismi. Ravenna 1982

Ballo, Guido: Boccioni a Milano. Katalog zur Ausstellung. (Nachdruck) Hannover 1983; derselbe: Italienische Malerei vom Futurismus bis heute. Köln Berlin 1958

Bartsch, Ingo: Die Malerei des Futurismus in Italien. Dissertation. Berlin 1977

Bassani, Giorgio: Die Gärten der Finzi-Contini. Berlin 2001

Baumgarth, Christa: Geschichte des Futurismus. Reinbek 1966

Beci, Veronika: Verdi. Ein Komponistenleben. Düsseldorf Zürich 2000

Benn, Gottfried: Gesammelte Werke, Band IV. Wiesbaden München 1977

Berenson, Bernard: Tramonto e crepuscolo. Milano 1966

Bondy, François/Gschwend, Ragni Maria: Italo Svevo. Rowohlts Monografien. Reinbek 1995

Borges lesen. Mit Beiträgen von Jorge Luis Borges, Fritz Rudolf Fries u. a. Frankfurt 1991

Borgese, Giuseppe Antonio: Rubè. Heidelberg 1928

Bortolotti, Franca Pieroni: Socialismo e questione femminile in

Italia 1892–1922. Milano 1974; dieselbe: Feminismo e partiti po-
litici in Italia 1919–1926. Roma 1978

Bossaglia, Rossana: Il »Novecento italiano«. Milano 1979

Broude, Norma: Impressionismus. Eine internationale Kunstbewe-
gung 1860–1920. Köln 1990

Calimani, Riccardo: Die Kaufleute von Venedig. Düsseldorf 1988

Cannistraro, Philip/Sullivan, Brian R.: Il Duce's other woman.
New York 1993; dieselben: Margherita Sarfatti. L'altra donna
del Duce. Milano 1993

Carducci, Giosuè: Gedichte. Sammlung Nobelpreis Literatur. Zürich 1906

Ciano, Galeazzo: Tagebücher 1937/38. Hamburg 1949; derselbe:
Tagebücher 1939–1943. Bern 1946

Coen, Ester (Hg.): Umberto Boccioni. Katalog zur Ausstellung mit
dem Titel »Boccioni: A Retrospective« im Metropolitan Museum of Art. New York, 15. September 1988–8. Januar 1989.
New York 1988

Comes, Salvatore: Ada Negri da un tempo all'altro. Milano 1970

Croce, Benedetto: Die Geschichte auf den allgemeinen Begriff der
Kunst gebracht. Hamburg 1984

Damiani, Franco/Rodriguez, Fabio (Hg.): Anna Kuliscioff. Imma-
gini, scritti, testimonianze. Milano 1978

Dante Alighieri: Die Göttliche Komödie. Übersetzt von Hermann
Gmelin. Stuttgart 2001

D'Annunzio, Gabriele: Das Feuer. Hg.: Vincenzo Orlando.
Berlin 1999; derselbe: Il piacere. Milano 1995

De Felice, Renzo: Der Faschismus. Ein Interview. Rom 1975. Stuttgart 1977;
derselbe: Mussolini il rivoluzionario. Torino 1965; derselbe:
D'Annunzio politico 1918–1938. Roma-Bari 1978; derselbe: Gli
ebrei italiani sotto il fascismo. Torino 1961; derselbe: Mussolini
e Hitler. I rapporti segreti 1922–1933. Firenze 1975; derselbe/
Emilio Mariano (Hg.): Carteggio D'Annunzio-Mussolini. Milano 1971; derselbe: Prezzolini, la guerra e il fascismo. In: Storia
contemporania 3. Bologna 1982

Demetz, Peter: Worte in Freiheit. München 1990

Dickmann, Elisabeth: Die italienische Frauenbewegung im 19. Jahrhundert. Geschichte der italienischen Frauenbewegung. Band 1. Frankfurt 2002

Dohmen, Christoph: Das Bilderverbot. Seine Entstehung und seine Entwicklung im Alten Testament. Bonn 1985

Domarus, Max: Mussolini und Hitler. Zwei Wege – gleiches Ende. Würzburg 1977

Elkan, Alain/Moravia, Alberto: Vita di Moravia. Ein Leben im Gespräch. Freiburg 1991

Feldbauer, Gerhard: Von Mussolini bis Fini. Die extreme Rechte in Italien. Berlin 1996

Fogazzaro, Antonio: Die Kleinwelt unserer Väter. München 1920; derselbe: Il santo. Milano 1906

Freud, Sigmund: Eine Kindheitserinnerung aus ›Dichtung und Wahrheit‹. Gesammelte Werke. Band 12. Frankfurt am Main 1966

Gazzetti, Maria: Gabriele D'Annunzio. Mit Selbstzeugnissen und Bilddokumenten. Rowohlts Monografien. Reinbek 1989

Gentile, Emilio: Mussolini e La Voce. Firenze 1976

Ginex, Giovanna/Selvafolta, Ornella: Der Monumentalfriedhof von Mailand. Mailand 1997

Ginzburg, Natalie: Familienlexikon. Berlin 2001

Glaab, Liane: Die unbekannte Italienerin. Freiburg 1980

Guspini, Ugo: L'orecchio del Regime. Milano 1973

Hausmann, Friederike: Kleine Geschichte Italiens von 1943 bis heute. Berlin 1997

Hilmes, Oliver: Witwe im Wahn. Das Leben der Alma Mahler-Werfel. München 2004

Italien Ploetz: Italienische Geschichte zum Nachschlagen. Freiburg, Würzburg 1986

Jäger, Gudrun/Novelli-Glaab, Liana (Hg.): Judentum und Antisemitismus im modernen Italien. Frankfurter Kulturwissenschaftliche Beiträge. Band 2. Berlin 2007

Jesse, Eckhard (Hg.): Totalitarismus im 20. Jahrhundert. Baden-Baden 1996

Kapp, Volker (Hg.): Italienische Literaturgeschichte. Stuttgart, Weimar 1992

Kirkpatrick, Ivone: Mussolini. Berlin 1997

Kohl, Christina: Villa Paradiso. Als der Krieg in die Toskana kam. München 2002

Krüger, Marlis (Hg.): Was heißt hier eigentlich feministisch? Bremen 1993

Léger, Fernand: Une correspondance de guerre. In: Cahiers du Musée National d'Art Moderne. Paris 1990

Lethen, Helmut: Der Sound der Väter. Gottfried Benn und seine Zeit. Berlin 2006

Lombroso, Cesare: Genie und Irrsinn. Leipzig 1887

Lombroso, Gina: Die Seele des Weibes. Frankfurt 1922

Longhi, Roberto: Kurze, aber wahre Geschichte der italienischen Malerei. Köln 1996

Loy, Rosetta: Via Flaminia 21. Meine Kindheit im faschistischen Italien. München 1998

Ludwig, Emil: Mussolinis Gespräche mit Emil Ludwig. Berlin 1932

Lussu, Emilio: Marsch auf Rom und Umgebung. Wien Zürich 1991

Magnani, Franca: Eine italienische Familie. Köln 1990

Mahler-Werfel, Alma: Mein Leben. Frankfurt am Main 1960

Mantelli, Brunello: Kurze Geschichte des italienischen Faschismus. Berlin 2000

Manzoni, Alessandro: Die Verlobten. Neuübersetzung von Burkhart Kroeber. Bergisch-Gladbach 2003

Maraini, Dacia: Der junge Alberto. Berlin 1987

Marpicati, Arturo: Saggi die letteratura. Firenze 1934

Marinetti, F. T.: Mafarka il futurista. Milano 1910; derselbe: Distruzione. Milano 1911

Marzorati, Sergio. Margherita Sarfatti. Saggio biografico. Como 1990

Meding, Holger M. (Hg.): Nationalsozialismus und Argentinien. Frankfurt am Main 1995

Meyer, Doris: Victoria Ocampo. Gegen den Wind und die Zeit. Frankfurt am Main 1982

Meir, Michaelis: Mussolini and the Jews. German-Italian Relations and the Jewish Question in Italy 1922–1945. London Oxford 1995

Miniati, Monica: Les ›émancipées‹. Les femmes juives italiennes aux XIXe et XXe siècle (1848–1924). Paris 2003

Mittermaier, Karl: Südtirol – Geschichte, Politik und Gesellschaft. Wien 1986

Monelli, Paolo: Mussolini, piccolo borghese. Milano 1954

Morante, Elsa: Traumtagebuch. Zürich 1990

Morgan, Thomas B.: Spurs on the boot. London 1942

Moseley, Ray: Zwischen Hitler und Mussolini. Das Doppelleben des G. Ciano. Berlin 1998

Mussolini, Benito: Die Mätresse des Kardinals. Berlin 1930; derselbe: La mia vita (von Arnaldo Mussolini geschrieben). Milano 1983

Mussolini, Benito/Forzano, Giovacchino: Cavour. Villafranca. Schauspiel in drei Akten. Übersetzung und Einführung von Werner von der Schulenburg. Hamburg 1940

Mussolini, Edvige: Mio fratello Benito. Firenze 1957

Mussolini, Rachele: Benito il mio uomo. Milano 1958. In Deutsch erschienen als: Mussolini ohne Maske. Die Frau des Duce berichtet. Stuttgart 1974; dieselbe: Mussolini privato. Milano 1980

Mussolini, Vittorio: Frauen im Leben meines Vaters. Düsseldorf 1974

Negri, Ada: Le solitarie. Milano 1920; dieselbe: Schicksal. Gedichte. Berlin 1897; dieselbe: Mutterschaft (übersetzt von Hedwig Jahn). Berlin 1905; dieselbe: Stürme. Berlin 1896; dieselbe: Frühdämmerung. München 1938

Nolzen, Armin/Reichardt, Sven (Hg.): Beiträge zur Geschichte des Nationalsozialismus 21. Faschismus in Italien und Deutschland. Göttingen 2005

Petersen, Jens/Schieder, Wolfgang: Faschismus und Gesellschaft in Italien. Köln 1998; dieselben: Die Abrechnung mit dem Faschismus in Italien. 1943 bis 1948. München 1996

Petersen, Jens: Hitler–Mussolini. Die Entstehung der Achse Berlin–Rom 1933–1936. Tübingen 1973

Ploetz, Dagmar: Ignazio Silone. Köln 2000

Podenzani, Nino: Il libro di Ada Negri. Milano 1969

Pomba, Giuseppe Luigi (Hg.): La Civiltà Fascista. Torini 1928

Pontiggia, Elena (Hg.): »Da Boccioni a Sironi«. Il mondo di Margherita Sarfatti. Milano 1997. Katalog zur Ausstellung mit gleichem

Titel im Palazzo Martinengo. Brescia, 13. Juli–12. Oktober 1997; dieselbe: Il Novecento Italiano, 33. Carte d'Artisti. Milano 2003; dieselbe: Mario Sironi. Scritti e pensieri. Milano 2000; dieselbe: Il »Novecento« milanese. Da Sironi ad Arturo Martini. Milano 2003. Katalog zur Ausstellung mit dem gleichen Titel im Spazio Oberdan. Milano, 19. Februar–4. Mai 2003

Porta Musa, Carla: Incontri. Como 1982

Prezzolini, Giuseppe: Diario 1900–1941. Milano 1946; derselbe: Il tempo della Voce. Milano, Firenze 1960

Puppi, Lionello: Andrea Palladio. München 1982

Rafalski, Traute: Italienischer Faschismus in der Weltwirtschaftskrise (1925–1936). Wirtschaft, Gesellschaft und Politik auf der Schwelle der Moderne. Opladen 1984

Reinhardt, Volker: Geschichte Italiens. Von der Spätantike bis zur Gegenwart. München 2003

Rossi, Laura Mattioli (Hg.): Boccioni. Pittore scultore futurista. Milano 2006. Katalog zur Ausstellung mit dem gleichen Titel im Palazzo Reale. Milano, 6. Oktober 2006–7. Januar 2007

Ruskin, John: Seven Lamps on Architecture. London 1849; derselbe: Steine von Venedig (Nachdruck). Dortmund 1994

Saba, Marina Addis: Anna Kuliscioff. Vita privata e passione politica. Milano 1993; dieselbe: La corporazione delle donne. Firenze 1988

Saint-Point, Valentine de: Manifesto della Donna futurista. Genova 2006

Sarfatti, Michele: Gli ebrei nell'Italia fascista. Torino 2000

Schaake, Erich: Hitlers Frauen. Die willigen Helferinnen und ergebenen Mätressen des Führers. München 2000

Scheuer, Georg: Mussolinis langer Schatten. Köln 1996

Schmidt-Bergmann, Hansgeorg: Futurismus. Geschichte, Ästhetik, Dokumente. Reinbek 1993

Schnapp, Jeffrey T. (Hg.): »In cima«. Giuseppe Terragni per Margherita Sarfatti. Venezia 2004. Katalog zur Ausstellung mit dem gleichen Titel im Museo Palladio. Vicenza, 27. Juni 2004–9. Januar 2005

Schulenburg, Werner von der: A Benito Mussolini. Unveröffentlichtes Manuskript. Biblioteca Comunale di Como

Silone, Ignazio: Notausgang (Mit einem Vorwort von Franca Magnani). Köln 1991

Smith, Denis Mack: Mussolini. Eine Biografie. München 1983

Stübler, Dietmar: Geschichte Italiens. Berlin 1987

Steinberg, Jonathan: Deutsche, Italiener und Juden. Göttingen 1992

Tozzi, Federigo: Mit geschlossenen Augen. München 1988

Turati, Filippo/Kuliscioff, Anna: Carteggio 1898–1925. Torino 1953

Urso, Simona: La formazione di Margherita Sarfatti e l'adesione al fascismo. Studi storici, rivista trimestrale dell'istituto Gramsci. Roma 1994; dieselbe: Margherita Sarfatti. Dal mito del Dux al mito americano. Venezia 2003; dieselbe: Per una biografia di Margherita Sarfatti. Tesi di laurea. Bologna 1991

Vallès-Bled, Maithé: Paul Cézanne. Maler des Lichts. Berlin 1997

Vasari, Giorgio: Künstler der Renaissance. Köln 1997

Wagenknecht, Regine: Judenverfolgung in Italien 1938–1945. In autobiografischen und literarischen Zeugnissen, herausgegeben und kommentiert von Regine Wagenknecht. Berlin 2005

Wieland, Karin: Die Geliebte des Duce. München 2004

Woller, Hans: Die Abrechnung mit dem Faschismus in Italien 1943 bis 1948. München 1996

Zangwill, Israel: Der König der Schnorrer. Zürich 1980. Original 1894; derselbe: Le suffragiste militanti (Übersetzung aus dem Englischen von Margherita Sarfatti). Firenze 1914

Zech, Paul: Michael M. irrt durch Buenos Aires. Aufzeichnung eines Emigranten. Frankfurt 1985

Werke von Margherita Sarfatti

La milizia femminile in Francia. Milano 1915
La fiaccola accesa. Milano 1919
M. Sarfatti (Hg.): Roberto Sarfatti. Le sue lettere e testimonianze di lui. Milano 1919
I vivi e l'ombra. Milano 1921
Tunisiaca. Milano 1924
Achille Funi. Milano 1925
Segni, colori e luci. Bologna 1925
The life of Benito Mussolini. London 1925
Dux. Milano 1926
Mussolini. Lebensgeschichte. Leipzig 1926
Storia della pittura moderna. Roma 1930
Daniele Ranzoni. Roma 1935
L'America, ricerca della felicità. Milano 1937
Asi eo yo el Uruguay. Montevideo 1941
Casanova: Amores de juventud. Buenos Aires 1943
Tiziano, o de la fe en la vida, Buenos Aires 1944
Vasari y sus tiempos. Buenos Aires 1947
Casanova contro Don Giovanni. Milano 1950
Acqua passata. Bologna 1955
L'amore svalutato. Roma 1958

Zeitungen, Zeitschriften, Archive

Ardita. Milano
Avanti! Milano
Avanti! della Domenica. Milano
Gli Avvenimenti. Milano
Aux Écoutes. Paris
Berliner Börsenzeitung. Berlin
La Civiltà Fascista. Torino
Crítica. Buenos Aires
Critica Fascista. Roma
Corriere della Sera. Milano
La Difesa delle Lavoratrici. Milano
Gerarchia. Milano
Italien. Heidelberg
La Patria. Roma
La Lettura. Rivista Mensile del Corriere della Sera. Milano
Il Popolo d'Italia. Milano
Il Regime Fascista. Cremona
Il Secolo Nuovo. Venezia
La Stampa. Torino
Il Tempo. Milano
Noticias Gráficas. Buenos Aires
Rassegna Dannunziana. Gardone
La Rivista Illustrata del Popolo d'Italia. Milano
Unione Femminile. Milano
Utopia. Milano
La Voce. Firenze
Vossische Zeitung. Berlin
Washington Daily News. Washington

Archiv FBI. Washington
Archiv Columbia University Libraries, New York
Archivio Ada Negri. Lodi

Archivio Sarfatti. Biblioteca Comunale. Como
Archivio Centrale dello Stato. Roma
Archivio Fogazzaro. Biblioteca Bertoliana. Vicenza
Archivio Gaetani. Roma
Archivio Il Vittoriale degli Italiani. Gardone
Archivio Prezzolini. Biblioteca Cantonale. Lugano

Danksagung

Unser besonderer Dank gilt Sancia, Ippolita und Margherita Gaetani für die vielen Fotos und die Offenheit, mit der sie unsere Fragen beantworteten. Außerdem Luisa Agostini Corvi und der Familie Scalfi, Katrin Gattinger, Sergio Marzorati, Martin Recken, Cristina Ruggeri-Chierici, Isa von der Schulenburg sowie den hilfreichen Archivaren und Bibliothekarinnen.

Grazie di cuore a Sancia, Ippolita e Margherita!

Bildnachweise

S. 3, 9, 16, 24, 27, 40, 47, 52, 77, 118, 122, 133, 129, 188, 193, 194, 208, 211, 215, 226, 229, 256, 258, 269, 290, 292, 297, 298, 299, 302, 308, 319, 322, 337: Fotos aus Familienbesitz (Archivio Gaetani D'Aragona Sarfatti)

S. 70 U. Boccioni: Una serata futurista a Milano, 1911, Foto: Lucca Carrà, Mailand, Abb. aus: Ester Coen: Umberto Boccioni, Ausstellungskatalog des Metropolitan Museum of Art, Harry N. Abrams, New York 1988

S. 79 U. Boccioni: Portrait of a Child with Dolls, 1910, Private collection, Abb. aus: Ester Coen: Umberto Boccioni, Ausstellungskatalog des Metropolitan Museum of Art, Harry N. Abrams, New York 1988

S. 83 U. Boccioni: Dynamism of a Cyclist, 1913, Collection Mr and Mrs Eric Estorick, Abb. aus: Ester Coen: Umberto Boccioni, Ausstellungskatalog des Metropolitan Museum of Art, Harry N. Abrams, New York 1988

S: 130 Antonio Sant'Elia: La città nuova, 1914, Privatsammlung, Abb. aus: Andrea Palladio: In Cima, Marsilio Editori, Venedig 2004

S. 158/159 Briefe von M. Sarfatti, Archivi Fondazione il Vittoriale degli Italiani, Gardone Riviera

S. 199 Achille Funi: Maternità, 1921, Abb. aus: Il novecento italiano. A cura di Elena Pontiggia; Abscondita, Mailand 2003 © Collezione privata Forchino,

S. 245 Adolfo Wildt: Porträt der Margherita Sarfatti, Büste, Abb. aus: Il novecento italiano, A cura di Elena Pontiggia; Abscondita, Mailand 2003 © Collezione privata Gaetani, Roma

S. 268 Monument, Abb. aus: In Cima. G.Terragni per M. Sarfatti, Marsilio Editori, Venedig 2004

Leider ist es uns nicht gelungen, alle Inhaber von Bildrechten an den in diesem Buch abgedruckten Fotos zu ermitteln. Wir bitten diese daher, sich gegebenenfalls mit uns in Verbindung zu setzen.

farbiger Bildteil:

Umberto Boccioni: Antigrazioso, 1912, Private Collection, Abb. aus: Ester Coen: Umberto Boccioni, Ausstellungskatalog des Metropolitan Museum of Art, Harry N. Abrams, New York 1988

Umberto Boccioni: States of Mind: Those Who Stay, 1911 © 2007 Digital image: The Museum of Modern Art, New York/Scala, Florenz

Umberto Boccioni: Rissa in Galleria/Brawl in the Gallery. Milan, Pinacoteca di Brera. © 1993, Photo Scala, Florence – courtesy of the Ministero Beni e Att. Culturali

Umberto Boccioni: Ritratto del Maestro Ferruccio Busoni/Portrait of the Maestro Busoni. Rome, Gallery of Modern Art. © 1990. Photo Scala, Florence – courtesy of the Ministero Beni e Att. Culturali

Umberto Boccioni: The laugh (La risata), 1911 © 2007 Digital image, The Museum of Modern Art, New York/Scala, Florenz

Margherita Sarfatti im Landhaus Soldo © Cristina Ruggeri-Chierici

Mario Sironi: Ritratto die Margherita Sarfatti, 1916-17, Privatsammlung, Abb. aus: Sironi und Arturo Maratini: Il Novecento Milanese, Edizioni Gabriele Mazzota, Mailand © 2007 ProLitteris, Zürich

Mario Sironi: Porträt von Margherita Sarfatti, 1918, Privatsammlung, Abb. aus: S.u. A. Maratini: Il Novecento Milanese, Edizioni Gabriele Mazzota, Mailand 2003 © 2007 ProLitteris, Zürich

Mario Sironi: Sintesi di paesaggio urbano, 1919, Privatsammlung, Abb. aus: S. u. A. Maratini: Il Novecento Milanese, Edizioni Gabriele Mazzota, Mailand 2003 © 2007 ProLitteris, Zürich

Paola Consolo: Selbstporträt, 1932, Collezione Paola Zanini, Gargnano sul Garda, Abb. aus: S. u. A. Maratini: Il Novecento Milanese, Edizioni Gabriele Mazzota, Mailand 2003